古代歷史文化^{研究}輯刊

十六編

王明蓀 主編

第29冊

桐城桂林方氏家族與明清政治及文化研究（上）

金衛國 著

國家圖書館出版品預行編目資料

桐城桂林方氏家族與明清政治及文化研究（上）／金衛國 著
— 初版 — 新北市：花木蘭文化出版社，2016〔民105〕
序 8+ 目 4+198 面；19×26 公分
（古代歷史文化研究輯刊 十六編；第 29 冊）
ISBN 978-986-404-774-1（精裝）
1. 方氏 2. 政治文化 3. 明清史
618   105014279

ISBN- 978-986-404-774-1

9 789864 047741

古代歷史文化研究輯刊
十六編　第二九冊　　　　　　　ISBN：978-986-404-774-1

桐城桂林方氏家族與明清政治及文化研究（上）

作　　　者　金衛國
主　　　編　王明蓀
總 編 輯　杜潔祥
副總編輯　楊嘉樂
編　　　輯　許郁翎、王筑　美術編輯　陳逸婷
出　　　版　花木蘭文化出版社
社　　　長　高小娟
聯絡地址　235 新北市中和區中安街七二號十三樓
　　　　　　　電話：02-2923-1455／傳眞：02-2923-1452
網　　　址　http://www.huamulan.tw 信箱 hml 810518@gmail.com
印　　　刷　普羅文化出版廣告事業
初　　　版　2016 年 9 月
全書字數　340369 字
定　　　價　十六編 35 冊（精裝）台幣 68,000 元　　版權所有·請勿翻印

桐城桂林方氏家族與明清政治及文化研究（上）

金衛國　著

作者簡介

金衛國，男，1970 年 9 月生於河北省豐潤縣，歷史學博士，天津市歷史學會會員。先後就讀於河北師範大學和南開大學，主修英語教育、中國古代史。曾在河北省豐潤縣白官屯中學任教多年，屢獲縣政府和教育局嘉獎。現爲天津電子信息職業技術學院副教授。教學之餘，潛心學術。研究方向爲明清史、家族史、翻譯史、教育史等。在《天津日報》、《歷史檔案》、《安徽史學》、《中國翻譯》、《明清論叢》等各級報刊發表論文多篇，主持和參加國家及省部級課題多項。

提　　要

　　桐城桂林方氏家族自七世分房以來，中一房和中六房分別爲明清兩代的著房。方學漸奠定家學基礎，後代科甲鼎盛，與明朝依附至深。

　　明清鼎革，中一房對清朝持抵抗態度。方以智和方文堪稱代表。方拱乾父子等中六房族人則認同新朝，得一時寵眷。然滿漢矛盾尖銳，方氏遂爲順治丁酉科場案的犧牲品，拱乾父子被發遣寧古塔。後經族人納贖得以放歸。多年後，孝標所著《滇黔紀聞》使家族再罹奇禍，子孫遣戍卜魁。

　　歷經兩次打擊，方氏家族跌入谷底。其族人自強不息，重新崛起。方苞因才免禍，與徐元夢等滿臣合作默契。方觀承任直隸總督達十九年，勸墾荒，興水利，設義倉，爲一代名臣。其子方維甸、侄方受疇亦官至總督，政績不菲，出現「一門三督」的盛況。方氏家族於滿漢民族融合貢獻良多。滿族貴族與漢族望族從互相猜忌、鬥爭，逐步走向認同、合作，終至合作默契。方氏族人佐君輔國，惠政頗多。而通過入仕，該家族得以保持家聲不墜。

　　方氏家族在清朝的文化建設上成就斐然，重視實學與會通中西學，既代表當時的文化走向，又構成家族文化的兩大特色。方以智堪稱代表，其實學思想影響到王夫之等思想家。

　　總之，方氏家族爲統一的多民族國家的鞏固和發展做出了重要貢獻，在清朝文化發展上亦有不凡表現，值得對其加以研究。

序 言 一

白新良

　　家庭是社會的細胞，古今中外，概莫能外。而以血緣為紐帶而形成的家族則是傳統中國社會的一個顯著特徵，與當時的政治及文化密切相關。著姓望族的發展歷程，折射著社會政治及文化的演進嬗變。

　　從三代到明清，家族制度雖變動不居，性質各異，但薪火相傳，表現出頑強的生命力。馮爾康先生認為，周朝宗族制本質是宗子制，兩漢至隋唐屬於世族、士族宗族制，宋元是官僚宗族制，明清則為紳衿宗族制。時至今日，宗族仍與當今社會存在著密不可分的關係。

　　明清時期江南經濟、文化發達，著姓望族貢獻頗多，引起學者的重視，研究成果不斷湧現。潘光旦《明清兩代嘉興的望族》一書為開山之作，書中繪製了該地望族的血系分圖、血緣網絡圖、世澤流衍圖，得出結論：著姓望族盛衰的關鍵在於遺傳、教育以及遷徙、婚姻、夭壽的狀況；吳仁安的《明清時期上海地區的著姓望族》，以此為基礎，進行了更為翔實的探討。關於徽州家族的研究，更是碩果累累。但同屬江南的桐城家族，學界的研究就顯得非常薄弱。從整體上對桐城望族所做的研究主要有：美國學者貝蒂（Hilary J. Beattie）《中國的土地與氏族：明清兩代安徽省桐城縣的一個研究》一書；許水濤《從桐城望族的興盛看明清時期的宗族制度》一文。

　　桐城桂林方氏家族在明清政治和文化上都有不俗的貢獻，故而為學界關注，並取得了許多成果。比如對於方以智的研究，僅代表性論著就有：蔣國保《方以智哲學思想研究》，侯外廬《方以智的生平與學術貢獻》，羅熾《方以智評傳》，（美）余英時《方以智晚節考》，（美）彼得森《匏瓜》等等。方苞作為桐城派三祖之一，其文章造詣、理學修養，以及歷經《南山集》案前

後心態的變化，均有人做過研究。但上述比較豐碩的成果，集中在個別人物，而缺乏把方氏家族視為一個整體所做的綜合性研究。對該家族帶有整體探究性質的僅見於謝國楨先生《明末清初的學風》等極少數論著。鑒於這方面研究的薄弱，我向金衛國推薦了這個選題。

衛國讀博時已屆中年，既肩負所在學校的教學任務，又要盡養家糊口的責任，雖然這個選題有相當難度，但還是愉快地接受了。他隨即著手搜集資料。除檢索明清兩代實錄等常見史料外，他還北上國圖，南下皖圖，查閱搜集族譜、方志，方氏族人詩文集等資料。在整理考辨史料的基礎上，他對該家族進行了全方位、深層次的探討，歷經四個寒暑，終於成功地達到預期的目標，論文取得了多方面的創獲。

第一，本書首次以整個桐城方桂林方氏家族為研究對象，將其置於明清近500年長時段的社會變遷和文化演進的廣闊時空背景下，進行全面、深入、貫通的研究，較好地揭示了該家族與當時政治、文化的密切關係，將豐富和深化對明清時期家族與政治，尤其是滿漢民族融合的認識。

第二，本書首次提出，桐城桂林方氏家族在清朝的發展歷程中，有一條滿漢民族磨合的線索。通過對順治丁酉江南科場案和康熙五十年《南山集》案的深入解析，以及對作為桐城派鼻祖方苞的心態的探討，還有對乾嘉時期方氏「一門三督」的論述，勾勒出滿族貴族與漢族望族從互相猜忌、鬥爭，到逐步走向認同、合作，終至合作默契的歷史軌跡。該書考證辨析嚴謹，概念明確，思路清晰、結構嚴整。

第三，本書探析了方氏家族在政治和文化上的重要貢獻，尤其是對方觀承的政績和方氏西學的探討頗有新意。該書考述了桐城方氏家族作為科舉家族對明清政治所產生的影響，尤其是深入分析了方氏「一門三督」對乾嘉政治的貢獻和影響。明清時期桐城桂林方氏族人，位高權重者多人，可謂簪纓滿門。其昭彰者，如明朝啟禎年間的方孔炤，官至湖廣巡撫；清朝乾隆年間的方觀承，任直隸總督長達20年。此外，方氏家族在明清時期的文化建設上亦頗有建樹。比如以方以智為代表的方氏族人，在明清之際的實學與西學上，均取得了非凡的成就，站在了時代思潮的前列。

第四，以詩證史，頗具特色。本書通過對該家族四代人詩文的細緻解讀，參以同時代師友故舊的作品，在相當程度上復原了其在寧古塔和卜魁戍地的生活和交際圈，對清代士人心態史、流人史的研究有所深化。

　　當然，本選題還可以做得更加細緻，如更多地挖掘方氏族人與滿族下層的交往；更多關注眾多擔任州縣官的族人。通過進一步研讀方志、文集等史料，加強方氏家族與地方社會的研究，完善歷史細節的呈現和事件之間的勾連；同時可以將其與桐城張氏、姚氏、左氏等望族進行對比研究。凡此種種，相信衛國今後能加以補足，做出新的突破。人生有涯，學術無止境，相信衛國在學術上會不斷有所建樹，堅定地走下去。

　　是為序。

　　　　　　　　　　　　　　2015 年 12 月 15 日於天津華苑久華里

序言二

林延清

　　傳統中國，家族與政治及文化密不可分。從商周到明清，家族制度屢有變遷，但傳承不斷。錢穆先生有言：「『家族』是中國文化一個最主要的柱石，我們幾乎可以說，中國文化，全部都從家族觀念上築起，先有家族觀念乃有人道觀念，先有人道觀念乃有其它的一切。」（中國文化史導論）。美籍華裔學者許琅光先生在《宗族・種姓・俱樂部》一書中，以家族爲中國社會的代名詞，藉此與印度的種姓社會和美國的俱樂部社會進行比較研究。鑒於此，家族研究歷來爲學者所重，成果迭出。但目前對明清時期桐城方氏的研究，多集中於方以智等個體，缺乏將其視爲一個整體的綜合性研究。全面、深入、貫通地探討該家族與當時政治、文化關係的研究尚未面世。如此，衛國博士的《桐城桂林方氏家族與明清政治及文化研究》一書的出版，將於此有裨於學界。

　　眾所週知，明朝中期以後，江南地區商品經濟蓬勃發展，文化也有長足進步。同時，各種矛盾漸趨複雜尖銳。尤其是明朝後期，放眼全國，階級矛盾和民族矛盾乃最爲矚目的焦點。該書以桐城方氏爲研究對象，通過其家族透視明清政治，尤其是將其作爲滿漢民族磨合的標本，選題巧妙；緒論部分對學術史梳理清晰，對學術成果評價公允。該書以此爲基礎，全面探討了方氏家族與明清兩朝政治及文化的緊密關係，取得了多方面的成果。

　　其一，本書首次以整個桐城桂林方氏家族爲研究對象，加以綜合研究。本書對桐城桂林方氏家族的興衰沉浮進行了長時段的考察，較爲深刻地揭示了家族與國家政治及文化之間互相依存的密切關係。尤其是其與滿族磨合的艱難過程，折射出明清時期的民族問題，頗成一家之言。

其二，本書的另一亮點是，明確提出，明清鼎革之際，桐城方氏族人因政治態度不同而作出了不同的選擇。並追尋其背後的原因，分析其對家族發展的影響，進而提升到家族與時代政治關係的高度。

諸如此類，讀者翻書自知，不再贅言，現就該書特點試做簡單評述。

首先，本書史料豐富翔實。書中可見明清兩朝《實錄》、方志、筆記、文集、家譜、年譜等相關資料近三百種。徵引文獻宏富的背後，是辛勤的付出。僅舉一例說明。家族研究，離開家譜則無從談起。清人章學誠說：「夫家有譜，州縣有志，國有史，其義一也。」問題是，桐城桂林方氏家譜僅收藏在安徽省圖書館。在網上覓得線索後，衛國即南下合肥查閱。對善本孤本，圖書館向來不准複印，不准拍照，只能抄寫核對。他克服重重困難，終於完成了資料的搜集。

其次，「以詩證史」，不同尋常；文筆流暢，表達生動。目前史學寫作範式及面世成果，多為社會科學類型。動輒概念、制度、統計數據，嚴謹有餘，生動不足。嚴謹固為學科規範使然，卻令一般讀者望而卻步，不利於研究成果走向普羅大眾。該書對四代方氏族人詩歌的細緻解讀，使其心態躍然紙上。從方孝標的《茶市謠》，我們更能看到明清之際的茶市盛衰，戰亂對茶業和人民生活的摧殘。桐城方氏詩文，小至個人，大至社會、國家，均有所投射。「以詩證史」，雖出於課題研究的需要，卻使讀者意興盎然。兼之語言雅俗共賞，表達清晰流暢，增加了該書的可讀性，可謂史學成果大眾化的有益嘗試。

當然，該書尚有不足之處。比如，就明清時期家族與學術的關係，有學者謂：「儘管宋元以後的學術文化發展日益強調個人工夫以及師友之間相互影響，但家學的訓練應該是個人在學術文化上取得較大成就的前提條件，文化世家仍然是學術文化傳承發展的重要單位。」（林濟：《陳寅恪論士族文化世家及其意義》）。該書對方氏家族與實學、西學的論述令人信服，且為林濟先生的論斷提供了支持。但作為一部專著，桐城方氏家族在明清兩朝文化方面的分量尚顯單薄，有待進一步拓展深化。

此外，方氏家族的家族建設、經濟生活，該家族與地方社會等等方面也可適度開掘。期待衛國能再接再厲，將其不斷趨於完善。

我和衛國初次見面是在 1999 年夏天，迄今已近 17 個年頭。期間，他在我名下攻讀碩士 3 年。他本非歷史專業出身，但酷愛文史。在研期間刻苦攻讀，孜孜以求，打下了紮實的史學功底，並曾在《天津日報》文史版發表短

文。任職高校以後，繼續鑽研，尤其是又獲得明清史專家白新良先生的指導，順利完成了博士學位的學習，撰就了學術水平很高的博士論文，史學研究達到了很高的水準。本書就是他在博士論文基礎上修改充實而成的。希望衛國博士繼續努力，在今後的教學科研上取得更大成就。

是為序。

2016 年 4 月 3 日於南開大學龍興里

目次

緒　論

一、選題緣起

　　從夏商周秦到宋元明清，華夏大地王朝興替無常，社會形態屢變，然而家族（宗族）卻一直是傳統中國社會結構的基本特徵之一〔註1〕，以至於著名學者許琅光徑直以家族爲中國社會之代名詞，藉此比較說明印度的種姓社會和美國的俱樂部社會〔註2〕。家族與國家的政治及文化密切相關。一方面，家族以血緣關係爲紐帶，通過與地緣關係、利益關係的結合，影響到社會生活的各個方面。作爲中國基層社會的組織形式，家族的發展演變對整個社會的政治、經濟、文化和社會變遷等各方面都產生了深遠的影響。另一方面，國家的政治和一個時期的文化，對家族的興衰沉浮之影響則更爲顯著。二者就這樣相輔相成，互相依存。常建華先生就二者的演變趨勢分析說：「在國家與宗族關係的發展上，有一個越來越明顯的趨勢是政權的君主專制性和中央集權性越來越強，宗族對政治的影響力則愈來愈小」〔註3〕。那麼，我們是否可以反過來說，愈到封建社會晚期，家族的發展愈受政治的制約。在中國歷史上，專制主義中央集權發展至明清時期達到巔峰狀態，因此，對家族的發展制約作用尤其明顯。但是，國家的政治，除了受皇權及貴族的影響外，畢竟離不開普通眾多家族的參與。尤其是一個時期的文化，如果缺少了文化世家，簡直就無所附麗。

〔註1〕家庭是社會的細胞，家族是擴展的家庭。這種情況適用於幾乎所有國家和民族，但家族作爲社會最爲突出的基本特徵，則以中國最爲典型。

〔註2〕參見許琅光：《宗族・種姓・俱樂部》，北京：華夏出版社1990年版，第7頁。

〔註3〕馮爾康、常建華等：《中國宗族史》，上海：上海人民出版社2009年版，第414頁。

　　皖中文化重鎮桐城，人傑地靈。約從明朝中葉起，科舉的繁盛催生了張、姚、左、方等著姓望族的出現，它們與明政權結成日益緊密的依存關係。但其後出現明清鼎革的重大變局，深深影響了桐城望族。滿漢兩族如何相處，成為事關歷史發展的重大問題。當是時，民族關係的走向主要取決於迅速崛起的滿族，而漢族望族的抵抗抑或認同，亦足以對歷史進程產生重要影響。

　　桐城桂林方氏家族的發展變遷對此做了極好的詮釋。該家族自明朝興起至清朝乾嘉時期，約傳二十世，族巨裔繁，瓜綿椒衍。在數百餘年的歷史舞臺上，方氏家族的榮辱興衰，沉淪顯耀，無不與當時的政治和文化息息相關，同時對政治和文化產生了重要影響。

　　從明初該家族五世方法質疑朱棣即位的合法性而投江殉義開始，其後人追慕其錚錚鐵骨者不乏其人。以至於為官者與權閹抗爭，與農民軍較量，與滿族軍隊交鋒；為學者以「崇實」、「性善」為宗。明末士人結社，朝中黨爭等亦與其族人相涉。及至明清鼎革，清初士人的抵抗、逃禪，科場案，《南山集》案，「一門三督」的仕宦之盛，乃至於明清之際實學思潮勃興以及會通中西的文化走向等等，無不在桐城桂林方氏這樣一個家族身上有著鮮明的體現。如此就使之具備了漢族望族與清朝前期政治及文化關係的標本性質。本課題在學界已有的對該家族重要人物研究的基礎上，把桐城桂林方氏家族置於長時段歷史中加以審視，特別是從該家族的遭際來考察清朝前期滿漢民族磨合，發掘其有利於社會和諧穩定的積極因素，總結歷史的經驗教訓，全面而深入地理解康乾盛世的成因，從而為當今統一多民族國家的鞏固和發展提供歷史借鑒。而且其成果對我們繼承民族優秀文化，化解社會矛盾，構建和諧社會，有著歷史啟迪作用和現實意義，因此，本課題具有重要的學術價值和現實意義。

二、課題的研究狀況

　　學界關於明清時期家族的研究，常建華先生的兩篇綜述性論文做了較全面而準確的梳理和富有啟發性的學理闡釋﹝註4﹞。現就與本課題關係密切的相關研究成果做一概述，並藉此發現自己的主攻方向。

﹝註 4﹞ 參見常建華：《二十世紀的中國宗族研究》，《歷史研究》1999 年第 1 期，第140～162 頁；常建華：《近十年明清宗族研究綜述》，《安徽史學》2010 年第 1期，第 85～105 頁。

（一）關於明清時期家族在中國家族史所處的發展階段及其特點的研究

這方面的代表性成果有：管東貴先生認爲秦漢至辛亥革命以前爲半宗法時期，或曰「多血緣支配社會」〔註5〕；徐揚傑先生將宋以後的家族視爲近代封建家族；〔註6〕馮爾康、常建華先生提出明清紳縉宗族制的觀點〔註7〕；學者們的論述可謂見仁見智，各有千秋，但也有共識。常建華先生將其總結爲「宋以前的宗族具有身份性，宋以後普通官僚與民眾地位上陞並擁有宗族」〔註8〕。此外，張傑先生提出並界定「科舉家族」這一概念。他說：「『科舉家族』，是指清朝世代聚族而居，從事舉業人數眾多，至少取得舉人或五貢以上功名，在全國或地方產生重要影響的家族。」〔註9〕筆者認爲，「科舉家族」這一概念的正式提出，具有重要的意義，因爲它首次以概念的形式揭示了清代家族的一個重要特徵。但「科舉家族」並非清代所獨有，它的產生可以追溯到宋朝，只不過發展到明清兩代更爲突出與典型罷了。綜合以上諸家觀點，再聯繫明清時期專制主義和皇權的極度加強，可以認爲，明清時期家族的特點是紳縉宗族制與科舉制聯繫更加緊密，所以家族與皇權和國家的關係更加密切，因而愈益受到其支配和控制。

（二）關於地域性宗族的研究

對地域性宗族的研究多年來一直是研究的熱點，成果豐碩。其中對福建家族、安徽的徽州家族的研究分別以陳支平和葉顯恩爲代表。有關廣東、江西宗族的研究成果同樣琳琅滿目。近年來對長江中游的湖北，下游的江蘇及其毗鄰的浙江乃至北方地區宗族的探討也逐漸增多。但仍表現出明顯的不平衡性。此外，海外漢學家對明清時期中國家族的研究也頗有創獲。比如日本學者清水盛光、多賀秋五郎等人對明清家族的研究同樣碩果累累〔註10〕。

〔註5〕見管東貴：《中國傳統社會組織的血緣解紐——主要以臺灣社會爲例》，《中國史研究》1995 年第 2 期。

〔註6〕徐揚傑：《中國家庭制度史》，北京：人民出版社 1997 年版。

〔註7〕馮爾康、常建華：《中國宗族社會》，杭州：浙江人民出版社 1994 年版。

〔註8〕常建華：《宋明以來宗族制形成理論辨析》，《安徽史學》2007 年第 1 期，第 85 頁。

〔註9〕張傑：《清代科舉家族》，北京：社會科學文獻出版社 2003 年版，第 1 頁。

〔註10〕參見賴惠敏：《清代的皇權與世家》，北京：北京大學出版社 2010 年版，第 3 頁，注釋一。

（三）關於明清時期江南著姓望族的研究

明清時期江南經濟、文化發達，產生的著姓望族燦若星辰。潘光旦《明清兩代嘉興的望族》一書，繪製了該地望族的血系分圖、血緣網絡圖、世澤流衍圖，得出結論：著姓望族盛衰的關鍵在於遺傳、教育以及遷徙、婚姻、夭壽的狀況〔註11〕；吳仁安的《明清時期上海地區的著姓望族》〔註12〕，借鑒了潘光旦《明清兩代嘉興的望族》對某一區域的望族加以整體研究的思路，並在此基礎上，做了更爲翔實的探討，將望族分爲官宦世家、豪門右族和文化世族三類。他認爲此一時期上海的望族多由科舉產生，其必備條件有：祖宗的榜樣作用、有選擇的婚姻、良好的家族教育等等。江慶柏《明清蘇南望族文化研究》〔註13〕也是一部關於江南望族研究的一部力作。常建華先生評論說此書「資料翔實，分析細緻，從文化的角度反映明清蘇南宗族。」〔註14〕另外可參見江慶柏《清代蘇南望族與家族文獻整理》一文〔註15〕。至於徽州家族的研究，更是碩果累累，蔚爲大觀，堪稱當代之顯學〔註16〕。

（四）關於明清時期桐城望族的研究

與安徽的徽州和長三角地區相比，明清時期同屬江南的桐城家族的研究就顯得非常薄弱。目前代表性成果有：

1、從整體上對桐城望族所做的研究主要有貝蒂的專著和許水濤的一篇論文。20世紀80年代末，美國學者貝蒂（Hilary J.Beattie）著有《中國的土地與氏族：明清兩代安徽省桐城縣的一個研究》〔註17〕一書。作者選取了產生著名官員和文化傳統的桐城爲研究對象，深入考察了該地區的土地佔有、稅收以及社會結構，並揭示出當地姚、張、曹、吳等望族通過世代通婚，長期

〔註11〕潘光旦：《明清兩代嘉興的望族》，上海：上海書店1991年重印本。
〔註12〕吳仁安：《明清時期上海地區的著姓望族》，上海：上海人民出版社1997年版。
〔註13〕江慶柏：《明清蘇南望族文化研究》，南京：南京師範大學出版社1999年版。
〔註14〕常建華：《近十年明清宗族研究綜述》，《安徽史學》2010年第1期，第100頁。
〔註15〕江慶柏：《清代蘇南望族與家族文獻整理》，《清史研究》1999年第2期。
〔註16〕參見常建華：《二十世紀的中國宗族研究》，《歷史研究》1999年第1期；常建華：《近十年明清宗族研究綜述》，《安徽史學》2010年第1期。
〔註17〕Hilary J.Beattie, *Land and lineage in China: A study of Tunq Cheng County, Anhwei, in the Ming and Ching dynasties*, Cambridge: Cambridge University Press, 1979.

把持地方領導權〔註 18〕。該書是美國的中國史研究者將考察範圍下移到省級以下單位加以研究的代表性成果之一〔註 19〕。

　　十年後，許水濤發表《從桐城望族的興盛看明清時期的宗族制度》〔註 20〕一文，從總體的角度對桐城望族做了概述，「論述了制約宗族制度順利發展正反兩方面因素，望族形成及其盛衰的原因、宗族制度的社會基礎問題」〔註 21〕。

　　2、關於人物的個案研究。

　　儘管有上述成果，學界對於桐城方、張、左、馬、姚等幾大望族的研究，仍很薄弱。目前的研究成果主要集中在有關望族中某些族人的個案研究。成果相對豐富的是對張廷玉父子的研究，主要有：徐凱《雍乾樞要之臣張廷玉》〔註 22〕分析了張廷玉得以成為樞要之臣的高素質，並對其由盛而衰的原因作了剖析。趙秉忠《桐城張氏父子並躋相位論》〔註 23〕，則對張英、張廷玉父子的為人與為政做出了論述。當然，成果更為豐富的是對桐城桂林方氏家族的方以智和方苞等人物的研究。

　　（1）關於方以智的研究。

　　明清之際的方以智是一位傳奇人物，其深邃的思想，大起大落的身世，長期以來一直引起人們的濃厚興趣，相關論著有：任道斌先生《方以智年譜》〔註 24〕一書，把有關方以智的資料集於一書，為研究者提供了極大的便利。在此基礎上，任先生還撰有《方以智簡論》〔註 25〕一文，對方以智的生平作了簡要描述，並對其作了評價。此外，蔣國保先生《方以智哲學思想研究》〔註

〔註 18〕Hilary J.Beattie, *Land and lineage in China, p.129.*

〔註 19〕陳君靜：《近三十年來美國的中國地方史研究》，《歷史學》2002 年第 5 期，第 66 頁。

〔註 20〕許水濤：《從桐城望族的興盛看明清時期的宗族制度》，《譜牒學研究》第 1 輯，北京：書目文獻出版社 1989 年版。

〔註 21〕參見常建華：《二十世紀的中國宗族研究》，《歷史研究》1999 年第 1 期，第 158 頁。

〔註 22〕徐凱：《雍乾樞要之臣張廷玉》，《北京大學學報（哲學社會科學版）》1992 年第 4 期。

〔註 23〕趙秉忠：《桐城張氏父子並躋相位論》，《清史研究》1995 年第 4 期。

〔註 24〕任道斌：《方以智年譜》，合肥：安徽教育出版社 1983 年版。

〔註 25〕任道斌：《方以智簡論》，《清史論叢》第 4 輯，北京：中華書局 1982 年版。

〔註 26〕蔣國保：《方以智哲學思想研究》，合肥：安徽人民出版社 1987 年版。

26），侯外廬先生《方以智的生平與學術貢獻》〔註27〕，均成一家之言。羅熾先生《方以智評傳》〔註28〕一書，描繪明清之際的歷史圖景，勾勒方以智的坎坷經歷，著重分析方氏三教歸《易》的學術觀，其會通中西的治學方法，尤其是對方氏的「質測」、「通幾」之論加以深度闡明，是一部較全面、系統評價方以智的著作。

　　值得人們特別關注的是余英時先生所著《方以智晚節考》〔註29〕。該書考述了方以智晚年交遊以及他自沉於惶恐灘的獨特心態，試圖「通過他在明亡後的生活與思想，揭開當時遺民士大夫精神世界的一角。」〔註30〕。美國學者彼得森（Willard J. Peterson）著有《匏瓜》（*Bitter gourd: Fang I-chih and the impetus for intellectual change*〔註31〕）一書，「以譯注密之《七解》爲經，而緯之以密之早年所處之時代。細密深邃，兼而有之。」〔註32〕臺灣學者張永堂1977年6月完成其博士論文《方以智的生平與思想》。余英時評價說，「方孔炤《周易時論合編》，在中國迄未發見，而張君得之於日本內閣文庫，乃順治十七年（1660）刊本，尤爲一重要貢獻也。」〔註33〕

　　彭迎喜先生《方以智與〈周易時論合編〉考》一書，是其博士論文的修訂稿，研究方氏族人、方以智師學、弟子，對方孔炤和方以智則各設專章重點探究；還探討《周易時論合編》一書的相關問題，〔註34〕頗有參考價值。

　　此外，近年來宋豪飛先生的三篇文章，對方以智早年創立「澤社」，其「主盟復社」，及其家族與阮大鋮家族的恩怨進行考辯論述，使方以智及其家族的研究有所深化〔註35〕。

〔註27〕侯外廬：《方以智的生平與學術貢獻》，《方以智全書・前言》，上海：上海古籍出版社1988年版。

〔註28〕羅熾：《方以智評傳》，南京：南京大學出版社1998年版。

〔註29〕（美）余英時：《方以智晚節考》，北京：三聯書店2004年版。

〔註30〕（美）余英時：《方以智晚節考》，北京：三聯書店2004年版，第1頁。

〔註31〕Willard J. Peterson: *Bitter gourd: Fang I-chih and the impetus for intellectual change, New Haven and London: Yale University Press, 1979.*

〔註32〕（美）余英時：《方以智晚節考》，北京：三聯書店2004年版，第133頁。

〔註33〕（美）余英時：《方以智晚節考》，北京：三聯書店2004年版，第133頁。

〔註34〕中國社會科學院研究生院學位辦公室編：《博士文萃（1998～1999）》，北京：社會科學文獻出版社2000年7月第1版，第281頁。

〔註35〕宋豪飛：《方以智與桐城澤社考論》，《安徽大學學報（哲學社會科學版）》2009第6期，第47～51頁；宋豪飛：《從方以智「主盟復社」看國門廣業社與復社的關係》，《安慶師範學院學報（社會科學版）》2010年第1期，第10～13

　　綜合起來看，學界對方以智的評價可謂見仁見智，基本可分爲三種：一種是以侯外廬先生爲代表，認爲方以智是一位啓蒙思想家，「和舊世界勢不兩立」；一種是以任道斌先生爲代表，認爲方以智爲明清之際的學術做出了巨大貢獻，而在政治上，卻沒有值得表彰的突出作用〔註36〕。最後一種以余英時先生爲代表。余先生廣泛搜集史料，著成《方以智晚節考》，描繪了方以智晚年交遊以及他自沉於惶恐灘的獨特心態，試圖「通過他在明亡後的生活與思想，揭開當時遺民士大夫的精神世界的一角」〔註37〕。其觀點與任先生多有不同之處，最著者爲他力主方以智自沉說，而任道斌先生則堅持方氏病死說。

　　（2）關於方苞及桐城文派的研究。

　　方苞作爲桐城派三祖之一，其文章造詣、理學修養，以及歷經《南山集》案前後心態的變化，均有人做過研究。代表性成果有：對方苞的著述搜集最完備的是劉季高校點的《方苞集》〔註38〕。關愛和《〈南山集〉案與清代士人的心路歷程——以戴名世、方苞爲例》一文認爲，戴名世的朋友方苞因爲《南山集》作序而獲罪，雖僥倖免死，然而精神受到重創，寫作風格遂變得迂迴盤折。此案前後文風的轉變，體現了清初士人由狂悖不馴到斂性皈依的心路歷程〔註39〕。劉守安《一個矛盾而痛苦的靈魂——方苞生平與思想探微》一文，從對方苞文章著述的實際出發，揭示封建時代這位有代表性的文人的複雜的思想和情感狀態〔註40〕。此外，張雙田的《簡析方苞對清政權由離心變爲向心》〔註41〕一文，同樣是從士人與政權關係的角度對方苞加以研究。關於桐城文派的成果中，不少涉及對於方苞的研

　　　　頁；宋豪飛：《明末桐城方以智與阮大鋮兩大家族交往考述》，《安慶師範學院學報（社會科學版）》2009年第8期，第73～78頁。

〔註36〕參見任道斌：《方以智簡論》，《清史論叢》第四輯，北京：中華書局1982年版，第290頁。

〔註37〕（美）余英時：《方以智晚節考·總序》，北京：三聯書店2004年版。

〔註38〕（清）方苞著，劉季高校點：《方苞集》，上海：上海古籍出版社1983年版。

〔註39〕關愛和：《〈南山集〉案與清代士人的心路歷程——以戴名世、方苞爲例》，《史學月刊》2003年第12期，第22～26頁。

〔註40〕劉守安：《一個矛盾而痛苦的靈魂——方苞生平與思想探微》，《首都師範大學學報（社會科學版）》，2005年第5期，第81～88頁。

〔註41〕張雙田：《簡析方苞對清政權由離心變爲向心》，《文學教育（上）》，2008年第8期。

究。如周中明《桐城派研究》〔註42〕一書中，有對方苞的政治思想較爲全面的闡述。其它如吳孟復《桐城文派述論》〔註43〕，孟醒仁《桐城派三祖年譜》〔註44〕，安徽大學桐城派研究所編《桐城派與明清學術文化》〔註45〕等均有重要參考價値。

（3）關於方孝標的研究。

有關方孝標的研究，目前有幾部資料性的專著：唐根生、李永生點校的《鈍齋詩選》〔註46〕，石鍾揚、郭春萍校點的《方孝標文集》〔註47〕，（法）戴廷傑的《戴名世年譜》〔註48〕三部資料彙編。對方孝標是否任吳三桂僞職做出探討的主要有：石鍾揚《〈鈍齋文選〉與〈南山集〉案》認爲孝標未任〔註49〕，鄧之誠先生《清詩紀事初編》〔註50〕則持相反的觀點。2012 年安徽師範大學程校花的碩士論文《方孝標研究》値得一讀。

（4）關於方拱乾的研究。

馬大勇《流放詩人方拱乾論》（《黑龍江社會科學》2003 年第 2 期）對其罹科場案、遭流放至極北後之心態的分析頗爲精彩。張朝陽《方拱乾及其詩歌研究》（西南大學碩士論文，2011 年）則對方氏的藝術傾向做出概括：方拱乾宗杜、主客體和諧、自寫胸臆，分析很中肯。

此外，關於其它方氏族人，亦有相關成果。比如李聖華先生《方文年譜》，〔註51〕一書，廣徵博探，徵引了家譜、方志、文集、碑傳等各種史料，把能搜集到的關於詩人方文的資料彙於一書，極大地方便了對方文的研究。

需要說明的是，關於滿族望族的發展演化問題，也有相關成果，如西方學者 Pamela Kyle Crossley（柯嬌燕）的著作 Orphan Warriors: Three Manchu

〔註42〕周中明：《桐城派研究》，瀋陽：遼寧大學出版社 1999 年版。

〔註43〕吳孟復：《桐城文派述論》，合肥：安徽教育出版社 2001 年版。

〔註44〕孟醒仁：《桐城派三祖年譜》，合肥：安徽大學出版社 2002 年版。

〔註45〕安徽大學桐城派研究所編《桐城派與明清學術文化》合肥：安徽大學出版社 2008 年版。

〔註46〕（清）方孝標著，唐根生、李永生點校：《鈍齋詩選》，合肥：黃山書社 1996 年版。

〔註47〕（清）方孝標著，石鍾揚、郭春萍校點：《方孝標文集》，合肥：黃山書社 2007 年版。

〔註48〕（法）戴廷傑：《戴名世年譜》，北京：中華書局 2004 年版。

〔註49〕石鍾揚：《〈鈍齋文選〉與〈南山集〉案》，《安徽史學》2006 年第 2 期。

〔註50〕鄧之誠：《清詩紀事初編》下冊，上海：上海古籍出版社 1984 年版。

〔註51〕李聖華：《方文年譜》，北京：人民文學出版社 2007 年版。

Generations and The End of the Qing World〔註52〕詳細探討了駐防杭州的滿族金梁家族。

這些成果均給人以啓發，但由於本課題側重漢族望族與政治及文化的關係，故不再旁涉過多。

儘管學界對於方氏家族有了如上比較豐碩的成果，但畢竟還存在一些不足。其中，最大的一個缺憾就是缺乏把方氏家族視爲一個整體所做的綜合性研究。深入論述整個方氏家族、分析該家族與當時政治、文化的關係、探究其家族盛衰原因的研究還不多見。就筆者所見，對桐城桂林方氏家族帶有整體探究性質的論著有：謝國楨在《明末清初的學風》〔註53〕中將其作爲東北流人的典型；嚴迪昌《清詩史》〔註54〕把該家族作爲一個文學世家。代表性論文有李興盛《〈南山集〉文字獄案及桐城方氏向東北的遣戍》〔註55〕，麻守中《清初桐城方氏兩次遣戍東北考》〔註56〕，探討了方氏受科場案和《南山集》文字獄的打擊，被遣戍東北的情況。張兵的《〈南山集〉案與桐城方氏文化世族的衰落》，（《西北師大學報（社會科學版）》2009 年第 4 期），剖析了《南山集》案對方氏家族的影響；金衛國的《從桐城桂林方氏家族看清朝前期滿漢民族磨合》（《安徽史學》2009 年第 4 期）則從更長的時段和更廣的視角，將方氏家族作爲考察清朝前期滿漢民族磨合的標本。近年的幾篇碩士論文，同樣是從文學世家的角度切入：2011 年，上海師範大學張加波和青海師範大學章順利以同一題目《明清之際桐城桂林方氏文學世家研究》完成了各自的論文。黃山書社 2012 年出版了宋豪飛的博士論文修訂稿《明清桐城桂林方氏家族及其詩歌研究》。該書是目前從文學與家族結合的視角研究最爲全面和深入的成果。

上述前輩時賢開創的道路，給後人研究以很大的便利。

綜上，關於家族的兩種研究取向各有其優勢和劣勢。對於某一區域的幾

〔註52〕Pamala Kyle Crossle, *Orphan Warriors: Three Manchu Generations and the End of the Qing World. Princeton: Princeton California press, 1999.*

〔註53〕謝國楨：《明末清初的學風》，上海：上海書店出版社 2004 年版，第 134～136 頁。

〔註54〕嚴迪昌：《清詩史》，杭州：浙江古籍出版社 2002 年版，第 185～196 頁。

〔註55〕李興盛：《〈南山集〉文字獄案及桐城方氏向東北的遣戍》，《北方文物》1988 年第 2 期，第 92～96 頁。

〔註56〕麻守中：《清初桐城方氏兩次遣戍東北考》，《史學集刊》1984 年第 4 期，第 28～33 頁。

大望族的整體研究有其顯著的優點，即易見全貌，但限於篇幅和體例，對單個家族的研究不夠深入，因而其對歷史研究的深度就受到一定限制。而關於人物的個案研究，雖能夠較深入地考證某個人的生平，揭示其心理世界。而且，在這方面確實有了較豐厚的學術積澱。然而不能不承認，關於單個人物的研究，雖有深入細緻之優勢，卻難以窺見家族的整體，要做到反映家族與政治及文化的全貌就更為困難。

由此看來，關於方氏家族研究，其實還有一個介於桐城幾大望族的整體研究和方氏某個族人的個體研究之間的一個層次，即以方氏家族整體為研究對象，對其進行全方位、深層次的探討。這種認識成為筆者以方氏家族為研究課題的原因之一。原因之二，方氏家族在清代政治和文化史上留下了頗為豐富的資料，使之具備了得以充分展示此一歷史時期社會變遷，尤其是滿漢民族磨合的標本性質。對這一典型家族進行深入細緻的考察，可以豐富和深化對明清時期的望族，尤其是滿漢民族磨合的認識。有鑒於此，筆者擬以桐城方氏家族為個案，將其置於明清時期社會變遷和文化演進的廣闊時空背景下，對其進行綜合的研究，以加深對明清時期家族與國家政治及時代文化走向互動關係的認識。

三、創新點及不足之處

本書有如下創新點。

第一，本書首次以整個桐城方桂林方氏家族為研究對象，將其置於明清數百年長時段的社會變遷和文化演進的廣闊時空背景下，對其進行綜合研究。比較全面地考察該家族與國家政治及文化之間互相依存的密切關係。尤其是將其作為明朝政治和清朝滿漢民族磨合的標本加以深度剖析，將豐富和深化對清代家族與政治，尤其是滿漢民族融合的認識。

第二，首次提出該家族入清以來的發展史，貫穿了一條滿漢民族磨合的主線。通過對順治十四年江南科場案和康熙五十年《南山集》案的深入解析，通過對歷仕康雍乾三朝的方苞的心態的探討，通過對乾嘉時期方氏「一門三督」的論述，勾勒出滿族貴族與漢族望族從互相猜忌、鬥爭，到逐步走向認同、合作，終至合作默契的歷史軌跡。

第三，通過對從方拱乾開始的該家族四代人詩文的細緻解讀，並以其同

時代師友故舊作品的分析互證，逼近了方氏族人遭受打擊後的眞實心態，並在相當程度上復原了其在寧古塔和卜魁戍地的生活和交際圈，對清代士人心態史、流人史的研究有所深化。

第四，較全面地探析方氏家族在政治和文化上的重要貢獻。考述桐城方氏家族作爲科舉家族對明末以來政治所產生的影響，著重深入分析方氏「一門三督」對乾嘉政治的貢獻和影響。明清兩代方氏族人，位至高官者多人，簪纓滿門，盛極一時。其中仕途最顯者，如明朝崇禎年間的方孔炤，官至湖廣巡撫；清朝乾隆年間的方觀承，長期任直隸總督。此外，方氏家族在明清時期的文化建設上亦頗有建樹。比如以方以智爲代表的方氏族人，在實學與西學上取得了非凡的成就，代表了先進文化的方向。

第五，在研究方法上，本課題除採用傳統的史學研究方法，對史料耙梳剔抉，辨僞考訂之外，還嘗試使用「以詩證史」的方法。由於該家族是典型的文化世家，詩書繼世、忠孝傳家，成爲其家族的顯著特點，因而存世史料中，文集詩集異常豐富。對這些史料的解讀和闡釋，更多地需要使用「知人論世」、「以詩證史」的方法和「以意逆志」的方法，因而帶有心態史、文學史的色彩，爲此，適當地使用了心理學、文藝學的相關方法。

本書也有諸多不足之處

首先，由於明清時期歷史內容駁雜，存世的文獻文物無比豐富，個人精力和能力所限，對方氏家族的研究表現爲：與滿洲貴族的關係發掘較多，與滿族下層的交往發掘較少；與各級官僚的交往多，對地方社會的研究少。因而對歷史的細節和事件之間的勾連做得不夠；就方氏家族本身的考論較多，而將其與桐城張氏、姚氏、左氏等望族的對比研究少。這些不能不說是很大的缺憾。惟有今後努力補救，在族譜、方志及文集等史料下更大的工夫。

其次，本書雖使用以詩證史之法，但其難度之大則眾所週知。該法陳寅恪先生運用自如，而我輩則深感力不從心，只是源於探究方氏族人的精神世界，捨其詩文則別無他途，故而勉力爲之，疏誤之處及隔靴搔癢等等問題必然不少。惟今後加強心理學、文藝學的修養和人生閱歷。

再次，方氏族人除方苞、方觀承等卿貳和封疆大吏之外，還有相當一部分人擔任州縣官。他們從事基層的實際政務和文化活動，在政治和文化建設中作用巨大，影響廣泛。但限於時間和精力，筆者沒能對其加以研究，只能以書末附錄的形式略作統計。惟今後投入更多的時間和精力以求補救。

還有，對方氏女性的研究付諸闕如。學界對「方氏三節」爲代表的方氏女性有所探究，但有待深化。筆者今後會設法彌補。

隨著對方氏族人文獻的搜集與出版，加以成熟的科學理論爲指導，桐城桂林方氏家族的研究將會有更多的成果問世。

四、本書基本內容與結構

本課題的研究旨趣有別於一個時期以來方興未艾的從社會史的角度研究家族，而是主要著眼於方氏家族與王朝政治和時代文化走向的關係，即重點研究超出某一地域範圍的家族與一定歷史時期的政治、文化的關係。但在某些地方，亦不放棄對家族與地方政治、文化的影響之研究。比如明清之際方、阮兩大家族的交往就是二者兼而有之。本書主要以時代變遷、家族演變和方氏家族與明清時期政治發展的內在聯繫爲依據安排章節，分七章加以考述。

第一章概述桐城桂林方氏家族的興起與發展歷程。該章首先在區域文化史視野下審視桐城文化，以描繪桐城桂林方氏家族興起的文化地圖和歷史背景。然後略述方氏家族的源流和發展歷程。

第二章分別以方阮兩家之關係演變和方孔炤爲中心考述桐城桂林方氏家族與明朝政治及文化的互動。方、阮兩個家族從關係融洽到漸生裂痕並走向激烈的對抗，是閹黨與東林黨之間鬥爭，士人結社以及所謂「氣類之辨」，復社士人與閹黨餘孽的鬥爭在這兩個家族身上的鮮明體現。方孔炤一生坎坷，剛直不阿，對國家和民族矢志不渝，爲官推行惠政、精心謀劃；隱居潛心學問，著述以終，凡此種種，我們可以從中窺見明末的階級矛盾和統治階級的勾心鬥角。

第三章著重考述明清鼎革時期的桐城桂林方氏家族。因方以智和方文成爲這一時期抵抗逃禪及不合作的代表，而將其作爲考述的焦點。對明末四公子之一的方以智，本章用意在其志向和立場；方以智作爲前明官員從抗清到逃禪，乃至自沉惶恐灘，其悲壯的人生正是那個時代一批士人的寫照。而方文則未及出仕而明朝已亡，他是下層士人的典型，對他著重剖析其遺民心態的成因及《嵞山集》的詩史意義。二人一顯一隱，共同構成了士人階層的代表。

第四章以順治丁酉江南科場案爲中心，分析了明清鼎革之際方拱乾父子的政治選擇及該案對方氏家族的打擊，力圖復原其在寧古塔的生活，體察其

複雜的心態。方氏經此打擊，家族發展出現了入清後的第一次沉淪。順治帝
爲首的滿洲貴族實現了其震懾漢族望族和士人的意圖。

第五章以康熙五十年《南山集》案爲中心，著重考辨方孝標之未任吳三
桂僞職，分析了康熙帝對此案處理中折射出的政治意圖並透露出其對漢族士
人的疑忌。力圖描繪方氏族人繫獄期間及遣戍地卜魁的生活，體察其面對文
字獄的迫害，敢怒不敢言、欲說還休的心態。方氏經此打擊，家族發展出現
了入清後的第二次沉淪。

第六章以乾嘉時期方苞和方氏「一門三督」爲中心。分析了方苞在《南
山集》案發前後之心態變化。康雍乾三帝對其加以籠絡，使其感恩戴德，盡
力爲清朝服務。方觀承則實現了方苞的許多抱負。他由布衣而監生，而總督，
成一世偉業。乾隆帝對其非常信任，後將其列入「五督臣」。其子方維甸和從
子方受疇再接再厲，使其開創的事業繼續有所推進，家族發展走出低谷，重
現輝煌。

第七章則主要歸納桐城桂林方氏家族在明清之際文化建設上的貢獻。方
氏家族素以詩書繼世，忠孝傳家，不僅形成了底蘊深厚的家族文化，而且在
中國傳統文化的基礎上，抓住明末以來中西文化交流的契機，會通中西學術，
形成以方以智爲代表的實學與西學兩大家族文化特徵，走在了時代的前列。

第一章　桐城桂林方氏家族的興起與發展歷程

第一節　桐城桂林方氏家族興起的背景

一、桐城概略

（一）桐城沿革

安徽省桐城市位於該省中部偏西南，長江北岸，大別山東麓。歷史上的桐城，其名稱、轄境和隸屬均屢有變化。夏商屬揚州之域；周代時置桐國，爲楚附庸；春秋戰國時期的桐國，由於地處吳頭楚尾，先後屬楚、吳、越。秦時爲舒縣地。東漢屬舒縣及龍舒侯國，先後隸屬廬江郡、揚州道和晉熙郡。南北朝時期，先爲晉熙郡陰安縣和呂亭左縣，再爲廬江郡舒縣和呂亭左縣，後爲樅陽郡樅陽縣。隋初仍爲樅陽縣，隸熙州；開皇十八年（598）改名同安縣，屬同安郡。唐至德二年（757），忌安祿山叛唐，改同安縣爲桐城縣，爲桐城縣名之始。〔註1〕宋朝歷屬同安郡、德慶軍、安慶軍和安慶府。元朝屬安慶路。明初屬寧江府，後屬安慶府，均隸屬於南直隸。清初屬江南省安慶府，康熙六年（1667）設安徽省，桐城遂屬安徽省安慶府。〔註2〕

〔註1〕 參見安徽省地方志辦公室編：《安徽歷史文化名城》，北京：中國對外翻譯出版公司 1999 年版，第 152 頁。

〔註2〕 http://www.tcnews.cc/system/2009/09/17/002142902.shtml.

（二）桐城的自然環境和文化環境

桐城地處大別山麓和長江北岸之間，地形複雜：山地、丘陵、崗衝、平畈交錯分佈；河流縱橫，湖泊星羅。亞熱帶季風氣候使這裏日照充足，雨水充沛。這裏雖不如江南那樣沃野千里，但亦盛產桑麻魚米，堪稱魚米之鄉。秀美的山水，宜人的生態環境，獨特的人文歷史條件塑造了獨特的桐城人和桐城文化。清人張英有言：「桐城山秀異，而平湖瀠洄曲折，生斯地者，類多光明磊落之士」。〔註3〕

以今日桐城的地理位置而言，桐城毫無疑問屬於江北。然而在明清時期一度被視為江南。這一點與學者以揚州為例說明「江南」有地理江南與文化江南之別有相似之處。〔註4〕。然而，更重要也更直接的原因是，明清時期的桐城，其轄區還包括今天的安徽省樅陽縣和貴池市的一部分，是一個典型的沿江縣。而且，宋元之際，蒙古騎兵南侵，鐵馬金戈，桐城縣治為避兵火而南遷至江南的貴池烏沙李陽河。此外，今天的安徽省在清初與今江蘇省是一個行政區劃，名為江南省，這種情況一直延續到康熙六年（1667年），這就使得桐城與江南有著藕斷絲連的關係。因此談及明清時期的桐城，尤其是探討文化時，將其與江南聯繫起來，其合理性應當不難理解。下面，我們從文化的角度來認識桐城。

二、安徽文化・皖江文化・桐城文化——區域文化史視域下的桐城文化

（一）區域文化・安徽文化・皖江文化

區域文化是中華文化整體的有機組成部分。廣闊的疆域，多樣的環境，悠久的歷史，造就了中國區域文化的多姿多彩和源遠流長。「早在春秋戰國時期，在華夏遼闊的疆域之內就曾相繼出現了齊魯文化、巴蜀文化、吳文化、

〔註3〕 （清）張英：《文端集》之《篤素堂文集・龍眠古文初集序》，影印文淵閣四庫全書集部第1319冊，臺北：臺灣商務印書館1983年版。轉引自程根榮：《桐城派名家文選》，合肥：安徽人民出版社2008年版，第267頁。

〔註4〕 凌郁之先生說：「譬如揚州，雖在江北，但從其文化屬性上，我們依然是應將其認同為江南的」。其理由是「現在的江蘇省長江以南地區古屬揚州。《周禮・職方》：『東南曰揚州。』《爾雅・釋地》：『江南曰揚州。』這可能是為什麼人們心目中總是把揚州與江南聯繫起來的根源之一，甚至認為揚州也是江南。尤侗《新柳堂詩序》：『廣陵固江南佳麗地也（《西堂雜組三集》卷三）』」凌郁之：《蘇州文化世家與清代文學》，濟南：齊魯書社2008年版，第12頁。

楚文化、越文化、秦文化、三晉文化等等各具鮮明地方特色的區域文化。秦始皇統一中國，標誌著中華文化共同體的基本形成。但是，各個區域文化的傳統卻仍然綿延不絕」〔註5〕。即使在今天，祖國大地仍存在各具特色的區域文化。而且，這些區域文化正吸引著愈來愈多學者的目光。「近幾十年來，經濟史的區域性研究成了一股重要的國際學術潮流。與此同時，區域文化的研究亦已經日益爲國內外文化史專家所注目」〔註6〕。其中，桐城文化日益成爲學界研究的熱點。

位於皖中的桐城，在長期的歷史發展中，形成了具有鮮明特色的文化。作爲一種區域文化，桐城文化屬於作爲安徽文化亞文化的皖江文化。皖江文化一般指特色比較鮮明的安慶一帶的地方文化，它與淮河文化、徽州文化並稱爲安徽三大區域文化。此三大區域文化有著各自的發展歷程和特點。

淮河文化誕生於豫皖蘇交界處，與黃河文化、楚文化、吳文化、越文化、秦文化等並立而又互相影響。淮河文化的醞釀和輝煌要遠遠早於皖江文化和徽州文化。從春秋後期開始，它即產生出燦若星辰的名人和學派：從老子、莊子、管仲到淮南學派，從建安詩人到華佗醫學，從竹林七賢的嵇康和劉伶等玄學人物，到戴逵和王建等藝術家、詩人，都足以彪炳千秋，永載史冊。

日本人類學家西村眞次認爲一地有一地之文化興奮期，某地文化要長期保持興奮期幾乎不可能。這種文化移動論恰可解釋淮河文化與皖江文化、徽州文化的興衰沉浮。有學者分析說：「作爲區域文化，宋之前是皖江文化的涵養期，宋元明清是它的生長期」。〔註7〕

那麼，皖江文化何以在宋元明清時期蔚然興起呢？

筆者認爲，此乃歷史發展的結果。隨著政治形勢的變化、經濟和社會的變遷，各個區域文化亦在此種歷程中隨之演變。以安徽文化而言，「受中國戰爭、文化傳播由北向南、由西向東發展的總的趨勢影響，淮河文化比皖江文化、徽州文化發生早，古文化遺產豐富」〔註8〕，但它終究讓位於後起的皖江文化和

〔註5〕 吳仁安：《明清時期上海地區的著姓望族》，上海：上海人民出版社1997年版，第1頁。

〔註6〕 李良玉：《關於皖江文化》，《安徽師範大學學報（人文社會科學版）》2009年第5期，第334頁。

〔註7〕 李良玉：《關於皖江文化》，《安徽師範大學學報（人文社會科學版）》2009年第5期，第334頁。

〔註8〕 朱洪：《皖江文化的特點——與淮河文化、徽州文化比較》，《學術界》2008年第5期，第279頁。

徽州文化。如果著眼整個中國歷史，就會發現，安徽文化的這種演進，其實可視爲華夏文明史的縮影和寫照。在祖國遼闊的大地上，農耕文明與游牧文明長期並存，二者互相學習，互通有無，但也不時出現矛盾和摩擦。從西晉後期游牧民族入主中原，司馬睿建立東晉開始，中國的經濟、文化重心開始南移。唐朝的「安史之亂」進一步加強了這一趨勢，嚴迪昌先生分析說：及至北宋末年的「『靖康之恥』，徽、欽二帝被俘『北狩』，趙構南渡建都於杭州以後，隨著中州衣冠之族的『扈從』南遷，以及歷經一百五十年人文蒸薰，由漢民族爲整合主體的文化重心決定性地移向了神州東南。江、浙、閩、贛人才輩出。……東南人文，江、浙尤見興隆」〔註9〕。嚴先生的論斷可謂精當。經濟、文化重心的南移使淮河文化逐漸衰落，同時給皖江文化和徽州文化的發展帶來了契機。

皖江文化有兩個顯著的特點：

其一，重視文化教育成爲其區別於淮河文化與徽州文化的一個重要標誌，原因之一，「安慶地處長江富庶地區，皖民衣食不愁，無淮民抗淮河泛濫之憂，無徽民背井從商之慮，於是，躬耕讀書、任教求仕之俗，蔚然成風……因此，興學重智，成爲安慶文化的思想內核。」〔註10〕

其二，開放程度高。

由於地處長江沿岸，有便利的水陸交通，故皖江地區成爲重要的移民地區，人口流動很大。有學者研究發現：「皖江人的先祖多來自徽州地區和江西鄱陽地區」〔註11〕。

（二）桐城文化

如前所述，宋元以降，淮河文化逐漸式微，而桐、徽文化同時崛起。二者均重科舉，均屬於移民文化，「依桐城論，大抵屬典型的儒學價值文化，綱舉『學而優則仕』，重官而抑商」。〔註12〕而徽州文化，「因刺激於沿海商業文明的潮流，崇商心態畢竟佔有相當的文化心理比重，所以是一種更加逼近現代文明的地域文化」〔註13〕。同樣，桐城文化與江浙一帶的江南文化有密切

〔註9〕嚴迪昌：《清詩史》（上），杭州：浙江古籍出版社2002年版，第180頁。

〔註10〕朱洪：《皖江文化的特點——與淮河文化、徽州文化比較》，《學術界》2008年第5期，第280頁。

〔註11〕汪謙幹：《皖江文化的內涵及其特點》，《安徽史學》2005年第4期，第101頁。

〔註12〕王列生：《桐城地域文化耙梳》，《東南文化》1992年第2期，第22頁。

〔註13〕王列生：《桐城地域文化耙梳》，《東南文化》1992年第2期，第23頁。

的聯繫，然而兩者亦有著顯著的差別。要之，桐城文化深受程朱理學的影響，正統色彩較濃，可以作爲明清時期皖江文化的代表。

桐城置縣以來，首先產生全國性影響的是唐末詩人曹松，他留下了「一將功成萬骨枯」的名句。接著，北宋畫家李公麟以《五馬圖》等傑作深得蘇軾和宋徽宗等人的器重。」此後，桐城雖偶有文人，但不著聲於世，出現了400餘年的沉寂狀態〔註14〕。

然而，明清以降，桐城人文蔚起：桐城學派、桐城文派、桐城詩派、桐城畫派等漸次崛起，一時間「文章甲天下，冠蓋滿京華」，「天下文章其在桐城乎」之美譽接踵而來。據載，桐城「子弟無貧富，皆教之讀。通衢曲巷，書聲半夜不絕」，明以來多講性理之學，近時究究經術，多習考據，其以詩古文詞聞於藝苑者尤多〔註15〕。數百年間，一邑之地中進士者達240人，舉人640人，貢生509人。〔註16〕

那麼，桐城人文的乍起原因何在呢？

第一，明朝初期定都南京，全國的政治中心第一次離桐城如此之近：順水而下即達京城。以後明成祖雖遷都北京，但南京在整個明代一直保持陪都的地位。而且有明一代的南直隸和清朝康熙六年以前的江南省，轄境包括今江蘇和安徽兩省。其省級駐所分別爲南京和安慶。桐城在明初屬寧江府，地處畿內，得風氣之先。

第二，科舉制在明朝中期以後的鼎盛。

有學者根據《明清進士題名碑錄索引》，按當時隸屬安徽轄區範圍作了大致的統計，「在二百零一科進士考試中該省共有二千三百名左右中式，占全國進士錄取數五萬一千六百二十四名的百分之四點五左右，其中明代進士有一千一百八十餘人。這是一個相當可觀的數字，大抵僅次於江蘇、浙江等省，足見安徽人文與科舉文化以及明王朝政治契入之深」。〔註17〕

第三，桐城東鄉樅陽，爲潛、懷、舒、六漕米集運之地，商業發達，促進了文化的繁榮與交流。文人講學，多設館於此。

第四，明中葉後，朝政日趨敗壞，有識之士遂大興講學論政之風，冀挽

〔註14〕汪福來主編：《桐城文化志》，合肥：安徽人民出版社1992年版，第3頁。
〔註15〕安徽省地方志編纂委員會：《皖志綜述》（史州），合肥：安徽省地方志編纂委員會1988年版，第582頁。
〔註16〕桐城縣地方志編纂委員會：《桐城縣志》，合肥：黃山書社1995年版，第7頁。
〔註17〕嚴迪昌：《清詩史》（上），杭州：浙江古籍出版社2002年版，第181頁。

時艱。對此，馬其昶說：「（何唐）先生勇毅任道，不顧眾嘲，風聲流播，竟亦克變俗習。吾鄉講學之緒由此起，至方明善（方學漸）先生益昌大矣！」〔註18〕明季講學之風更盛，錢澄之主持復社於桐城，方以智、方文、孫臨、左國柱、周歧、吳道凝等結澤園社，胡如珵、方亨咸、吳應賓、吳道興、蔣臣、潘江等也組織了各種文會〔註19〕。

第五，桐城望族的崛起使桐城文化提升到一個新層次。

桐城各族大都於元明之際從徽州和江西遷來，經過一個時期的調試和積累，此時顯現出其優勢。他們大都重視教育，科舉致仕者眾多，具有高度的文化修養。僅列舉清初鄉賢祀中屬於明代的人物：檀鬱、方法、方祐、方印、方向、錢如京、雷宗、蕭世賢、余珊、何唐、吳檄、方克、盛儀、張澤、盛汝謙、阮廷瓚、吳自侗、胡效才、何思鼇、阮鄂、張淳、方夢賜、姚自虞、吳用先、潘爲山、方大美、倪夢梅、方學漸、左出穎、姚之蘭、張士維、吳承顏、胡士奇、方大鎮、何如盛、左光斗。這些人彙於一邑，把桐城的文化水準大大提升了。

三、桐城望族的興起

如上所述，桐城文化的勃興，與桐城望族的崛起幾乎同時發生。二者相輔相成，密不可分。文人學者提升了該地的文化層次，而當地的文化又給涵養於其中的人以重大影響。

欲考察某一區域文化的深層問題，如果不研究該區域望族的歷史，則無異於緣木求魚。吳大琨先生說：「在中國的歷史上，家族一直在社會的發展中占著非常重要的地位。要弄清楚某一地區的文化發展情況，就必須弄清楚這一地區的一些代表性家族的情況，兩者是分不開的。」〔註20〕吳仁安先生進一步指出：「區域文化在歷史形成中的發展推進，主要附麗於姓氏家族的繁衍遷徙、發展變化。前者是後者活動的舞臺，後者則是前者的承衍載體。」〔註21〕

〔註18〕（清）馬其昶：《桐城耆舊傳》卷2，《何省齋先生傳弟十三》，續修四庫全書第547冊，上海：上海古籍出版社2002年版，第512頁。
〔註19〕汪福來主編：《桐城文化志》，合肥：安徽人民出版社1992年版，第3頁。
〔註20〕吳大琨：《筆談吳文化》，《文史知識》1990年11期。
〔註21〕吳仁安：《明清時期上海地區的著姓望族》，上海：上海人民出版社1997年版，第24頁。

　　吳先生還說：「區域文化的構成和發展，有賴於自然地理和人文地理的演化。但是，由於自然地理有其特獨的穩定性，其演化變遷相對緩慢，所以，區域文化在它漫長的歷史行程中的發展推進，主要附麗於人文地理的更變。因此，我們要深入研究區域文化，首先必須瞭解那些長期生於斯、長於斯的該地域眾多姓氏家族的人群活動、變遷的歷史。否則，區域文化的研究就會變成無源之水、無本之木。」〔註22〕

　　明代，桐城一地以名宦、氣節、學術載入史志的不可勝數。其中有抗倭名將阮鶚，有敢於同閹黨作殊死鬥爭的東林黨重要成員左光斗、馬孟禎等，有嚴守情操的大學士何如寵等。在學術上負有名望的，除了上述結社者以外，還有趙銳、葉燦、方大鎮、方大欽、方孔炤、方維儀、白瑜等。詩文創作，極為豐富，有93家文作收入《龍眠古文》（李芥須、何存齋輯選），有數百家詩作收入《龍眠風雅》（潘江輯）。由於明季不少桐城士子在作品中寄託明亡傷感，至清代被列入《違礙書目》，遭到禁燬的有 30 餘種，占全國總禁燬書目的 1%。〔註23〕

　　那些推動桐城文化的人，無論是碩學通儒，還是詩人作家，抑或循吏鄉賢，大都出自名門望族。所以研究某一區域文化，勢必要牽涉該地的著姓望族。那麼，桐城望族又是如何形成的呢？簡言之，桐城望族是移民文化與土著文化碰撞融合的產物。

　　清人朱書〔註24〕的《告同郡徵纂皖江文獻書》給我們提供了重要啟發。朱書認為，皖江土著只占一、二成，其餘皆為移民。「據美國學者希拉里‧J‧比阿蒂和中國學者曹樹基研究，在元末明初的近百年間，遷往安慶府的移民總數約為 32.6 萬人，占同期安慶府總人口近八成，與朱書推算的『土著才十一二耳』極為接近」〔註25〕。而且來自婺源和鄱陽的移民又占相當大的比例，朱熹家鄉的人自然帶來朱子學說。〔註26〕

〔註22〕 吳仁安：《明清時期上海地區的著姓望族》，上海：上海人民出版社 1997 年版，第 1 頁。

〔註23〕 汪福來主編：《桐城文化志》，合肥：安徽人民出版社 1992 年版，第 3～4 頁。

〔註24〕 （清）朱書（1654～1707）：桐城派著名文人，生於潛山，又隸屬桐城派，並與桐城派開創者方苞、戴名世關係友善。

〔註25〕 汪軍：《關於皖江文化：從朱書〈告同郡徵纂皖江文獻書〉說起》，《安慶師範學院學報（社會科學版）》，2005 年第 1 期，第 14 頁。

〔註26〕 汪軍：《關於皖江文化：從朱書〈告同郡徵纂皖江文獻書〉說起》，《安慶師範學院學報（社會科學版）》，2005 年第 1 期，第 14 頁。

現在我們回到皖江文化的代表桐城。該地明清時期的著姓望族幾乎全部是移民。這一點可以通過望族家譜清楚地看出來。比如，姚氏家族，「當元末造由余姚遷桐城」〔註27〕；張氏家族，「迄明初貴四公自鄱（陽）遷桐（城）」〔註28〕；左氏家族，「其先涇縣人，祖匡正佐唐有功，廟食於涇。後遷徙潛山。明洪武初有曰代一者，復遷居桐城橫埠河」〔註29〕；桂林方氏家族，「自宋末籍桐（城）……始稱鳳儀，繼稱桂林」〔註30〕。

葛劍雄先生認為移民對安慶文化做出了很大的貢獻。他說：「明初遷入安慶地區的，是來自文化水準更高的徽州和江西籍移民。移民本身雖然沒有產生突出的文化人物，卻在二三百年後的明末清初造就了安慶地區的傑出人才，如方維儀（1585～1668年）、方以智（1611～1671年）等。到清代更是人才輩出，如方苞、方東樹、姚範、姚鼐、姚瑩、張英、張廷玉、戴名世、馬其昶、吳汝綸等都是全國知名的。儘管其中的方氏、姚氏出於明以前的土著，但這些學者賴以產生的環境卻主要是外來移民造成的。」〔註31〕

四、桐城望族的特點

歷史上的望族，一代有一代之特點。而且同屬明清時期，桐城望族與其它地區的望族相比，亦有其獨特之處。首先，與江浙和徽州一些望族動輒有千年歷史不同，桐城望族興起較晚，基本興起於明朝中後期。

其次，與徽州望族和蘇南望族重商亦重文不同，桐城望族單一的重文色彩濃厚，對商業重視不夠。

再次，與北方宗族相比，宗族制發達。幾次大移民之後，北方宗族逐漸衰落，明清之際，這一趨勢更加明顯。明末農民戰爭，後金（清兵）的數次入關，均對北方的宗族造成重大的打擊，使本來已經衰落的宗族雪上加霜。明清鼎革時，清兵在北方所遭遇的阻力遠遠小於南方，宗族的衰弱是一個重要的原因。

〔註27〕姚永樸輯：《桐城姚氏碑傳錄附補遺・序目》，光緒三十一年素園叢稿本。
〔註28〕《張氏宗譜・序》，光緒二十八年重刊本。
〔註29〕（清）馬其昶：《桐城耆舊傳》卷4，《左太公傳弟三十》，續修四庫全書第547冊，上海：上海古籍出版社2002年版，第530頁。
〔註30〕（清）方傳理：《桐城桂林方氏家譜・前刊家譜原序》，光緒六年刊本，安徽省圖書館藏。
〔註31〕葛劍雄：《中國移民史》第一卷，福州：福建人民出版社1997年版，第108～109頁。

　　桐城桂林方氏家族就是明清時期江南望族星河中最為璀璨的星辰之一。
讓我們在歷史的長河中去追尋它的發展歷程。

第二節　桐城桂林方氏家族源流（1～8世）

　　方姓是中國姓氏中的常見姓氏，在《百家姓》排名 56 位。在當代百家姓
裏則位居 62 位〔註32〕。

　　關於其由來，文獻裏有四種不同的說法：方雷氏說，以字為氏說，以地
為氏說，屬於少數民族姓氏，或由方佳氏所改而得等四種說法。而「以字為
氏說」是被普遍認可的一種說法，並尊方叔為方姓始祖。〔註33〕鄭樵《通志·
氏族略》記載：「周大夫方叔之後，以字為氏。」方叔，周宣王時的賢臣，姓
姬，名寰，字方叔。曾受命統兵伐儼狁，征荊楚，功勳卓著。子孫便以其字
為氏。方叔因功食邑於洛（今河南洛陽），其後裔在莽新政權之前，活動於今
河南地區，因此可以確定方氏發源地為河南。隨著方姓的繁衍和社會變遷，
方姓也發生了相應的播遷。宋元之際的文學家方回有詩《送溪堂方先生五世
孫觀歸馬金》云：

> 河南遷漢歙東鄉，遷歙西鄉自有唐。
> 溪老堂堂首科級，茅田疊疊冠文場。
> 考亭郢鄂桑梓友，孝廟乾淳駕鷺行。
> 五世賢孫吾獲識，根源同是洛陽方。〔註34〕

當時由河南遷歙的背景是：西漢末，時任司馬長史的方紘，因「王莽篡亂，
避居江左，遂家丹陽。丹陽昔為歙之東鄉，今屬嚴州，是為徽嚴二州之共祖
也」〔註35〕。丹陽郡歙縣的東鄉，並不是明清時的徽州地區，而是浙江省嚴
州府淳安縣。方紘的後代中以方儲影響最大，逐漸成為方氏一族的崇拜對象。
方儲後裔在唐末五代以及南宋初期先後遷入徽州。此後，由於土地和人口的
矛盾，方氏支派在徽州境內的遷徙持續不斷。〔註36〕

〔註32〕王大良：《姓氏探源與取名藝術》，北京：氣象出版社 1996 年版，第 166 頁。
〔註33〕黃天弘、夏友仁：《方姓溯源》，《中州古今》2002 年第 4 期，第 70 頁。
〔註34〕（宋）方回：《送溪堂方先生五世孫觀歸馬金》，《桐江續集》卷 25，文津閣四
　　　　庫全書集部別集類第 398 冊，北京：商務印書館 2005 年版，第 281 頁。
〔註35〕（明）程尚寬：《新安名族志》前卷，北京：全國圖書館縮微文獻複製中心 1992
　　　　年版，第 32 頁。
〔註36〕參見黃天弘、夏友仁：《方姓溯源》，《中州古今》2002 年第 4 期，第 71 頁。

　　方氏就這樣形成了以河南爲發源地，以古徽洲爲中心向四周擴展的南方大族。其分佈以安徽、浙江、江西、江蘇、河南最多，其中今安徽桐城市和樅陽縣又堪稱方氏密集的聚居地。

　　可見，方氏從中原向江南的遷徙，發生在社會動亂與人地矛盾突出的時期，反映了社會的變遷。

　　在整個方氏家族的播遷過程中，桐城方氏家族逐漸發展起來，不斷壯大，最終成爲聲震海內的名門望族。

　　對名滿天下的書香世家桐城方氏，清人朱彝尊云：「方氏門才之盛，甲於皖口，明善先生實濬其源。東南學者，推爲幟志焉。」〔註37〕著名學者梁實秋謂：「桐城方氏，其門望之隆也許是僅次於曲阜孔氏。」〔註38〕知名文學史家錢理群稱方氏家族爲曲阜孔氏之後對中國文化影響最大的家族，是中國文化世家的一個絕唱。〔註39〕而當代臺灣著名作家高陽則對其倫理道德讚賞備至：「方氏一門，忠孝節義，四字俱全，中國第一等的詩禮之家。」〔註40〕郭謙在其《影響百年中國的文化世家》〔註41〕一書中，把桐城方氏譽爲中國第二大文化名門。上述幾位不同時期的學者都對桐城方氏做出很高的評價，雖不免有溢美之詞，但卻反映出這一家族在區域文化乃至全國文化中的重要地位。但學者們所說的方氏，其所指不盡相同。例如郭謙所列舉的方守敦、方令孺及舒蕪等均爲魯谼方〔註42〕。而本文所關注的是桂林方氏，故首先對桐城方氏略作辨析。

　　桐城方氏主要有三支：桂林方（縣氏方、縣裏方、大方）、魯谼〔註43〕方（獵戶方）、會宮方。其中，桂林方和魯谼方名人較多。如方以智、方苞是桂林方，方東樹、方宗誠、方守敦爲魯谼方。此外桐城尙有黃華方、許方、璩方、虎形方，那麼，諸多方姓分支的源流和相互關係是怎樣的呢？

〔註37〕（清）朱彝尊著，黃君坦校點：《靜志居詩話》卷14，北京：人民文學出版社1990年版，第425頁。

〔註38〕劉天華、維辛選編：《梁實秋懷人叢錄》，北京：當代世界出版社2007年版，第154頁。

〔註39〕周爲筠：《在臺灣——國學大師的1949》，北京：金城出版社2008年版，第129頁。

〔註40〕高陽著：《明末四公子》，北京：華夏出版社2008年版，第49頁。

〔註41〕郭謙：《影響百年中國的文化世家》，海口：海南出版社2006年版，第297頁。

〔註42〕梁實秋談論方氏家族也是從方令孺談的，同樣指魯谼方。

〔註43〕魯谼山位於今桐城市呂亭鎭境內，與龍眠山一脈相連。

　　有人考證得出結論：桐城方氏本一家。桐城七支方姓實際上是五支，會宮方、黃華方、許方可以歸爲一支。而眞正的源流只有兩支，即桂林方和魯䶮方。桂林方來自徽州休寧，魯䶮方來自徽州婺源。他們應當是同祖同宗的。〔註44〕

　　筆者此處僅就本文的研究對象桂林方氏做一考釋。桂林方的來由，下列譜牒、文集等史料爲我們提供了一些線索。其一是弘治六年（1493）許浩克在方氏首修的家譜序言中說：「方氏其先，由廣信遷鄱陽，由鄱陽遷徽之休寧，宋季諱德益者，遷池之池口，元初又遷安慶桐城之鳳儀坊，今爲桐城人。」〔註45〕

　　其二是桂林方十一世方學漸在《桐城桂林方氏家譜》卷一《前刊家譜原序》中說：「方自宋末籍桐，歷世十三，歷年三百有五十，始稱鳳儀，繼稱桂林。」〔註46〕

　　其三見於他人爲方氏族人方拱乾所寫的墓誌銘：「公諱拱乾，字肅之，號坦庵。先世皇帝後，雷封於防，遂得姓方氏。在周有方叔，在漢有聖公，在唐在宋，聞人累累。而宋世有自廣信遷鄱陽，自鄱陽遷徽州者，遂世爲徽州人。其季德益公，始遷池口，再遷桐城，與徽州之方氏分。德益公之後，遂世爲桐城人」〔註47〕。

　　綜合上述資料，可以看出：桐城桂林方氏的先祖居江西上饒，後遷居今江西省鄱陽縣，宋時遷至今安徽省休寧縣，宋末又遷至今安徽省貴池之池口鎮，元初遷至今桐城市。

　　按：據《桐城縣志》載：桐城縣學建於元延祐年間，縣尹溫士謙在縣城桐溪橋東建學宮（亦稱縣學，設於孔廟內），元末毀於兵事。明洪武初知縣瞿那海移址縣城祐文坊後。桐溪橋即今紫來橋，曾名子來橋，良弼橋，位於桐城縣城東門外紫來河上。

　　可見，鳳儀里應在今龍眠河東，亦即紫來橋東，東門小街一帶。桂林第即今瀟灑園，在寺巷。所以桂林第和鳳儀坊是兩處宅第，但兩處應該相距不遠。

　　從文中看，五世方法建翕樂堂，四房九世方克（惟力）建孚萃堂，而六房十二世方大美（岡卿）建光啓堂。

〔註44〕http://blog.sina.com.cn/s/blog_4ace396f01000901.html.
〔註45〕（清）方傳理：《桐城桂林方氏家譜》，光緒六年刻本，安徽省圖書館藏。
〔註46〕（清）方傳理：《桐城桂林方氏家譜》，光緒六年刻本，安徽省圖書館藏。
〔註47〕（清）李長祥：《和憲先生桐城方公墓誌銘》，《天問閣文集》卷2，四庫禁燬書叢刊集部第11冊，北京：北京出版社2000年版，第222頁。

　　從文中還可以得出有關始遷祖方德益的一些信息。前引文《德益公傳》云：「（方德益）居鳳儀坊，學衢隘，公割其地之半以廣衢。」〔註48〕儘管剛剛落腳桐城，方德益就慷慨地拿出自己宅第的一半以拓寬學衢。可見，他是一個熱心公益事業的人。而且，從中也足見方德益財力頗豐。始遷祖既有財力，又有能力並熱情於地方公益事業，奠定了良好的經濟基礎。其後人沿著其足跡，發奮圖強，逐漸形成聲震海內的著姓望族。

　　在此，對「桂林方」試加解釋。關於「桂林」二字的來歷，家譜中是這樣說的：「自勉公五子有五龍之目，已而仲氏祐成進士，季氏瓘舉於鄉，自勉公五十一而卒，至成化元年，以祐貴敕贈四川監察御史，都諫王瑞題其門曰『桂林』，族乃大」〔註49〕。方自勉是方法長子方懋，其後代科甲鼎盛，折桂如林，「桂林方」由此得名。

　　桐城桂林方氏家族是一個典型的仕宦家族、文化世家。首先，從事舉業者人數眾多，科甲蟬聯。該家族承祖先科甲之遺風，在明清兩代均走一條科舉仕宦之路，族人折桂如林、仕途顯赫，以至清人陳康祺慨歎「桐城方氏仕宦之盛」〔註50〕。張傑先生通過對方氏後人方顯允朱卷履歷的記載，統計出至光緒十五年（1889年），方氏家族有進士27人，舉人54人，生員多至數百人。〔註51〕

　　其次，自十一世方學漸開始，至十四世方以智，以研究易學和醫學為其家學的重要特點，四世傳《易》，四世研醫。時人稱其「屢世傳《易》、《易蠡》、《易意》、《時論》、《易餘》，諸書盈尺，類皆發前人所未發。」〔註52〕在此基礎上，形成了著名的方氏學派。同時，方氏在詩文書畫史學哲學等方面成就斐然，為傳統文化的總結發展和中西文化的對接做出了很大貢獻。方氏二十一世方昌翰在《刻〈方氏七代遺書〉緣起》中說：

　　　　吾方氏自元末居桐城，傳五世至忠烈公，殉建文之難。厥後忠
　　孝賢傑，迭起代興，以撰述著稱者，森列志乘。先贈通奉公嘗輯為

〔註48〕（清）方孝標著，石鍾揚、郭春萍校點：《光啟堂記》，《方孝標文集》，合肥：黃山書社2007年版，第314頁。

〔註49〕（清）方傳理：《桐城桂林方氏家譜》。

〔註50〕（清）陳康祺：《郎潛紀聞初筆二筆三筆》之初筆卷4，北京：中華書局1990年版，第78頁。

〔註51〕張傑先生根據方氏後人方顯允朱卷履歷的記載，統計出至光緒十五年（1889年），方氏家族有進士27人，舉人54人，生員多至數百人。張傑：《清代科舉家族》，北京：社會科學文獻出版社2003年版，第227頁。

〔註52〕胡正宗：《跋方中通（數度衍）》，光緒四年刻本。

《方氏書目》，合之得一百五十餘人。自斯篇所列外，其最著者在明
季，若給事公向、御史公大任。入國朝若鹿山公文、位白公中通、
宗伯公苞、恪敏公觀承，皆承學之士所服膺，淑志以爲夐乎不可企
及者。固非後之人所得阿私而溢美之也。……方今宇內名族林立，
或以累葉冠甲科，或以父子居臺鼎，或以兄弟子姓膺茅土、秉節鉞。
吾方氏未可與頡頏矣。獨茲詩書之澤，綿延數百年而未艾。千載下
觀德論世之君子猶將樂道其事，以興起末俗，況在其本支耶。〔註53〕

方昌翰在這裏對自己祖先所取得的文化成就非常自豪，同時他的這番話也揭
示了一個道理：文化世家比仕宦家族的門祚更爲久遠。

　　不但方氏後人對其家族的文化成就引以爲榮，而且名儒碩學亦對此由衷
地欽佩。《桐城方氏七代遺書》譚獻《敘》云：

　　　　今天下承學治古文之士，萬喙桐城，尊靈皋侍郎爲喬嶽，而先
河後海之義或失。何以明之？方有明中葉，問學之途，或岐或靡。
獨方氏累葉敦儒，濯于忠節，以屬文章。其爲學也，既世又不爲昌
狂無涯之言，束經教而推究世用。一門之內，若比肩立其衰。……
我朝通儒輩出，以名物訓詁求微言大義於遺經，尋厥濫觴，實始於
密之先生之《通雅》，然則桐城方氏七世之家學，不獨靈皋侍郎文辭
授受之先河，抑閻、顧之流一代經師之先河也已。〔註54〕

譚獻在《敘》中對方以智的考據學和方苞的文章的成就均給予高度評價，很
有學術眼光。

　　關於桐城桂林方氏家族的文化成就在此僅做概要式的交代，詳細內容設
有專章加以闡述。下面探討該家族的演變和發展歷程。

第三節　桐城桂林方氏家族的發展歷程

一、桐城桂林方氏家族的奠基期

（一）方德益及前五代

　　桐城桂林方氏家族的奠基者爲始遷祖方德益和五世方法。有關方德益的

〔註53〕　（清）方昌翰：《桐城方氏七代遺書》，光緒十四年（1888）刊本。
〔註54〕　（清）方昌翰：《桐城方氏七代遺書・譚獻〈敘〉》，光緒十四年（1888）刊本。

情況僅見於《桐城桂林方氏家譜》等很少的史料，而且其記載非常粗略。但毫無疑問，他「割其地之半以廣衢」的善舉爲後人在桐城發展成爲名門望族奠定了良好的基礎。而且也爲整個桐城民風的改善開了好頭。前有方德益讓路開其緒，後有張英讓牆踵其後，桐城人謙讓之風其來有自，一脈相承。德益所居鳳儀坊位於今桐城市紫來街，故德益讓地廣路之善舉當爲不虛。另外，縣志載方德益曾捐資修桐溪橋（今紫來橋），由此可見方德益一則樂善好施，二則家道殷實。以下主要依據《家譜》對方氏家族最初的幾代做一簡要的勾勒。

方德益生有二子：長子方秀實，字茂才，爲元彰德（今河南安陽）主簿。次子方子實。〔註55〕以德益重視文教和秀實任職政府而論，其家當爲書香門第。

二世方子實的後代缺乏記載。見於《家譜》的是，方秀實生子有三：方謙、方忠、方鼎。方謙是秀實長子，字士源，爲元望亭巡檢。

三世方謙有二子：長子方圓，字有道，爲元宣使。次子方智。

四世方圓育有三子：長子方端（長房）、次子方法（中房）、三子方震（前三房）。四世方智支以後遠遷南陽，後人稱其爲南陽支。

五世方端育有二子：長子方志、幼子方惠。

六世方志育有三子：方理、方璉、方佐。方惠也育有三子：方瓚、方琛、方瑛。〔註56〕

可見，自從方德益遷桐城以來，從二世至四世，代代出仕。雖然均爲比較低級的官吏，但卻爲家族的進一步發展創造了優越的條件。然而此時方氏家族尚稱不上望族。但這種情況反映了桐城望族的興起特點。正如前述，桐城在宋元時期並未產生名門望族。這種狀況在明朝才逐漸發生變化。那些從徽州等地遷來桐城的移民，經過數代人積蓄的能量，終於漸漸釋放出來，逐漸產生出令人矚目的著姓望族。其中，桂林方氏家族尤其具有代表性。而給方氏家族帶來發展契機的是五世方法。

（二）方法其人及其對方氏後人的影響

關於方法其人，文獻記載頗多，現綜合各種史料將其情況做一勾勒。鑒

〔註55〕　（清）方傳理：《桐城桂林方氏家譜》卷9。
〔註56〕　（清）方傳理：《桐城桂林方氏家譜》卷9。關於分房的情況，下文有詳述。

於方法在方氏家族發展中所起的重要作用，同時由於不同史料可互相參看，從這些記載中可以加深對某些史學原理的理解，故而不憚其繁，將有關史料臚列如下。

方法（1368～1403），字伯通。據《家譜》載，方法「由縣學生中建文己卯應天鄉試一百九名，任四川斷事。生洪武戊申九月十五日辰時，永樂甲申，逮至望江，死之，年三十七」〔註57〕。方法在《明史・方孝孺傳》有附傳，〔註58〕內容與此相似，記載很簡略。記載最詳細的當屬方法同邑後學馬其昶的《桐城耆舊傳》。該書寫道：

> 公生之歲爲洪武元年，逾歲而孤。時天下初定，人競戎馬。母程氏紡績，資公使學，務以儒術元宗。治《尚書》，事母甚謹。里黨稱其孝。英傑負氣，聞朝廷屬害，輒自激發。建文元年，鄉試中式。天台方正學先生典試事，以「託孤寄命，大節不奪」命題，既受知正學，厯政臺寺，授四川都指揮司斷事。執法不撓。
>
> 無何，正學死建文之難，成祖即位，爲永樂元年。諸藩表賀登極。公當署名，不肯署，投筆出。俄詔逮諸藩不附者，公與逮。登舟飭家人曰：「至安慶告我。」行次望江，人曰：「此安慶境也。」公瞻望再拜，慨然賦詩二章，曰：「得望吾先人之鄉，可矣！」遂沈江死。吾屍不獲。夫人鄭氏收其餘髮爪甲於巾笥，守義四十年卒。遺命納公髮爪懷中，歛而葬公。祀鄉賢祠。〔註59〕

據此，方法於建文元年（1399）中應天鄉試，出方孝孺門。因其不滿朱棣篡位，乃投江殉義。

方法後人方學漸有《邇訓》一書，「專載其鄉人物行誼及其先世可爲方者，以近在桑梓，故名《邇訓》」〔註60〕該書卷五「殉義」條關於此事的記載與《桐城耆舊傳》完全相同。很明顯，關於方法不附朱棣與殉義的情節和文字，《桐城耆舊傳》照搬了《邇訓》的記載。

〔註57〕　（清）方傳理：《桐城桂林方氏家譜》卷6。

〔註58〕　（清）張廷玉等：《明史》卷141列傳第29，《方孝孺傳》，北京：中華書局1974年版，第4021頁。

〔註59〕　（清）馬其昶：《桐城耆舊傳》卷1，《方斷事傳弟三》，續修四庫全書第547冊，上海：上海古籍出版社2002年版，第498頁。

〔註60〕　（清）紀昀等：《欽定四庫全書總目》（整理本）卷143，北京：中華書局1997年版。

　　方法後人方孝標則寫道：「後靖難詔至蜀，吾祖麻衣往哭，有司逮之，毅然乘舟順流下，謂其僕曰：『我，皖人也，望見皖之山告我。』舟近安慶，望見龍眠山峯，吾祖北向再拜曰：『期無負吾君、吾師而已。』蹴身沉江死。」〔註61〕

　　與《家譜》相比，後幾種記載顯得有血有肉，生動鮮活。但某些細節卻有失真之嫌。比如，「吾祖麻衣往哭」，「公瞻望再拜，慨然賦詩二章，曰：『得望吾先人鄉，可矣！』遂沉江死」，之類描述就頗令人懷疑。既然「有司逮之」，怎容他從容投江？關於方法的諸多文獻記載，恰可用顧頡剛先生「層累地造成的中國古史」的理論作出解釋。所以，治史當搜尋第一手史料，方能接近歷史實際，誠爲不刊之論。

　　倒是方法後人方文的說法更爲可信。方文介紹說：「（方法）建文朝舉於鄉，授四川按察司斷事〔註62〕。靖難兵取南京。天下藩臬官皆有表賀，公不肯與名，被逮。至望江，紿守者曰：『此吾父母邦也，幸寬我械，容治酒北向而拜，以盡人子之思。』守者許之。於是衣冠立船首拜。拜畢，躍入江而死」。〔註63〕

　　方法的義舉每每被其後人追憶。除上述方學漸和方孝標外，方孔炤則有「斷事只有依俎豆，吾家書種託門牆」的詩句（自注：先五世祖諱法，洪武己卯出正學先生門，聞靖難投江。今補祀表忠祠）。〔註64〕

　　其子方以智在《膝寓信筆》中寫道：「拜表忠祠，吾五世祖斷事伯通公在焉。公諱法，……靖難時沉江。吾祖魯嶽公請入表忠祠。後以大理卿封蜀藩，立祠成都。王爲賦詩，群公和之，是爲《錦江燕詔錄》」〔註65〕。

　　詩人方文更是屢屢提及其祖先的義舉。「我祖山澤民，嗣君舉鄉試。厥師即正學，風節夙相勵。……舉身躍洪波，竟逐彭咸逝。……我祖設在今，悲

〔註61〕（清）方孝標撰，石鍾揚、郭春萍校點：《方孝標文集》《光啓堂文集·重修杭州正氣樓記》，合肥：黃山書社2007年版，第56頁。

〔註62〕諸史料均言方法爲四川都司斷事，獨方文記爲四川按察司斷事，是非曲直，俟考。

〔註63〕轉引自彭迎喜：《方以智與〈周易時論合編〉考》，廣州：中山大學出版社2007年版，第16頁。

〔註64〕見謝正光：《讀方文〈嵞山集〉》。轉引自彭迎喜：《方以智與〈周易時論合編〉考》，廣州：中山大學出版社2007年版，第17頁。

〔註65〕（清）方以智：《膝寓信筆》，見方昌翰：《桐城方氏七代遺書》本，光緒十四年（1888）刊本，中國國家圖書館藏。

憤復何似。浩浩長江水，小孤山獨異。巉岩如其人，靈爽此高寄，後死者誰子，祖風得無愧」。〔註66〕

此詩寫於順治五年（1648）夏，方文有感於明清鼎革，追慕祖先的錚錚鐵骨，很有些欲求傚仿之志。方文本人雖未投水死，但其從侄方以智日後則有自沉於惶恐灘〔註67〕的悲壯之舉。

古文大家方苞為方法十一世族孫，他很少寫詩，卻有拜謁其祖先陵墓的詩作傳世：

> 不拜稱元詔，甘爰十族書。
>
> 壯心同嶽柱，寒骨委江魚。
>
> 天壤精英在，衣冠想像餘。
>
> 拜瞻常憂惕，忠孝檢身疏。
>
> 高皇肅人紀，義氣懍環瀛。
>
> 作廟褒余闕，開關送子英〔註68〕。
>
> 微臣知國恥，大節重科名。
>
> 嗚咽窮泉路，應隨正學行。〔註69〕

方法妻女之事蹟又堪稱封建倫理道德的典範。《家譜》載，方法的妻子「鄭氏，諱崇德，……苦節三十五年，……二子懋、恕。一女，諱川貞」〔註70〕。方氏後人方學漸特在《邇訓》卷六為之立傳：

> 鄭太君，諱崇德，先祖蜀閬斷事伯通配。永樂初，適伯通至皖江自沉。太君哭曰：「寰上腥穢，固宜濯骨清江。」屍不獲，則取餘髮退甲筒之。迎姑程侍養。曰：「夫君義不將母，則子婦代屍饗。」

〔註66〕（清）方文：《嵞山集》卷 1，《小孤山詩序》，上海：上海古籍出版社 1979年版，第51～52 頁。

〔註67〕詳見（美）余英時：《方以智晚節考》，北京：三聯書店 2004 年版，方以智自沉是本書的基本觀點。

〔註68〕余闕，元淮南行省左臣，安慶路守將。陳友諒陷安慶，余闕死之。明太祖創業江左，褒祀余闕於安慶，以作忠義之氣。（《元史・順帝紀》、《明史・太祖本紀一》、《禮志四》及《忠義列傳序》）子英，當指元臣蔡子英。《明史・太祖本紀三》：「武定禍亂，文致太平，太祖實身兼之。至於雅尚志節，聽蔡子英北歸。」其事蹟見《元史・擴廓帖木兒傳附》。

〔註69〕（清）方苞撰，劉季高校點：《方苞集・集外文》卷 9，《展斷事公墓二首》，上海：上海古籍出版社 1983 年版，第 791 頁。

〔註70〕（清）方傳理：《桐城桂林方氏家譜》卷 9，清光緒六年刻本，安徽省圖書館藏。

撫二子懋、恕，戒之孝，敬伯父身下姒氏不減於姑。守節四十年如
一日。郡守廣武王公疏於朝，部檄勘實，未報，會太君卒。將訣，
囊所藏夫餘髮退甲，命納懷中以殮〔註71〕。

方法女川貞亦苦節自守。《桐城耆舊傳》載卷12《方貞女傳弟二》：

　　方貞女諱川貞……建文四年，貞女生四川官舍，因以命名。明
　年斷事死難，鄭孺人歸里。以女許盛氏，受采幣。比徵，女筓有日
　矣。盛氏子病歿，女請臨喪……自是貞女與母同寢處二十餘年。舅
　姑喪，服衰母室。……孺人歿後，貞女遂獨居一室。……年六十八
　〔註72〕。

方法妻女守節以終同樣對後代產生了巨大的影響。在明末，方孟式爲國殉難，
方維儀、方維則爲夫守節，她們的詩詞憂國憂民，傷感抒懷，故名「方氏三
節」。方文有詩贊方維儀曰：「吾家先世有老姑，髫年未嫁亡其夫。竟以處子
終漆室，壽介八旬貞不渝。……」〔註73〕

　　後來，隨著方孝孺冤案的平反，方法得以旌表，立祠致祭：成都有顯忠
祠、金陵有表忠祠，望都華陽鎮立忠烈祠，在故鄉桐城則入祀鄉賢祠。正是
由於五世方法身上體現出這種令後人感佩的人格力量，所以自他之後，桂林
方氏家族的發展如春潮怒起，不克遏制。方氏家族這根忠孝節義的接力棒成
功地傳下去，而接好第一棒的就是方法之子方懋。馬其昶《桐城耆舊傳》卷1
載：

　　方公諱懋，字自勉，斷事長子。當永洪宣正之際，與金騰高、
　史仲宏以意氣爲昆弟交。……而公孝友英特，有大略，三人者皆以
　布衣任俠聞一方。父斷事死節，公年十五矣。世父頗利其產，悉以
　讓世父，自築茅居母及弟。……公治生勤，家益起，訓諸子屬學。
　〔註74〕

〔註71〕中國古代地方人物傳記彙編 73～80 安徽卷。轉引自彭迎喜：《方以智與〈周
　　　　易時論合編〉考》，廣州：中山大學出版社2007年版，第20頁。
〔註72〕（清）馬其昶：《桐城耆舊傳》卷12，《方貞女傳弟二》，續修四庫全書第547
　　　　冊，上海：上海古籍出版社2002年版，第671～672頁。
〔註73〕（清）方文：《嵞山集》卷3，《老姑行爲姚姊夫人七十壽》，上海：上海古籍
　　　　出版社1979年版，第163頁。
〔註74〕（清）馬其昶：《桐城耆舊傳》卷1，《方自勉公傳弟四》，續修四庫全書第547
　　　　冊，上海：上海古籍出版社2002年版，第499～500頁。

雖少年失怙，方懋卻毅然挑起了奉母育弟的重擔。而且，面對伯父覬覦家產，少年方懋表現出罕見的老成，寬厚的胸襟和難得的自立精神。把家產全部讓給伯父，就避免了家族內部的財產紛爭。減少內耗，凝聚人心，才能使家族走向興旺，所謂家和萬事興。從十一世方學漸讓財於兄的美談中，我們能看到方懋對後世的積極影響。依靠勤勞和智慧，方懋使方氏家道漸起。更加具有決定意義的是他能「訓諸子厲學」，從而使方氏人才輩出，家族的發展從此駛入了快車道。前引馬氏《桐城耆舊傳》說：

> 自勉五子，有五龍之目。……長廷獻，諱琳，稱中一房；次廷瑞，二房；廷輔，三房；廷實，四房；弟五子廷璋，稱六房。廷輔諱祐，成進士。廷璋諱瓘，舉於鄉。於是都諫王瑞題其門曰桂林，而方氏之族乃大。〔註75〕

可見六世方懋對方氏家族的發展貢獻巨大。首先，方懋子嗣眾多。人丁興旺就能保證家族代代有人。事實上，桐城桂林方氏家族開始分房，正是始於方懋。如前所述，方氏家族自方德益定居桐城後，四世方智一支以後遠遷南陽成爲南陽支。留居桐城的第五世方端（方圓長子）支下傳至第七世後，僅方璉一支，其它均已絕嗣。故稱方璉支下爲長房。第五世方震（方圓三子）支下稱前三房。第五世方法子嗣最多，而且給家族發展帶來飛躍，稱中房。方法支下傳至七世有孫七人，以長幼排序：長子琳爲中一房，次子玘爲二房，三子祐爲三房，四子瑜爲四房，五子瓘爲六房，方懋弟方恕的長子方瑤爲五房，次子玠爲七房。〔註76〕由於世系比較複雜，可參見下表（以下兩個表格均依照（清）方傳理：《桐城桂林方氏家譜》編製而成）。

〔註75〕（清）馬其昶：《桐城耆舊傳》卷1，《方自勉公傳弟四》，續修四庫全書第547冊，上海：上海古籍出版社2002年版，第500頁。

〔註76〕注：許水濤認爲成化年間（1465～1487）修譜；桐城網認爲開始六世方懋修譜分房。俟考。

表一：桐城桂林方氏前七世世系

一世	二世	三世	四世	五世	六世	七世	房號
德益	秀實(長)	謙（長）	圓（長）	端（長）	志（長）	理（長）	
						璉（二）	長房
						佐（三）	
					惠（次）	瓚（長）	
						琛（二）	
						瑛（三）	
				法（二）	懋（長）	琳（長）	中一房
						玘（二）	二房
						祐（三）	三房
						瑜（四）	四房
						瓘（五）	六房
					恕（次）	瑤（長）	五房
						玠（次）	七房
				震（三）	聰	華（長）	前三房
						饒（二）	前三房
						富（三）	
			智（次）	亨（長）	一原	顯（長）	南陽支
						宗（二）	南陽支
						朋（三）	南陽支
				升（次）			
		忠（二）	福（長）				
			信（次）				
		鼎（三）					
	子實(次)						

表二：桐城桂林方氏分七房

七世祖	璉	琳	玘	祐	瑜	瑤	瓛	玠
房號	長房	中一房	二房	三房	四房	五房	六房	七房

　　因爲子嗣眾多，勢必造成諸子均分家庭財產。各個房支獨立發展，就調動了各自的積極性。而各房之間又保持密切的關係，形成一榮俱榮、一損俱損的共同體，有助於互相提攜，共同抵禦天災人禍。其次，方懋並未滿足於解決了溫飽問題的小康之家的低層目標，而是「訓諸子屬學」，從而使其第三子方祐成進士，第五子廷璋舉於鄉。長子方琳（稱中一房），子廷獻，縣陰陽訓術〔註77〕。雖官職很低，但卻是技術性很強的一種，對天文和術數（即算卦、占卜、天相、曆譜）等都要有所瞭解。其研究對象屬於《周易》分支陰陽學。尤其是方琳家法聞於一時，其長子方印乃中成化舉人。古代稱科舉及第爲「蟾宮折桂」，方氏一門折桂者眾多，方祐恰在成化元年巡按桂林。吏部給事中王瑞題方氏門匾曰：「桂林」，一語雙關，桐城桂林方氏遂由此得名。此後，該家族在科舉仕宦之路上越走越順，並於萬曆年間達到科舉鼎盛期，產生了眾多進士：方大鎮，官大理寺少卿；方大鉉，官戶部主事；方大任，官順天巡撫；方大美，官太僕寺少卿。方孔炤，官湖廣巡撫。後以右僉都御史屯田河北、山東。崇禎年間，方氏後繼有人：方拱乾，官左諭德；方以智，授翰林院檢討，任定王講官。〔註78〕

　　此外，獲得秀才、貢監等功名的族人更多，許多人未經進士而入仕。總之，自方懋之後，其族人通過科舉等途徑，參與國家政治和地方治理，與明政權盤根錯節，在中央和地方有著廣泛的影響力，方氏家族逐漸成爲名副其實的南方望族。而且，其望族地位幾與明清兩代相始終。

　　固然，方氏家族在發展過程中，也遇到了各種挑戰和災難。但是，史實證明，由於有了寶貴的家族精神，族人就能愈挫愈奮；由於其族大支繁，在某些房支呈現頹勢後，又有別的房支脫穎而出，從而保持了家族整體的優勢

〔註77〕陰陽學是主管天文星象和時令氣候觀察預報的專業機構。州署陰陽學的負責人稱陰陽典術，縣署的稱陰陽訓術。

〔註78〕桐城方氏族人出仕統計，見（清）方傳理：《桐城桂林方氏家譜》，清光緒六年刻本，卷9，11，12，13，安徽省圖書館藏；（清）馬其昶：《桐城耆舊傳》，續修四庫全書第547冊，上海：上海古籍出版社2002年版，卷1，4，5，6，第500～504頁，第534～536頁，第551～552頁，第566頁。

地位。由於該家族過於龐大，本文不可能將其各個支系的發展演變一一詳述，所以只是選取在歷史上影響最大且最能反映該家族與政治、文化關係的中一房和六房這兩個著房爲代表，做出剖析。在敘述中如果有必要，也會偶而涉及其它房支。在此之前，先對有關房支的有影響的族人做一概述。

方祐，中三房，方懋第三子，字廷輔，號省庵。行三。由縣學生中正統丁卯（1447）應天鄉試第三十八名，天順丁丑（1457）中會試二百三十一名三甲進士。拜監察御史，風裁嚴峻，有「眞御史」之稱。授四川道御史，謫攸縣知縣，升桂林知府致仕。入府縣鄉賢祠。著有《省庵集》。

方祐爲人耿介，一心爲公。成化元年，方祐任巡按廣西監察御史。到任伊始，就遇上「流賊攻劫梧州、鬱林、博白等府州縣」〔註79〕。他一面奏報朝廷，一面與地方官加以平定。同年九月，他與都御史李秉就竊盜問題諫言，皇帝認爲，「卿所議良是，其著爲令。」〔註80〕尤其難能可貴的是，他堅持原則，不畏皇權。「調監察御史方祐於外時，有罪人當刑。有旨：『不必覆奏』。祐復以請，上以其忤旨，命杖之，仍調於外」〔註81〕。《明史》載：「時（憲宗）帝多褻政，而於刑獄尤愼之，所失惟一二事。嘗欲殺一囚，不許覆奏。御史方祐復以請，帝怒，杖謫祐。」〔註82〕雖遭杖謫，仍無怨無悔。

他這種精神影響到其從子方向。方向，中四房方瑜季子，字與義，號一庵，成化十七年（1481）進士，授南京戶科給事中，「視利若浼，視官若芥，一無所撓屈」，上疏劾宦官陳祖生擅作威福，「祖生銜向切骨」〔註83〕。方向因此被誣，謫雲南多羅驛丞，歷官瓊州知府。入覲時，僕私市一珠，索而投諸海。〔註84〕方向兄方舟，字與濟，亦以直節稱。《明史》贊曰：

　　御史爲朝廷耳目，而給事中典章奏，得爭是非於廷陛間，皆號

〔註79〕《明憲宗純皇帝實錄》卷14，成化元年二月壬午，上海：上海書店出版社1990年版，第311頁。

〔註80〕《明憲宗純皇帝實錄》卷21，成化元年九月乙丑，上海：上海書店出版社1990年版，第420頁。

〔註81〕《明憲宗純皇帝實錄》卷37，成化二年十二月壬子，上海：上海書店出版社1990年版，第734頁。

〔註82〕（清）張廷玉等：《明史》卷94，志第70，北京：中華書局1974年版，第2323頁。

〔註83〕（清）張廷玉等：《明史》卷180，列傳第68，北京：中華書局1974年版，第4788頁。

〔註84〕（清）張廷玉等：《明史》卷180，列傳第68，北京：中華書局1974年版，第4789頁。

稱言路。天順以後居其職者，振風裁而恥緘默。自天子、大臣、左右近習無不指斥極言。南北交章，連名列署。或遭譴謫，則大臣抗疏論救，以為美談。顧其時門戶未開，名節自勵，未嘗有承意指於政府，效搏噬於權璫，如末季所為者。故其言有當有不當，而其心則公。上者愛國，次亦愛名〔註85〕。

以此來評價方祐和方向叔侄，可謂允當。方向從子方克也以在世宗朝劾巨璫邱得而聞名。方克，方舟之子，字惟力，號西川。因其曾仕宦桐鄉和泉州（雅號刺桐城），故自稱「三桐寄主」。嘉靖五年（1526）進士，先後知貴溪、桐鄉二縣，後升南京貴州道御史。宦官邱得為南京守備，專恣不法，曾抗疏劾之。後一度歸鄉，再起為泉州知州，遷陝西苑馬寺少卿。著有《西川文集》。〔註86〕他為官清正，彈劾邱得不法事，以叔父方向為楷模，慨然道：「吾得紹跡前人，罪且甘之」，後邱得「謫戍孝陵」〔註87〕。

方向玄孫方大任，清峻廉潔，內劾巨璫、外抗強敵。方大任，中四房十二世，方克曾孫。字思仁，號赤城，萬曆四十四年（1616）中進士，已是六十二歲的老翁。初任元城知縣，以廉明公正，擢拜監察御史。就任宣大巡按前，他陛辭奏曰：「臣觀今日之世運，亦可謂不平矣。觀之天道，則星變風霾；觀之地道，則震動坎陷。邊疆南北，夷虜狂逞。而匪茹都城內外，劫殺橫行而莫制。長此不已，亂將焉極。此誠臥薪嘗膽且夕孳孳之時也！」〔註88〕他監理昭陵時，抗疏糾核魏忠賢營生壙逾制，被削籍。天啓五年（1625），輔臣馮銓受奉魏忠賢唆使，誣陷貪贓千金，「遂被逮如撫按提問。適逢王恭廠災，廷議恤刑，擬處城旦」〔註89〕。任監察御史時，他與給事中劉弘化交章彈劾魏忠賢。「當逆璫未甚時，公發其奸最早」，雖遭誣陷，他卻疏稱「臣為國擊奸，實不敢容默，為家世羞」。〔註90〕可見祖先不畏權奸的精神給他的巨大影

〔註85〕（清）張廷玉等：《明史》卷180，列傳第68，北京：中華書局1974年版，第4803頁。

〔註86〕（清）方傳理：《桐城桂林方氏家譜》卷10。

〔註87〕（清）馬其昶：《桐城耆舊傳》卷3，《方巡撫傳弟四十七》，續修四庫全書第547冊，上海：上海古籍出版社2002年版，第517頁。

〔註88〕《明熹宗哲皇帝實錄》卷41，天啓四年四月辛亥，臺北：中央研究院歷史語言研究所1962年版。

〔註89〕（清）馬其昶：《桐城耆舊傳》卷5，《葉尚書、方巡撫傳弟四十六》，續修四庫全書第547冊，上海：上海古籍出版社2002年版，第551～552頁。

〔註90〕（清）馬其昶：《桐城耆舊傳》卷5，《葉尚書、方巡撫傳弟四十六》，續修四庫全書第547冊，上海：上海古籍出版社2002年版，第552頁。

響。崇禎元年（1628）復官，升僉都御史，出巡山海關。「故事按部但巡關內，公獨出關千餘里，與總督袁崇煥經畫方略。再晉副都御史，巡撫順天，出守通州」。崇禎二年十月，皇太極率數萬後金兵從大安口入侵，佔領遵化，直逼京城。大任全力支持袁崇煥抗擊清軍，後又與「總兵楊國棟登陴固守」，協助孫承宗拼死守通州，爲捍衛京師立下戰功。〔註91〕方大任「性清峻，官至開府，家無千金之資」，著有《霞起樓集》等。〔註92〕

從以上對方氏族人仕宦的簡單勾勒中可以發現，一方面由於其職任所繫，另一方面由於忠君愛國，其族人自方祐開始，多與弄權的宦官針鋒相對。方祐爲此而遭廷杖，貶謫攸縣。方向被貶多羅驛，其父「乃撫其背曰：『行矣，勉之！』」。方克、方大任乃至後來的方孔炤與魏忠賢抗爭，方以智受永曆朝太監王坤疑忌。有明一代，桐城桂林方氏計六代人爲此不計個人安危，其政治命運，堪稱正直官員的政治命運，反映出明朝中期以來政治的一個重要特點。明朝中期以來，由於皇帝昏怠，導致宦官亂政和朋黨相爭。王振、汪直、劉瑾、和魏忠賢等權璫的罪惡人所共知。面對黑惡勢力，正直官員起而抗爭，雖屢遭誣陷而不悔，體現了士人的良知，推動了社會的進步。

至此，我們可以把目光投向更能反映晚明社會變遷的中一房的發展情況了。

二、桐城桂林方氏家族的穩定發展期

（一）從方印到方祉

接續七世方琳，我們進一步追尋中一房的演變歷程。八世方印，方琳長子，字與信，號樸庵，由縣學生中成化十三年（1477）丁酉應天鄉試第六十七名，授浙江天台知縣。〔註93〕在任內，他「勸農興學，務德化民，而疾惡不少貫。甫九月卒，囊中俸僅餘八錢，僚佐吏爲置棺殮，小民罷市相弔〔註94〕。入天台名宦祠，本府縣鄉賢祠。如此勤政愛民、廉潔奉公的官吏自然受到人們的愛戴和懷念。

〔註91〕　（清）張廷玉等：《明史》卷250，列傳第138，北京：中華書局1974年版，第6473頁。

〔註92〕　（清）馬其昶：《桐城耆舊傳》卷5，《葉尚書、方巡撫傳弟四十六》，續修四庫全書第547冊，上海：上海古籍出版社2002年版，第552頁。

〔註93〕　（清）方傳理：《桐城桂林方氏家譜》卷9。

〔註94〕　（清）張楷纂修：《安慶府志》卷16，《鄉賢》，康熙六十年刻本，中國國家圖書館藏。

九世方敬，方印子，字惟恭，號思耐，義官。育有四子：祿、祚、祉、祐〔註95〕。從家譜的介紹看，方敬沒有獲取學銜和正式官職，只是所謂義官。「義官」，並非正式官職，而是封建社會賜封的稱號。比如出穀賑濟、施粥賑荒等慷慨好施等義行常被授義官、給冠帶。富裕者或商人通過捐助也可以得到義官的稱號。方敬擁有「義官」的稱號，至少可以說明他頗有資財，且好善樂施。由於父親去世較早，而且沒有留下多少財產，方敬面臨著維持家聲不墜的挑戰。他雖未能克紹箕裘，但仍使中一房不失爲一個富裕的耕讀之家，且在地方上具有一定影響。

十世方祉，方敬四子，字子受，號月山，府學生。生子二：學恒、學漸〔註96〕。與乃父不同，方祉成爲了府學生。其重要意義在於，這不僅意味著他本人獲取了最低的功名，而且爲後代增加了書香翰墨，使祖先營造的文化氛圍得以接續。而且方祉的孝悌之名傳於鄉里。某年夏天，桐城地區流行瘟疫，其長兄方祿不幸染上疫疾。方祉沒有像一般人那樣避之唯恐不及，而是給兄長「扶抱製藥」。

正是在這種環境中，方學漸脫穎而出，爲方氏家族的家學、家風，爲家族的持續發展做出了奠基性的貢獻。

（二）方學漸布衣振風教

十一世方學漸（1540～1615），方祉幼子，字達卿，號本庵。貢生，以子大鎮貴，封通議大夫，大理寺左少卿，門人私諡「明善先生」。生於嘉靖庚子五月十九日，卒於萬曆乙卯年五月十三日〔註97〕。育有三子：大鎮、大鉉、大欽〔註98〕。

方學漸其人，可以概括爲早慧神童，孝悌典型，布衣學者。學漸自幼聰穎沉毅，「甫十歲，爲文語特驚人」〔註99〕。同里趙銳年老無嗣，只生一女。

〔註95〕（清）方傳理：《桐城桂林方氏家譜》卷10。
〔註96〕（清）方傳理：《桐城桂林方氏家譜》卷11。
〔註97〕謝正光：《讀方文〈盒山集〉》，記學漸卒年爲1616年，是明顯的錯誤。依（清）方昌翰：《桐城方氏七代遺書・繫傳》，葉燦《方明善先生行狀》，光緒十四年（1888）刊本，學漸卒於萬曆乙卯（1615）五月初三日。《家譜》所載方學漸卒時，與葉燦撰《行狀》略異，當以葉氏之說爲準。
〔註98〕（清）方傳理：《桐城桂林方氏家譜》卷12。
〔註99〕（清）方昌翰：《桐城方氏七代遺書・繫傳》，葉燦《方明善先生行狀》，光緒十四年（1888）刊本。

趙銳對女兒婚事慎之又慎，決定以文擇婿。學漸以泥塗布衣往，作擬書一篇、文一首，趙奇其才，遂以女妻之。那一年，學漸才十三歲。趙銳得桐城「儒宗」何唐精髓，認爲朱熹、陸九淵學術「殊途同歸」。此後，學漸得以親炙其教誨，學業大進。但不久其父方祉去世。方家的發展再一次面臨考驗。

父親爲伯父「扶抱製藥」的身教給方學漸樹立了榜樣。他把父親的遺產全部給其兄學恒。「已而兄貧甚」，「趙氏有奩田在邑北三十里，學漸以歸其兄曰：『弟筆耕，以是奉兄耳。』時庭左楓、杞二樹，翕然連理，既開復合，觀者以爲昆弟之祥，因亭其下曰連理亭。及兄沒，哀涕作《連理賦》。學漸對他人多義行善舉，且能待人以寬。一次，有人入其家，「盡攫篋笥及臧獲以去」〔註100〕。盜者被逮治後，學漸反而爲其求情。

他這種高尚的道德力量主要源於其勵志向學。雖少年喪父，學漸不改向學之志。他勤學勵志，除就學於其岳父，還先後拜張甌山、耿定向爲師，文章道德遠近聞名。少年早慧，名師指點，似乎昭示著學漸將在仕途上一帆風順。然而其功名之路卻異常坎坷，竟「七試南闈不售」，「泊然也」〔註101〕。「泊然」之說法未必可信。因爲在明清時期，走科舉之路爲多數士子所心儀。學漸本人如果不是如此，又何必「七試南闈」呢？但學漸確實未像多數士子那樣死守科舉入仕一途。其爲學以「崇實」爲主旨，使其未過於受帖括之學的束縛。父親去世後，他以講學爲生，以筆耕自活。這除了謀生的需要外，他主要還是出於對學術的熱愛。由於在提升桑梓文化層次上做出了貢獻，他贏得了人們的尊重，他發現了自己的價值，並激發了他深入鑽研學術的興趣和願望。於是，學漸聯絡姚希顏，在桐城共倡講學之會，里中一半弟子出入於方學漸的門下〔註102〕。學漸講學桐城，名聲遠播，廬江、舒城、六安、英山等地學者亦登門求教。

萬曆二十一年（1593）學漸「應歲生廷試畢，過大名。視伯子〔註103〕治獄多平反，心竊竊然喜。又與大名守滇南塗公論學，語及潛見之際，遂

〔註100〕（清）方昌翰：《桐城方氏七代遺書·繫傳》，葉燦《方明善先生行狀》，光緒十四年（1888）刊本。

〔註101〕（清）方昌翰：《桐城方氏七代遺書·繫傳》，葉燦《方明善先生行狀》，光緒十四年（1888）刊本。

〔註102〕（清）方昌翰：《桐城方氏七代遺書·繫傳》，葉燦《方明善先生行狀》，光緒十四年（1888）刊本。

〔註103〕其子大鎮時爲大名府推官。

謝天官不拜」〔註104〕。回到桐城後，構桐川會館，顏其堂曰「崇實」〔註105〕。「先生既闢館，日與同志講習性善之旨，掊擊空幻」〔註106〕。對於一個封建士人，能夠「謝天官不拜」，而專心於講學，誠為難能可貴，也充分體現了他在會館堂屋門額所題「崇實」二字之宗旨。學漸又與趙鴻賜和童延士兩個同門師兄弟（三人同為張甑山弟子）同倡講學，他們被譽為「桐川三老」〔註107〕。

而且，他還走出桐城，「講學桐川、秋浦間」〔註108〕，並進而與東林諸君交遊。學漸講學桐川會館，力主「崇實」，「性善」，與東林學派的主張實相契合。大鎮巡鹽浙江時將乃父《心學宗》等書稿帶給顧憲成等閱示。隨後，東林諸君子開始與他互通信函，互贈著述，彼此切磋，甚為相得。東林諸君對方學漸的文章道德評價甚高，稱其「行方學粹」，為「孔孟之正脈」。當此時，學漸為「東南學者推為幟志」〔註109〕有人將桐川會館與東林書院相提並論，稱「東林、桐川若岱宗華嶽，相望於千里之外，而中分大江以為重」〔註110〕。固然，桐川會館講學標舉「崇實」、「性善」之旨，政治色彩不濃。東林書院打出「家事、國事、天下事，事事關心」的大旗，諷議朝政、裁量人物，被人目為「東林黨」。但桐川會館講學在於挽救世道人心，與東林書院欲挽救統治危機實乃異曲同工。

1611年9月上旬至11月18日，學漸「東遊」，會晤東林諸君子。其為人操守與治學風采，使東林諸君深深折服。高攀龍嘗舉他與顧憲成並稱。顧憲成則說：「余憲成私淑本庵方先生有年矣。蓋嘗讀其《會語》數編，得言教焉，於今更喜得身教。先生表章正學，士類向風。憲成宜循牆負笈，附弟子之末，

〔註104〕　（清）方昌翰：《桐城方氏七代遺書‧繫傳》，葉燦《方明善先生行狀》，光緒十四年（1888）刊本。

〔註105〕　（清）方昌翰：《桐城方氏七代遺書‧繫傳》，葉燦《方明善先生行狀》，光緒十四年（1888）刊本。

〔註106〕　（清）馬其昶：《桐城耆舊傳》卷4，《方明善先生傳第二十八》，續修四庫全書第547冊，上海：上海古籍出版社2002年版，第528頁。

〔註107〕　（清）方昌翰：《桐城方氏七代遺書‧繫傳》，葉燦《方明善先生行狀》，光緒十四年（1888）刊本。

〔註108〕　（清）趙弘恩、黃之雋：《江南通志》卷164，戴逸主編：文津閣四庫全書清史資料彙刊史部第29～31冊，北京：商務印書館2006年版。

〔註109〕　參見張宏生：《明清文學與性別研究》，南京：江蘇古籍出版社2002年版，第358頁。

〔註110〕　（清）方學漸：《東遊記》，《桐城方氏七代遺書》，光緒十四年（1888）刊本。

尚愧未能。……及憲成等朝夕侍先生，則先生又時切提撕，不一而足」〔註111〕。

東遊歸來，恰逢曾孫方以智誕生，學漸爲其取乳名「東林」，以誌這一段學術佳話。他以布衣爲諸生祭酒二十餘年，病逝前，學漸手拉大鎮叮囑道：「汝毋忘會事……幸好爲之！」〔註112〕。彌留之際仍掛念講學之事，可謂鞠躬盡瘁、死而後已。

學漸是明清時期桐城方氏家學的開創者，是一位終生未仕，繼何唐之後於桐邑興教倡學、澤被後世的鄉里大師。清代宰輔張英說他「以布衣振風教，食其澤者代有傳人」〔註113〕。馬其昶則從桐城文教興起過程點明了學漸的貢獻。他說：「桐城自嘉靖間何省齋倡學，其後方明善繼之，聞風興起者數十輩」。何唐開其端緒，「至方明善先生益昌大矣」〔註114〕。「其弟子嘗數百人〔註115〕。其突出者能繼承乃師的衣鉢，對提升桐城文化水準做出了很大的貢獻。比如王宣就是其中之一。王宣，字化卿，號虛舟。原籍江西金溪，生於桐城。慕學漸風采，師事方學漸。他喜研物理，精通醫道，尤擅長衍《易》。後來亦講學桐城，對方以智影響很大。

學漸著述宏富，有《易蠡》、《性善繹》、《心學宗》、《桐彝》、《邇訓》、《桐川語》。黃宗羲《明儒學案》卷三十五《泰州學案四》有傳，並選錄其《心學宗》、《桐川語錄》。

存世的有《桐彝》（三卷）、《邇訓》（二十卷）、《心學宗》（四卷），現有《四庫存目叢書》影印本。齊魯書社影印《四庫全書存目叢書》收《桐彝》三卷及《桐彝續》二卷〔註116〕。

回顧方氏家族的發展歷程，一個很有意思的現象是，十一世方學漸與六世方懋在許多方面非常相似。二人都是少年失怙：方懋十五歲喪父，方學漸

〔註111〕（清）方學漸：《東遊記》卷之二所附《千里同聲卷》，《桐城方氏七代遺書》，光緒十四年（1888）刊本。

〔註112〕（清）方昌翰：《桐城方氏七代遺書·繫傳》，葉燦《方明善先生行狀》，光緒十四年（1888）刊本。

〔註113〕（清）方昌翰：《桐城方氏七代遺書·繫傳》，葉燦《方明善先生行狀》，光緒十四年（1888）刊本。

〔註114〕（清）馬其昶：《桐城耆舊傳》卷2，《何省齋先生傳弟十三》，續修四庫全書第547冊，上海：上海古籍出版社2002年版，第512頁。

〔註115〕（清）趙弘恩、黃之雋：《江南通志》第64卷，戴逸主編：文津閣四庫全書清史資料彙刊史部第31冊，北京：商務印書館2006年版，第295頁。

〔註116〕關於學漸的著述及版本情況，參閱彭迎喜：《方以智與〈周易時論合編〉考》，廣州：中山大學出版社2007年版，第22～28頁。

則十三歲喪父。二人都把財產讓給族人：方懋讓給伯父，方學漸則讓給兄長。二人都未出仕，但他們的後代卻出現科舉盛況：一爲折桂如林，一爲「鳳儀坊稱二鳳焉」〔註117〕。

　　二者不同的是，方懋的主要貢獻是首開把一個耕讀之家轉變爲科舉之家的先聲，而方學漸則是完成了這種轉型，並以自己開創的家學使方氏家族成爲一個文化世家。

三、桐城桂林方氏家族的興盛期

　　由於方氏家族十一代人的長期積累，特別是五世方法和中一房十一世方學漸的作用，該家族在十二世開始進入興盛期。其標誌是不僅族大丁眾，而且族人中中舉人、進士者多，達到了科舉鼎盛期。此外，族人中通過其它途徑出仕者亦相當可觀。

　　學漸生有三子：大鎮、大鉉、大欽。長子方大鎮，字君靜，號魯嶽。萬曆十七年（1589）進士，官至大理寺左少卿。次子方大鉉，字君節，號玉峽，萬曆四十一年（1613）進士，授刑部主事，補戶部主事。幼子方大欽，字君典，號唐山，貢生。三子中兩中進士，「鳳儀坊稱二鳳焉」〔註118〕。二人均爲官有政聲，學術亦有成。幼子大欽雖未像兄長那樣飛黃騰達，但亦爲貢生，而且心態極爲平和，「兩兄貴顯，公授經自若」〔註119〕。

　　此外，在明末清初政治上有一定影響的還有：前面已經述及的中四房十二世方大任，萬曆四十四年進士，頗有政聲。方大普，號中渡。崇禎三年（1630）舉人，任福建省建寧知縣。著有《歸田錄》、《課兒指南》諸稿。門人諡爲文節先生。方大掄，後更名龐。明末職方主政。方以智《浮山集》有《鹿公小司馬墓誌銘》云：「公諱龐，本名大掄，後慕鹿門龐公而改，……余族叔祖也。……自爲諸生，恭行謹樸，而中懷倜儻。……晚乃好學，爲詩益工」〔註120〕。

〔註117〕（清）方昌翰：《桐城方氏七代遺書》附鄭三俊：《方貞述先生墓誌銘》。
〔註118〕（清）方昌翰：《桐城方氏七代遺書》附鄭三俊：《方貞述先生墓誌銘》。
〔註119〕（清）潘江：《龍眠風雅》卷15，四庫禁燬書叢刊集部第98冊，北京：北京出版社2000年版，第189頁。
〔註120〕（清）方以智：《浮山集》卷9，續修四庫全書第1398冊，上海：上海古籍出版社2002年版，第344頁。

　　方氏家族十三世繼續保持了興盛的勢頭，中一房方學漸有九個孫子，以年齒排序，依次為：方若洙，方仲嘉，方孔炤，方孔一，方孔時，方文，方孔矩，方孔炳，方孔性。

　　方孔炤可謂方氏家族在明朝達於鼎盛發展階段後的一抹餘輝。他官至右僉都御史、湖廣巡撫，是該家族在明朝最有代表性的主持一方軍政的高官。他初登仕途即表現出剛直不阿的風骨：上任伊始，即平反冤獄；後任兵部職方員外郎，「參劾遼帥侯世祿等，忤璫，內閣魏廣徵嚴旨構參，落職」〔註121〕。天啓四年，魏忠賢欲封其兄子魏良卿伯爵，「公執不可，忠賢怒，削籍歸」〔註122〕。他留心軍事，著成《全邊略記》。丁憂期間，又以邑紳之身份平定桐城民變，阻止農民軍攻佔桐城，穩定了桐城的社會秩序。崇禎帝對其軍事才能頗為賞識，升其為湖廣巡撫。在危機四伏的湖廣地區，他與農民軍多次交手，九戰八捷。僅因一次失利就被楊嗣昌彈劾下獄。其長子方以智為明末四公子之一，懷血書訟父冤，最終感動崇禎帝，孔炤得以減罪發戍紹興，後復職。

　　方大鉉命運亦頗為坎坷。其子方文有詩云：「追念先司徒，五十始釋褐。衰白嗣猶艱，望之若饑渴」〔註123〕。就是說，大鉉的科舉之路並不順利，直到五十歲才告成功。然而年紀大了，仍然沒有子嗣。不得已，只好以弟大欽四子方孔一為嗣子。在儒家「不孝有三，無後為大」的觀念影響下，大鉉內心的痛苦和承受的壓力可想而知。所幸其後「歷聘得吾母，懿行在拙訥。果兆熊羆祥，謬許為英物」〔註124〕，生下了方文，算是有了自己的親生子。然而他壽命不長，「服闋，起戶部主事，未幾卒於燕邸」〔註125〕。正如方文詩中所寫：「小子生不辰，七齡司徒沒。母年未及壯，守貞志不屈」〔註126〕，撇下

〔註121〕　（清）方昌翰：《桐城方氏七代遺書》附鄭三俊：《方貞述先生墓誌銘》。
〔註122〕　（清）馬其昶：《桐城耆舊傳》卷5，《方巡撫傳弟四十七》，續修四庫全書第547冊，上海：上海古籍出版社2002年版，第552頁。
〔註123〕　（清）方文：《嵞山集》卷2，《述哀》，上海：上海古籍出版社1979年版，第107頁。
〔註124〕　（清）方文：《嵞山集》卷2，《述哀》，上海：上海古籍出版社1979年版，第107頁。
〔註125〕　（清）張楷纂修：《安慶府志》卷15，《事業》，康熙六十年刻本，中國國家圖書館藏。
〔註126〕　（清）方文：《嵞山集》卷2，《述哀》，上海：上海古籍出版社1979年版，第107頁。

王氏和方文孤兒寡母艱難度日。方文的詩句「舊京雙鳳闕，荒冢二龍山」〔註127〕，表達了對親人的無限思念和物是人非的極度感慨。方文本人同樣久艱於嗣。該支自方大鉉之後出仕者不多，聲名卓著者更少。方大欽一支同樣聲名不著，因此代表中一房的著支爲方大鎮一支。

中一房方大鎮一支。方孔炤爲方大鎮的獨生子，該支發展延續的命運繫於孔炤。生於這種素以忠孝剛直爲家風的家族中的方孔炤，能承繼先人之節操，在嘉定，救高孝廉；在福寧，有德政；入朝以正色而立，恥以周旋當世爲務……。忏瑢忏相，終能全名保節。故馬其昶於《桐城耆舊傳》卷十二《張夫人傳弟四》後贊曰：「方氏累代著忠貞之節，……妻視夫爲死生，臣視官守爲死生。卓哉！」

孔炤不負眾望，不僅延續了其父大鎮的功名和學術，而且青出於藍，更上一層樓。在仕途功名上，萬曆四十四年進士，累官至湖廣巡撫；學術上，繼承先輩的實學傳統，將經世致用之學提升到新的高度，在《易》學方面堪稱集方氏《易》學之大成。但由於孔炤所處時期明末的政治形勢愈加複雜，所以他的政治道路亦更加曲折。其父輩大鎮和大鉉的遭遇與前輩相似，反映了正直官員與閹宦的鬥爭，官員之間的黨爭。而方孔炤的遭遇則在此基礎上加上了新的內容，即代表王朝的統治階級與農民的矛盾和鬥爭，以及統治階級內部派系的矛盾和鬥爭。特別是從孔炤的仕途我們可以藉以透視崇禎帝的用人得失問題。由於孔炤經歷的典型意義，下面將專門探討。

四、桐城桂林方氏家族明清鼎革時期的陵替與分化期

《家譜》載，孔炤有二子：方以智、方其義，皆才華橫溢、滿腔報國之志。方以智、方其義二人子嗣眾多，尤其是方以智一支，子嗣更盛，保證了其望族地位的維持。可以設想，如果不發生明清易代，或者方以智一支不堅定地忠於明政權，而能認同清朝的統治，與之合作，那麼，以該支在學術上的積累和傳承，以當時中西文化交流所提供的條件，以方中通等人在學術上的突出成就，以其才情和勤奮，方氏家族能在學術上做出更大的貢獻。而事實上，恰恰大鎮這支作爲該家族最具潛力的一支，幾代之後就名聲漸微，雖有七代遺書之編，然終屬餘響。方以智、方中通在《易》學、醫學、天文、數學等方面取得了驕人的成就。而史學、文學等傳統則未能在後代彰顯。

〔註127〕（清）方文：《嵞山集》卷4，《梅墩雜詠》，上海：上海古籍出版社1979年版，第215頁。

方氏家族自七世分房以來，無論在與國家和社會的政治關係，還是在文化方面，在明清易代之前的歷史舞臺上，一直是中一房唱主角。然而，面對明清鼎革的考驗，中一房選擇了抵抗和不合作的態度，以致屢遭打擊和迫害。由於失去了以往的政治勢力、經濟基礎和文化條件，該支逐漸地衰落下去。中六房雖很快認同了清朝的統治，盡力與滿洲貴族合作，但仍然受到清廷的疑忌，歷經順治丁酉江南科場案和康熙五十年《南山集》案的打擊，亦元氣大傷。此時為方氏家族發展的波谷階段。

五、桐城桂林方氏家族的家聲重振期

儘管受到滿族貴族的打擊而倍感冤屈，中六房的多數族人並未因此而對清朝統治離心離德。經過與滿族貴族的磨合，逐漸贏得信任。特別是在逆境中成長起來的一代巨才方觀承，頗受乾隆帝的信任，其子姪亦官至總督，因此僅方式濟的子孫就出現了「一門三督」的盛況，如果加上官至湖南巡撫的方世儁（方章鉞之孫）、方世儁之子方保升（翰林院庶吉士），則在明朝並不聞達的中六房的家聲更為顯赫。這樣，方氏家族不僅家聲重振，而且中六房取代中一房而成為代表該家族的著房，使該家族達到了新的鼎盛期。

第二章　桐城桂林方氏家族與明朝政治

第一節　方氏家族與明朝政治（上）——以方阮兩家之關係演變爲中心

方阮兩家之關係演變及其歷史認識意義。

由於桐城各望族社會地位相當，文化水準相似，因而彼此交往頻繁，唱和不斷，結下了很深的交誼。而且他們爲了鞏固並提升其地位，往往互通婚姻，結成更爲密切的關係。但由於時代政治及現實利益的糾葛，他們之間也會產生摩擦、矛盾和鬥爭，有時這種矛盾甚至異常尖銳。下面我們通過方阮兩家之交往來豐富和加深對明朝政治的理解。

一、方阮兩家之交往

（一）桐城阮氏家族

桐城阮氏家族雖比不上桂林方氏家族後來的聲望，但其遷桐歷史卻更爲久遠，家聲亦更爲早著。據《阮氏宗譜》載，桐城阮氏源於陳留阮氏。後傳至東漢南陽太守阮況，子孫謹奉爲一世。奉「建安七子」之一阮瑀爲五世，「竹林七賢之一」阮籍爲六世，阮咸爲七世，稱「陳留尉氏派」。[註 1] 至明朝，五十四世阮鶚（大鋮的曾祖）首先爲該家族帶來榮耀。阮鶚，字應薦，官至副都御使、巡按浙江、福建，爲抗倭名將。阮鶚生二子，名自侖、自華。阮

〔註 1〕　參見胡金望：《人生戲劇與戲劇人生——阮大鋮研究》，北京：中國社會科學出版社 2004 年版，第 29～30 頁。

自華（1562～1637），字堅之，號澹宇，萬曆戊戌（1598）進士。「除福州府推官，大計坐謫，累遷至戶部郎，出知慶陽府，再調補邵武。崇禎三年罷歸，未幾卒。……爲人跌宕疏放，……遨遊山水間，稱風流太守」〔註2〕。歸鄉後與吳應鍾、吳應鉉兄弟、劉忠嶽等結「海門詩社」，築中江（景行）樓於安慶鎮海門外〔註3〕。有《霧靈詩集》行世。長子阮自侖爲嘉靖辛酉進士。自侖生三子，名以鼎，以巽、以孚。次子以巽，廩生。阮以巽的獨生子即阮大鋮。阮大鋮（1587～1646），字集之，號圓海，一號皖髯，萬曆丙辰（1616）進士。因伯父阮以鼎無子，大鋮乃過繼，成爲長門之子，從而兼祧兩門。阮以鼎，萬曆戊戌（1598）進士，官河南布政使右參政，勤政廉潔，年僅五十即去世。同科進士顧起元爲以鼎作墓誌銘曰：「公姓阮氏，諱以鼎，字太乙，別號盛唐，皖之桐城人也」。〔註4〕爲什麼稱其爲桐城人呢？因爲自阮樅江以來，阮氏世居桐城，直到祖父輩才遷居懷寧（今安慶市）〔註5〕，至阮大鋮才第三代。按習俗可以算懷寧人，也可以仍然算桐城人。上述墓誌銘即爲明證。阮大鋮後來應試仍占籍桐城，成爲「懷寧籍桐城人」〔註6〕。只是後來因爲阮大鋮爲人姦佞，品格低下，爲士林所不齒。因此，其籍貫出現了桐城、懷寧均不承認的問題。

其實當初阮氏作爲曾經世居桐城的名門，與桐城望族仍然保持友好關係，相互往來不絕。其中，阮氏與桂林方氏家族的關係就非同一般。兩族間往來頗多，彼此相善。但後來隨著明朝後期各種矛盾的激化，雙方捲入黨爭而不相能。以方以智爲代表的大多數方氏族人因爲堅持「辨氣類」而得罪了閹黨成員阮大鋮，以致日後遭到阮大鋮的報復。

此是後話。撇開後人的好惡因素，我們通過考察阮氏與方氏的交往情況，發掘出一些鮮爲人知的史實，從而加深對晚明政治，尤其是明末黨爭的認識，顯然是更有意義的。

〔註2〕　（清）錢謙益：《列朝詩集》丁集下「阮邵武自華」條，上海：上海古籍出版社 1983 年新 1 版，第 645 頁。

〔註3〕　劉壵：《懷寧縣志・文苑傳》，臺北：成文出版社 1985 年版。

〔註4〕　（明）顧起元：《嫩眞草堂集・盛唐阮公墓誌銘》，明萬曆四十二年刊本，臺北：臺灣文海出版社 1970 年版。

〔註5〕　劉壵：《懷寧縣志・文苑傳》云：「阮自華字堅之，浙江巡撫鶚子，始遷懷寧。」臺北：成文出版社 1985 年版。

〔註6〕　（清）何紹基著：《重修安徽通志》卷 179，清光緒七年刻本。

（二）方阮兩家之交往

方阮二氏的交往可以追溯到方學漸和阮自華。方學漸（1540～1615），方以智曾祖，諸生，先後師從拜張甑山、耿定向，文章道德遠近聞名。「凡七試南闈，不售，泊然也。」〔註7〕毅然棄舉業，築「桐川會館，」開門授徒，以布衣爲諸生祭酒二十餘年。曾與高攀龍。鄒元標、馮從吾遊。高攀龍把顧憲成與方學漸並稱。顧憲成則自稱爲學漸的私淑弟子〔註8〕。學漸著述豐厚，有《易蠡》、《性善繹》、《心學宗》、《桐彝》、《邇訓》、《桐川語》等。其中《邇訓》成書於萬曆辛丑（1601）春。該書「專載其鄉人物行誼及其先世事之可爲法者」〔註9〕，阮自華爲之作序，署名「萬曆辛丑四月之吉後學阮自華識」。

此外，方學漸爲其曾祖方印立碑，由阮自華撰文記敘方印生平，阮文莊重嚴謹，頗具藝術價值。〔註10〕

這兩件事足見阮自華與方學漸關係之密切。方學漸創「桐川會館」，將許多士人學子聚集起來，學漸成爲皖江一代學術文化的領袖人物。阮自華爲之傾心，二人志趣相投，交情深厚。以年齡、輩分以及學術影響而言，阮自華自稱「後學」亦稱允當。

阮自華詩酒風流，博學多才。引得許多學子前來求學問道。崇禎五年，方以智曾拜望阮自華於曲江，從之聽講《離騷》。方以智有詩云：「九年往日思燕邸，兩漢遺風在海門」〔註11〕。密之前來除了潛心向學之外，還是出於

〔註7〕　（清）方昌翰：《桐城方氏七代遺書・繫傳》，葉燦《方明善先生行狀》，光緒十四年（1888）刊本。

〔註8〕　（清）方學漸：《東遊記》卷之二所附《千里同聲卷》：「余憲成私淑本庵方先生有年矣。蓋嘗讀其《會語》數編，得言教焉，於今更喜得身教。先生表章正學，士類向風。憲成宜循牆負笈，附弟子之末，尚愧未能。……及憲成等朝夕侍先生，則先生又時切提撕，不一而足。」《桐城方氏七代遺書》，光緒十四年（1888）刊本。

〔註9〕　（清）紀昀等：《欽定四庫全書總目》（整理本），北京：中華書局1997年版，第1898頁。

〔註10〕　參見汪福來主編：《桐城文化志》，合肥：安徽人民出版社1992年版，第111頁。

〔註11〕　（清）方以智：《博依集》卷8，《余爲吳越遊，入郡謁大常，遇於曲江，適堅之先生講〈離騷〉，率賦三章》。清刻本，中國國家圖書館善本室藏。另見（清）方于谷輯：《桐城方氏詩輯》卷27，《謁阮堅之先生聞講〈離騷〉》，道光刻本，中國國家圖書館藏。

禮節上的拜謁。據學者考證，密之古詩與阮自華有著師承關係：即王世貞→
阮自華→白瑜→方以智〔註12〕。

　　阮自華爲密之業師白瑜之師。關於這一點，方以智曾明確說：「霧靈先生，
阮公堅之也，余石塘業師師事之。」〔註13〕《滕寓信筆》又云：「安石師傳堅
之阮公之指亦然，六經而下，莊騷適度，史漢敘事，八大家衍之。」

　　自華詩歌清雋豪放，有「乍恨死灰題駟馬，敢從陸海怨三萍」句。密之
後來流離嶺表，取所居之舟名「三萍」。〔註14〕自華對密之的影響於此可見一
斑。阮自華對密之的影響略見於上。他對從孫阮大鋮更是寄予厚望〔註15〕。
阮大鋮在萬曆三十一年（1603）即中舉，年僅十七歲，可見其聰明早慧，少
年得志。他爲人豪邁瀟灑，志向遠大，因而有「江南第一才子」〔註16〕之譽。
阮大鋮活動能力很強，自華結「海門詩社」，就有大鋮的協助。大鋮的嗣父阮
以鼎也具有很高的文化修養。這種家族文化氛圍，累代簪纓的社會地位，爲
阮大鋮的交遊提供了優越的條件。而阮大鋮本人才華出眾，性喜交遊，與之
交往的人數眾多，其中與方氏族人的交往引人注目。

　　上述顧起元爲以鼎所作的《墓誌銘》還說，阮大鋮早年「娶參政吳公岳
秀孫女」爲妻，二十三歲時生有一女，女「許聘太僕少卿方公大美孫某」〔註
17〕。方大美爲桐城桂林方氏家族第十二世，屬於六房，其後代在清朝幾經沉
浮，但最終出現了一門三督的盛況，這一點將在下文詳細論述。既然阮氏與
方氏家族聯姻，其關係之友好不難想見。此外，阮大鋮與方以智之父方孔炤
（1590～1655），同爲萬曆丙辰（1616）科進士，有「同年」之誼，且二人同
輩，年齡相仿，關係非同一般。

　　由於世代友善，彼此文化素養相當，而且有著同年、姻親等關係，所以

〔註12〕　參見謝明陽：《方以智與明代復古詩學的承變關係考論》，《成大中文學報》2008
　　　　年第 21 期，第 71～100 頁。

〔註13〕　（清）方以智：《浮山文集前編》卷 5，《曼寓草》卷中，《曹根遂先生博望稿
　　　　序》，續修四庫全書第 1398 冊，上海：上海古籍出版社 2002 年版，第 251 頁。

〔註14〕　參見任道斌：《方以智年譜》，合肥：安徽教育出版社 1983 年版，第 137 頁。

〔註15〕　（清）錢謙益：《列朝詩集》丁集下「阮邵武自華」條，上海：上海古籍出版
　　　　社 1983 年新 1 版，第 645 頁。

〔註16〕　（清）李清撰，顧思點校：《三垣筆記·附識下》，《弘光》，北京：中華書局
　　　　1982 年版，第 242 頁。

〔註17〕　（明）顧起元：《嬾眞草堂集·盛唐阮公墓誌銘》，明萬曆四十二年刊本，臺
　　　　北：臺灣文海出版社 1970 年版。

阮大鋮與方孔炤、方以智父子及方以智六叔方文一度往來頻繁，交情很深。關於其交往的情況，阮大鋮的《詠懷堂詩集》和《詠懷堂詩外集》中多有反映。

他寫給方孔炤的詩歌有：《仲春過訪方仁植同年廬居因遊南浮有懷野同先生》、《同方潛夫泊弘濟寺潛夫宿澄觀閣柬之》、《同以沖少宰潛夫同年雪照恒覺步明月峰微雨還方丈宿已而霽起看月偶成》（二首）、《雨中同仁植坐元甫遙集堂飲奕兼訂宛陵行》等。

他寫給方文的詩歌有：《方爾止見訪感舊》、《送方爾止白下徵文》、《送洪慧生南行並寄子明爾止》、《三山方爾止至同損之公穆宗白月下集舟中得蒲字》等。在《方爾止見訪感舊》中寫道：「蘭莐三十年，與君先子好。峻義干青雲，英詞擂芳草。屢獻北闕書，歸種南山稻。」從中可見阮大鋮與方文之父方大鉉之間的深情厚意

這些詩作以記事寫景居多，情景交融，內心情感頗為複雜，既有傾訴：「仁植秉遺則，草木衍閒侍。時聞歸鶴響，莫制皐魚淚。」又有感慨：「想見花蒲時，琴樽各臻媚。濯纓感洪源，高山獻長喟。」（《仲春過訪方仁植同年廬居因遊南浮有懷野同先生》）既追憶往昔情誼：「蘭聯三十年，與君先子好。峻義於青雲，英詞擂芳草。」（《方爾止見訪感舊》）又有勉勵和掛念：「龍眠堪諷雪，掛席欲何之。一閱冰霜路，遙徵蘭蕙詞。鐘飄禽定夜，潮廣月開時。寂寂江亭上，於君倍有思。」（《送方爾止白下徵文》）〔註18〕。

總之，阮、方為同邑大族，仕宦之家，彼此社會地位和文化素養相似。從方學漸和阮自華開始，數代之間友善相處，詩酒酬唱，情誼頗厚。

二、「辨氣類」得罪阮大鋮——方以智與阮大鋮交惡

阮、方二族之間親密友善關係保持了很長一段時間，但隨著明朝社會和政治的演變，兩族的關係也在悄然發生變化。其中最為顯著的莫過於明末黨爭在阮大鋮與方以智身上的體現。而這又主要導因於阮大鋮在晚明的政治風暴中私欲膨脹、人性扭曲。阮大鋮出生於科舉世家，才華橫溢，少年得志。他十七歲即中舉人，三十歲中進士，授行人，後考選給事中，「清流自命。同鄉左光斗在臺中，有重望，引為同心。」但是阮大鋮「其人氣

〔註18〕參見宋豪飛：《明末桐城方以智與阮大鋮兩大家族交往考述》，《安慶師範學院學報（社會科學版）》，2009年第8期，第74頁。

量褊淺，幾微得失，見於顏面，急權勢，善矜伐，悖悖然小丈夫也」〔註19〕。

左光斗，（1575～1625）字遺直，桐城人。萬曆三十五年（1607）進士，授中書舍人。四十七年，升浙江道監察御史。天啓元年（1621）領直隸屯田事，上《足餉無過屯田，屯田無過水利疏》，得到批准後迅速付諸實施，並將南方良種水稻引入北方，「北人始知其稻」。對北方農業的發展貢獻頗大。由於政聲頗著，左光斗先後升任大理少卿、左僉都御史。他剛正不阿，爲東林黨的領袖之一。

天啓「四年春，吏科都給事中缺，大鋮次當遷，光斗招之。而趙南星、高攀龍、楊漣等以察典近，大鋮輕躁不可任，欲用魏大中。大鋮至，使補工科。大鋮心恨，陰結中璫寢推大中疏。吏部不得已，更上大鋮名，即得請。大鋮自是附魏忠賢」，「然畏東林攻己，未一月遽請急歸。而大中掌吏科，大鋮憤甚，私謂所親曰：『我猶善歸，未知左氏何如耳。』已而楊、左諸人獄死，大鋮對客詡詡自矜」〔註20〕。

後來因彈劾魏忠賢，左光斗被誣下獄，受酷刑死於獄中。雖然目前尚未發現大鋮參與迫害左光斗的證據，但其投靠魏忠賢的卑鄙行徑，其狹隘的心胸和幸災樂禍的齷齪心理著實令人反感，也埋下了日後與方氏家族反目爲仇的種子。

投靠閹黨後，大鋮「事忠賢極謹，而陰慮其不足恃，每進謁，輒厚賄忠賢閹人，還其刺。居數月，復乞歸」〔註21〕。魏黨失敗，他於崇禎二年名列逆案而被罷官，此後避居安慶，有人稱他返鄉後，「蕭然無一事。惟日讀書作詩，以此爲生活耳」〔註22〕。但爭強好勝、功名心很強的他難耐寂寞。崇禎五年，他參與創建中江社，與之相唱和者甚多，且「多一時正直之士如王思任、范景文、姜采等，同郡則有白瑜、姚康、蔣臣、齊維藩、吳道新、方以智、錢澄之、方文、洪慧中、趙相如、鄧森廣、范世鑒等人，獨不見左光斗諸子及左氏昆從與之往來唱酬，蓋左光斗罹難後，左氏已與

〔註19〕　（清）錢秉鐙：《藏山閣集》，合肥：黃山書社2004年版，第432頁。
〔註20〕　（清）張廷玉等：《明史》卷308，列傳第196，北京：中華書局1974年版，第7937頁。
〔註21〕　（清）張廷玉等：《明史》卷308，列傳第196，北京：中華書局1974年版，第7937頁。
〔註22〕　（明）葉燦：《詠懷堂詩集序》引阮大鋮語，（明）阮大鋮撰，胡金望、汪長林校點：《詠懷堂詩集》，合肥：黃山書社2006年版，第523頁。

阮大鋮絕交。這樣看來，桐城士子對阮大鋮的一段『不光彩』的經歷，還是採用了包容的態度」〔註23〕。

但左光斗爲方文的岳父，他的遇害以及「大鋮對客詡詡自矜」，不能不在他們之間造成隔閡，尤其是方以智出遊後帶來的「辨氣類」，使方文、方以智叔侄與阮大鋮漸生裂痕。

明清之際的文人結黨結社，是一個引人矚目的現象。對此，學者多有研究。〔註24〕明代中後期以來，由於商品經濟的發展、政治的變動、社會的演進，江南地區的士人越來越突破血緣和狹隘地緣的限制，社團組織得到空前的發展。清人顧炎武說：「萬曆末，士人相會課文，各立名號，亦曰某社某社……今日人情相與，惟年、社、鄉、宗四者而已。」〔註25〕社團已經與同年、同鄉、同宗並立，越來越成爲士人獲得歸屬感的一種社會組織。人們熟知的東林黨，它的產生也是與這種背景分不開的。

明朝中後期，王陽明心學流行甚廣，桐城一帶自不例外。然而由於地理位置、經濟發達程度等因素的制約，這裡程朱理學影響較深，因而未能產生由三吳士紳組織的東林黨那樣的組織。像左光斗那樣的桐城籍東林黨人很少。但桐城與南京，有長江相通，因此東林黨的主張爲許多桐城士人所瞭解，且持肯定態度。由於政治立場和道德準則相同或相似，密之的祖輩與一些東林黨人關係友善。他本人關心時政，留心經世之學。十四歲時，他曾徒步到數百里外的考場參加考試，以此來磨煉意志。

至於結社，桐城等皖江地區的士子則並不遜色。上述阮自華結海門社即爲明證。幾乎是在同時，密之和同學也在桐城結成永社。

天啓五年（1625）春，方以智離開京城，取道汶上、兗州、徐州回到桐城。同年四月二十八日，其父方孔炤因忤魏忠賢而削職還鄉，在桐城東郊建

〔註23〕 李聖華：《朱倓〈明季桐城中江社考〉補正——兼與魏中林、鄭雷諸先生商榷》，《社會科學集刊》2009年第2期，第212頁。

〔註24〕 最有代表性的當屬謝國楨《明清之際黨社運動考》一書，史料翔實，考證縝密，對認識明清之際的復社、幾社等多種文人結社有重要意義。此外，何宗美《明末清初的文人結社研究》一書，從文學視角，分別在晚明社會衍變與文人結社、復社與文學、遺民結社、流人結社等四個方面作了深入探討。參見史五一：《明清會社研究綜述》，《安徽史學》2008年第2期。

〔註25〕 （清）顧炎武著，（清）黃汝成集釋：《日知錄集釋》卷22，《雜論》「社」條。上海：上海古籍出版社1985年版，第1671～1672頁。

澤園，令十六歲的方以智課讀於園內慧業堂〔註 26〕。密之與諸同學友善並成立「永社」。社中有密之六叔方文（字爾止），孫臨（字克咸，後來為密之妹夫），以及錢秉鐙（後改名澄之），周岐（字農父）等人。這些青少年在課讀之餘，往往慷慨酣歌，論天下大事。密之回憶說：「處澤園，好悲歌……。」〔註 27〕他曾作詩曰：

> 繁霜如雪孤南征，莫道能無故國情。
>
> 斥鷃抱榆方大笑，牽牛負軛總虛名。
>
> 淩雲久動江湖氣，杖劍時成風雨聲。
>
> 海內只今信寥落，龍眠山下有狂生。〔註 28〕

年輕的密之和社中諸同學急於用世，雖使永社帶有些許政治色彩，但畢竟對朝局和當時的政治形勢缺乏深刻的認識，並無明確的政治見解。然而隨著這些熱血青年的成熟，特別是密之遊吳返桐後，情況逐漸發生了變化。

密之不甘局促里巷，經常載籍出遊。他於崇禎元年秋，出遊南京。七月七日，觀秦淮河景色，感而有賦，晚秋，經采石返桐。〔註 29〕崇禎二年冬，再次遊學南京。〔註 30〕崇禎三年夏末，再訪南京。秋九月，從江上返樅川。〔註 31〕他多次遊學南京等文化發達、士人薈萃之地，不僅開闊了眼界，而且對政治形勢有了越來越明確的認識。他堅持氣類之辨，因而得罪了阮大鋮。關於其來龍去脈，當事人之一錢澄之的記載交代得很清楚。錢氏說：

> 崇禎壬癸間，吾鄉文社聿興，凡六皖知名士翕然景附，號中江社。而陰為之主者，則熹廟間附璫之注，為當世清議所不容者也。
>
> 其冬，方子密之自云間來，語予曰：「三吳舉復社，辨別氣類，與朝局相表裏。若某之流，皆在所擯，今以某門下士為之介，而謬稱其

〔註 26〕（清）方以智：《方密之詩抄·澤園永社十體》附周岐《引》：「澤園臨南河，取麗澤之義。方潛夫夫子璽卿告假還鄉所建也。密之閉關，詠讀其中，學耕會友而歌以永言，不枯不亂。」；清抄本，中國國家圖書館善本室藏。（清）方以智：《博依集》卷 8，清刻本，中國國家圖書館善本室藏。

〔註 27〕（清）方以智：《孫武公集序》，《浮山文集前編》卷 2，續修四庫全書第 1398 冊，上海：上海古籍出版社 2002 年版，第 194 頁。

〔註 28〕（清）方以智：《柬農父及子遠舅氏》，《博依集》卷 8，清刻本，中國國家圖書館善本室藏。

〔註 29〕任道斌：《方以智年譜》，合肥：安徽教育出版社 1983 年版，第 40 頁。

〔註 30〕任道斌：《方以智年譜》，合肥：安徽教育出版社 1983 年版，第 42 頁。

〔註 31〕任道斌：《方以智年譜》，合肥：安徽教育出版社 1983 年版，第 44～45 頁。

能薦達寒微，以餌皖士，計在悉籠而致之門下。此罕一入，不可復
出，吾輩盍早自異諸！」而中江首事與陰主其事者亦漸覺之，氣類
由此判矣。〔註32〕

那麼，六皖知名士有那些人呢？據錢摤錄《錢公飲光府君年譜》所記：府君
與三伯與焉，首事潘次魯、方聖羽也。次魯爲閹黨汝楨子，聖羽則「皖髯」
門人。「皖髯」陰爲之主」。〔註33〕

　　該社中幾位成員與方以智關係密切。其中，方以智的岳父潘映婁爲宗盟
之一，其父潘汝楨因首開爲魏忠賢建生祠的惡例而臭名昭著〔註34〕；以智六
叔方文、以智舅氏吳道凝均參與社中。但是，由於該社被阮大鋮組織和操控，
而三吳復社的「辨別氣類」的思想已經影響到方以智，經過方以智的勸導，
方文和錢澄之等脫離了中江社。阮大鋮作爲以智等人「鄉先輩」，自尊心極強
且心懷叵測，自然由此對以智心生怨恨。

　　耐人尋味的是，遊吳越前，以智曾拜訪阮大鋮。阮氏有詩云：

　　　南浮敦悅地，君復振華音。

　　　塵下概千古，霞端翔寸心。

　　　固窮榛草在，安土稻花深。

　　　何事元方御，來參抱膝吟。〔註35〕

作爲「鄉先輩」，阮大鋮對以智出遊加以鼓勵，期望他能「振華音」，因此，
那時二人關係尚屬融洽。

　　但是，以智遊吳期間結識了魏學濂、陳子龍等人。魏氏認定大鋮乃迫害
其父魏大中及東林諸子的罪魁之一。以智聯想起左光斗遇害後阮大鋮的表
現，開始相信魏氏說法，因此堅持「氣類」之辨。爲此，方以智除勸說錢澄
之、方文等退出中江社外，還和志同道合的人組織了雲龍社。方苞《田間先
生墓表》云：

　　　當是時，幾社、復社始興，比郡中主壇坫與相望者，宣城則沈

〔註32〕　（清）錢澄之：《田間文集》卷24，《文學劉臣向墓表》，康熙刻本。
〔註33〕　（清）錢摤錄：《錢公飲光府君年譜》，《錢澄之全集》之七，合肥：黃山書社
　　　　　2006年版，第179頁。
〔註34〕　參見（清）張廷玉等：《明史》卷306，列傳第194，北京：中華書局1974年
　　　　　版，第7868頁。
〔註35〕　（明）阮大鋮撰，胡金望、汪長林校點：《詠懷堂詩集》卷3，《方密之見訪即
　　　　　送其遊吳》，合肥：黃山書社2006年版，第81頁。

眉生，池陽則吳次尾，吾邑則先生與吾宗塗山及密之、直之。而先
生與陳臥子、夏彝仲交最善，遂為雲龍社以聯吳淞，冀接武於東林。
〔註36〕

桐城有大、小龍眠山，故號龍眠。松江，又號雲間。雲龍社，即得名於桐城
士子與松江幾社聲氣相聯。客觀上講，方以智的做法反映了當時正直知識分
子的主流觀念，「氣類」之辨，其實就是表明自己的政治立場，因為宦官專權
是有明一代的政治毒瘤，天啟朝的閹黨亂政更是登峰造極，無以復加。引起
了正直士人的極大憤慨。因此，方以智瞭解到了朝局和社會輿論之後，自覺
地向代表民意和時代潮流的復社靠攏，以後又成為復社成員乃至中堅，因此
他的行為無可厚非。

　　方文等人的退出及雲龍社的成立，使中江社趨於瓦解。而這一切都與方
以智、方文等有關，這就使阮大鋮與方氏族人關係惡化。而此時，安慶一代
的社會環境也日益惡化，對方氏和阮氏均造成很大的影響。

　　崇禎七年，桐城發生民變。方孔炤和阮大鋮均積極籌劃，為平定民變不
遺餘力。關於孔炤的有關情況，留待以後專門探討。此處只敘述阮大鋮對桐
城民變的反應。桐城民變，乃是晚明民變的一個事例。它是民眾與地方豪強
矛盾激化的反應，因此人們對此態度不一。但它確實影響了人們的正常生活，
因此迅速恢復平穩的社會秩序是人們的普遍呼聲。阮大鋮由於政治投機失敗
閒賦在家。但他不甘寂寞，時刻謀求復出。他抓住桐城民變這個機會，充分
施展政治手腕。阮大鋮積極捐餉募軍，表現活躍，對平定民變做出很多工作。
桐城人葉燦在《詠懷堂詩序》中寫道：

　　去年秋，里中忽邁二百七十年所未有之變，公眥裂髮豎，義氣
憤激，欲滅此而後朝食，捐橐助餉，犯衝颷，凌洪濤，重趼奔走，
請兵討賊，有申包胥大哭秦庭七日之風。卒賴其謀，殲醜固圉，一
時目擊其事者，無不艷羨嗟歎，以為非此奇人、奇才、奇識，安能
於倉皇倥傯中，決大計，成大功哉！〔註37〕

雖頗多溢美之詞，但從中確能看出阮大鋮有保衛桑梓之功。阮大鋮本人則寫

〔註36〕（清）方苞著，劉季高校點：《方苞集》卷12，《田間先生墓表》，上海：上海
　　　　古籍出版社1983年版，第337頁。
〔註37〕（明）葉燦：《詠懷堂詩集序》，（明）阮大鋮撰，胡金望、汪長林校點：《詠
　　　　懷堂詩集》，合肥：黃山書社2006年版，第523頁。

有《石言》十二首。欲藉此改變自己在人們心目中的形象，宣揚自己的經世之才。

崇禎八年，張獻忠的農民軍圍攻桐城、安慶一帶，著姓望族紛紛流徙到南京。這樣，方以智、方文和阮大鋮在留都又狹路相逢。

以智移居南京後，結交了黃宗羲、吳應箕、陳貞慧、冒襄、侯方域、顧杲、沈昆銅、陳梁等名士。其中一些是被害東林黨人的遺孤。崇禎八年冬這些被害遺孤會聚南京。其中有天啓五年被害的「六君子」中魏大中、左光斗、顧大章，天啓六年被害的「七君子」中高攀龍、周順昌、繆昌期、黃尊素等人的兒孫魏學濂（字一）、左國柱（子正）、左國棟（子直）、左國林（子忠）、左國材（子厚）、顧麟生（玉書）、高永清、黃宗羲（太沖）。他們與方以智、冒襄（闢疆）等復社名士以「同難兄弟」結盟，發誓抗擊閹黨。

而此時阮大鋮寄居南京，招納游俠，談兵說劍，竭力保持和擴大自己的影響，希圖日後東山再起。這就進一步激化了方阮之間的矛盾。

崇禎十一年，因討厭阮大鋮招搖於市，吳應箕等起草了《南都防亂公揭》，署名者有一百四十餘人。此舉令阮大鋮臭名昭著，備受屈辱。在千夫所指之下，他隱藏到城外牛首山，不敢進城。因此他發誓要報復。聯繫中江社事，他認爲《公揭》必由方以智主謀，因此對以智怨恨更深。大鋮日後一朝得志，便按《南都防亂公揭》姓氏，打算依次誅討復社士子，方以智、方文等遂被迫逃難。

其實，這次以《南都防亂公揭》爲手段的驅逐阮大鋮的政治活動，方氏族人中，方文的確列名其中，而方以智則與此並無干係。關於這一點，有以下三點可證。

首先，任道斌先生《方以智年譜》一書對此有清楚的考訂。崇禎十一年六月，以智之父方孔炤任湖廣巡撫，赴楚與張獻忠的農民軍作戰。以智與弟其義投筆從戎，散金募勇，整裝治械，從父隨征。八月十二日，抵武昌，運籌幕府。九月，以智病於武昌，因返南京，途中聞楚中三戰皆捷，有詩《聞楚中三捷，懷家大人》爲證。〔註38〕

其次，赴楚之前，方以智把自桐城民變後流寓南京期間所作詩歌集爲《流寓草》，陳子龍序曰：

> 方子尊大人中丞，方握全楚之師，鎮荊鄂。受命之日，散家財，
> 募精卒，即日之鎮。而方子亦左韓韃、右鉛管，結七八少年以從。

〔註38〕任道斌：《方以智年譜》，合肥：安徽教育出版社1983年版，第87～88頁。

陳子移書勖之曰：「子行矣，當抒奇建策，勉力忠孝。若夫從軍之詩、振旅之作，此記室之末技也，非公子之壯思也」〔註39〕。

再次，錢撝錄《錢公飲光府君年譜》同樣提供了證據：

戊寅，（錢澄之）年二十七歲。鍵戶讀書，會方仁植以中丞撫楚，密之自楚回，邀府君至白門共事。善府君文，欲捐貲授梓。閩里中賊警，遽歸，復移家避舞鶯鄉度歲。密之往楚，留都出《防亂公揭》以逐大鋮，大鋮謂密之主謀，而府君適與同事，恨益甚〔註40〕。

以上史料足以表明方以智此時隨父從征荊楚，不可能在《公揭》中署名，更遑論「主謀」了。那麼，阮大鋮之認定方以智為「主謀」，純屬子虛烏有，主觀臆測。大鋮既然心中對方以智有了刻骨的仇恨，一旦得勢，就舉起了屠刀。以智被迫變名南奔。避禍嶺南。他在給好友張自烈（字爾公）的信中，道出自己當時之心境：「戊寅歲，吳下同社顧子方、吳次尾輩，以其（指阮大鋮）為逆黨之魁宿而揭之，彼以為出自我，齰舌甘心，何所不至！」〔註41〕而且，在東山再起之前，阮大鋮對方氏家族的災難亦持幸災樂禍的態度。

三、方、阮矛盾的激化和最終了結

（一）方孔炤繫獄事件

如前所述，在對張獻忠農民軍剿撫問題上，方孔炤因與熊文燦和楊嗣昌意見相左，所以遭楊嗣昌的忌恨，被逮繫獄。據時人記載，孔炤被逮後，寓居南京的阮大鋮，「耽耽於方氏」〔註42〕，「尤忮害之，時局翕然，欲致孔炤於死」〔註43〕。

方阮兩大家族曾經有過三代的友好關係，只是因為方以智的「氣類」之

〔註39〕 任道斌：《方以智年譜》，合肥：安徽教育出版社1983年版，第87～88頁。

〔註40〕 （清）錢撝錄：《錢公飲光府君年譜》，《錢澄之全集》之七，合肥：黃山書社2006年版，第181～182頁。

〔註41〕 （清）方以智：《浮山文集前編》卷8，《寄張爾公書》續修四庫全書第1398冊，上海：上海古籍出版社2002年版，第316頁。

〔註42〕 （清）錢撝錄：《錢公飲光府君年譜》，《錢澄之全集》之七，合肥：黃山書社2006年版，第184頁。參見宋豪飛：《明末桐城方以智與阮大鋮兩大家族交往考述》，《安慶師範學院學報（社會科學版）》，2009年第8期，第77頁。另：本節的一些思路亦受到宋文的啟發，特此注明並致謝。

〔註43〕 （清）王夫之著：《船山全書》，第十一冊，長沙：嶽麓書社1992年版，第392頁。

辨得罪了阮大鋮，阮大鋮就不顧舊情，欲對同年落井下石，堪稱地道的小人。但是因為大鋮表面上並沒有與方氏家族決裂，所以還發生了孔炤次子方其義（字直之）曾求救於阮大鋮之事。當時，方文（爾止）「時以諸父行淩方直之，每不能堪」，有人（陳默公）就藉此激化其叔侄的矛盾。結果「爾止連夜刻揭，揭出即擬送大鋮；直之與默公未曉叩門跪求救」。〔註44〕阮大鋮此時廢籍已十餘年，方其義為何要求救於他？作為一個權力欲很強的人，阮大鋮並不甘心於息影山林、閒居草野，而是時時圖謀復出。崇禎七年，桐城發生了黃文鼎、汪國華領導的民變。大鋮倡議捐餉募軍，以此提高自己的聲譽。他結交了兩個人，為自己日後的復出起了重要作用。這兩個人一個是馬士英，一個是周延儒。馬士英與阮大鋮同年，日後《留都防亂公揭》使阮大鋮成為千夫所指後，他卻與阮氏聚會牛首山，詩酒唱和，過從甚密，堪稱死友。周延儒繫於崇禎初任首輔，因受溫體仁傾軋而下野。他與阮大鋮為「髫年昵友」，亦情深意厚。孔炤繫獄時，周延儒復任首輔。憑阮大鋮與周氏的關係和他的活動能量，為方孔炤疏通一下關節，並非難事。但此刻阮氏正幸災樂禍，怎麼可能出手相救呢？他若看到方文的「刻揭」，勢必落井下石。多虧錢澄之及時制止，才避免了事情的進一步惡化。

（二）方、阮矛盾的激化

由於巡撫湖廣時護皇陵有功，特別是方以智揣血書訴冤的孝心感動了崇禎帝，崇禎十四年七月，孔炤出獄，後以右僉都御史屯田河北、山東。然而很快就出現了李自成攻入北京，崇禎帝煤山自盡的甲申之變。在濟南的方孔炤隨即奉母南返，之後打算效命弘光政權。以智因哭帝靈而被農民軍所執，後乘間逃脫，來到南京。崇禎十七年五月，南明弘光政權建立，在擁立過程中起重要作用的馬士英力薦阮大鋮。弘光元年二月六日，阮大鋮被擢為兵部尚書。阮氏一旦掌權，懷著瘋狂報復昔日政敵的心理，他倡言說：「彼攻逆案，吾作順案與之對」，〔註45〕從而把矛頭對準準備一心效力南明朝廷的方氏族人。

孔炤初請使北，廷議以為邀功，不許。後見阮大鋮挾舊怨迫害復社文士，

〔註44〕以上所引見（清）錢撝錄：《錢公飲光府君年譜》，《錢澄之全集》之七，合肥：黃山書社2006年版，第184頁。

〔註45〕（清）張廷玉等：《明史》卷308列傳第196，《姦臣列傳·馬士英列傳附阮大鋮列傳》，北京：中華書局1974年版，第7941頁。

被迫歸隱，潛心經訓，著成《時論》，稱：「以此答天下，報祖宗，亦孤臣一縷心血所自瀝也。」〔註46〕

崇禎十七年「（八月）二十七日，御史王孫蕃論方以智自虧臣節，復撰僞書，以亂是非，命逮以智」〔註47〕。以智被列入「從逆六等」中的第六等，「宜杖擬贖」〔註48〕。以智悲歎：「矢死不出，至南最早，而仇奸必欲陷之。……嗟乎，丈夫懷忠，坐爲仇陷，而竟無以自伸乎！忳鬱邑餘侘傺兮，余獨窮困乎此時也。」〔註49〕他在詩中說：

> 未有汾陽復兩京，江東草創黨人爭。障天欲入賢良罪，在野虛
> 存月旦評。坐見網羅摧風翮，可能遷徙避梟聲。陰風迎地浮雲黑，
> 耿耿成虹何處明？嗟乎！若使如靈武恢復兩京，親見是非，而六等
> 之案，有何能誣陷者！此甲申忠臣之獨不幸也！〔註50〕

此處不能容身，方以智被迫南逃，經浙、閩、輾轉抵達廣州，他改名吳石公，以賣草藥爲生。不久，南明隆武帝爲方以智昭雪。

順治三年，方以智與瞿式耜、丁魁楚等擁立桂王朱由榔稱帝於肇慶。以智任左中允，少詹事，翰林院侍講學士。懷著一腔復明的熱情，他卻發現，永曆小朝廷門戶紛爭，奸人當道。以後又受太監王坤的猜忌。於是他遠離了權力紛爭的中心，與永曆朝保持著若即若離的關係。

同時擔心受到阮大鋮清算的還有方文。聞知阮大鋮被擢爲兵部尚書的消息後，他憂懼交集，準備去太湖避難。他說：「太湖煙水老蒹葭，我欲逃名此卜家。」〔註51〕

只是後來時局變化太快，弘光政權由於自身的腐朽而很快滅亡，阮大鋮投靠清廷，不久死去。順治十二年（1655年）方孔炤卒。

至此，方阮兩家，以及與之相聯繫的左氏、錢氏之間的恩怨，被明清鼎

〔註46〕（清）徐芳：《懸榻編》卷3，《都御史貞述方先生傳》，四庫禁燬書叢刊集部第86冊，北京：北京出版社2000年版，第98頁。

〔註47〕（清）計六奇撰，任道斌、魏得良點校：《明季南略》卷2，《僞官》，北京：中華書局1984年版，第130頁。

〔註48〕（清）談遷：《國榷》卷102，崇禎十七年八月癸亥，北京：中華書局2005年版，第6136頁。

〔註49〕任道斌：《方以智年譜》，合肥：安徽教育出版社1983年版，第131頁。

〔註50〕任道斌：《方以智年譜》，合肥：安徽教育出版社1983年版，第131頁。

〔註51〕（清）方文：《嵞山集》卷6，《丹陽訪闗明府》，上海：上海古籍出版社1979年版，第214頁。

革的歷史大潮沖淡。以上所述，足以超出兩個家族的遭遇，而可視爲明末黨
爭和不同士人政治選擇的典型個案。

　　需要指出的是，由於阮大鋮後來惡劣的人品，許多早年與其有過詩歌
唱和的人都有意迴避與他的交往。因此，有關資料很難尋覓。但是，在阮
氏的《詠懷堂詩集》中，卻保留著他們的交往情況。仍以方氏族人爲例，
阮氏寫給方拱乾、方孔炤、方文、方以智等方氏族人的詩作大量出現。方
氏族人中有阮大鋮的同年、朋友，有當時阮氏的追隨者。他們與阮氏的唱
和的作品，對瞭解他們各自的情況，對瞭解那個時代，都頗有幫助。

　　阮大鋮與方氏族人相唱和的作品，既有純藝術性的，又有以唱和爲手段，
圖謀政治上東山再起的。前者以寫給方拱乾的最典型，後者則以寫給方孔炤
的爲代表。現略作說明如下。

　　粗略統計，阮大鋮寫給方拱乾的詩有十幾首〔註52〕，詩作中飽含著二人
的深厚的友誼。如「于焉獲我性，亦既見君子。陶陶永一樽，長謠報芳芷。
遂覺尺素煩，加餐託雙鯉。」〔註53〕再如，「遙敦古處約，忍遣寸心違。風善
羣鷗狎，煙繁野雀歸。思君叢竹下，展帙向晴暉。」〔註54〕

　　他寫給方應乾的詩歌同樣情意綿綿：「避地將何適，風花相共飛。爲敦友
生誼，未忍寸心違。粟次禽言苦，蘆中魚服微。橐饘擬何具，還採勝山薇。」
〔註55〕再如，「聖代何多故，潢池警未舒。時情矜捃拾，峻法中樵漁。義愧齊
平仲，歌深楚接輿。思君授經地，虹貫獄中書」。〔註56〕

〔註52〕這些詩歌主要有《方肅之自天都還畫谿以書見訓賦答》，《黃池公館夜雨有懷
　　　　方肅之四十初度肅之時在宛陵爲其四兄告急》，《方坦庵過集園話舊敢賦》，《再
　　　　宿邗關枕上偶成柬埔肅之太史》，《同方朋坦庵能止晚步玄武湖堤上》，《秋杪
　　　　入攝山方太史坦庵泊令嗣允錫吉偶相訪同遊依韻賦》，《同方坦庵訪野雲步坤
　　　　庵詠》，《王宮詹覺斯病癒同方坦庵何蓉庵移酌至署中》，《山中述懷柬方肅之
　　　　何元瑜》，《送方宮諭坦庵冊封入楚》等。參見（明）阮大鋮撰，胡金望、汪
　　　　長林校點：《詠懷堂詩集》，合肥：黃山書社2006年版。
〔註53〕（明）阮大鋮撰，胡金望、汪長林校點：《詠懷堂詩集》卷2，《方肅之自天都
　　　　還畫谿以書見訓賦答》，合肥：黃山書社2006年版，第30頁。
〔註54〕（明）阮大鋮撰，胡金望、汪長林校點：《詠懷堂詩集》，《詠懷堂丙子詩》卷
　　　　下，《再宿邗關枕上偶成柬肅之太史》，合肥：黃山書社2006年版，第365頁。
〔註55〕（明）阮大鋮撰，胡金望、汪長林校點：《詠懷堂詩集》卷3，《賦慰方時生》，
　　　　合肥：黃山書社2006年版，第116頁。
〔註56〕（明）阮大鋮撰，胡金望、汪長林校點：《詠懷堂詩集》，《詠懷堂詩外集》甲
　　　　部，《再慰方時生》，合肥：黃山書社2006年版，第192～193頁。

寫給方孔炤的詩歌亦飽含動人的友情：「伊人抱先疇，白華自躬被。仁智秉遺則，草木衍開侍。時聞歸鶴響，莫制皋魚淚。盼柯意長餘，褰芳旨兼備。」〔註57〕「雨後野螢飄亂草，燈前吹葉響空岑。思君高枕蓮花界，夢裏能觀不染心。」〔註58〕

詩作中還有二人一起悠然看月，有所感悟的描寫：

次第闖歸禽，却立饒有悟。

前峯至餘雨，山葉鳴已屢。

絺衣念當濡，遂飲高霞屨。

薄展茗粥歡，悠然竹房暮。〔註59〕

而且，二人都閒賦在家（儘管原因不同），阮氏認為他們同病相憐：

高館旁羅梧竹陰，相看竟日雨沉沉。

銜杯共悟忘憂旨，坐隱兼銷決勝心。

紅葉緣階閒飲露，黃鸝隔樹細流音。

敬亭更探玄暉跡，雲嶺蒼蒼猿晝吟。〔註60〕

尤其引人注目的是他寫給方孔炤的《山中送方仁植開府入楚》，現將全詩照錄如下：

田間何所事，刈黍乘秋暄。

客自城中來，云君拜新恩。

鐃吹發漢口，旌影臨荊門。

君負川嶽望，誓掃雲雷屯。

膏雨溉遺庶，霜草芟遊魂。

成功報天子，錫馬於焉蕃。

賢喆志竹帛，愚賤安丘樊。

〔註57〕（明）阮大鋮撰，胡金望、汪長林校點：《詠懷堂詩集》卷2，《仲春過訪方仁植同年廬居因遊南浮有懷野同先生》，合肥：黃山書社2006年版，第18頁。

〔註58〕（明）阮大鋮撰，胡金望、汪長林校點：《詠懷堂詩集》卷4，《同方潛夫泊弘濟寺潛夫宿澄觀閣柬之》，合肥：黃山書社2006年版，第144頁。

〔註59〕（明）阮大鋮撰，胡金望、汪長林校點：《詠懷堂詩集》卷2，《同以沖少宰潛夫同年雪照恒覺步明月峯微雨還方丈宿巳而霽起看月偶成》（二首），合肥：黃山書社2006年版，第58頁。

〔註60〕（明）阮大鋮撰，胡金望、汪長林校點：《詠懷堂詩集》，《詠懷堂詩外集》甲部，《雨中同仁植坐元甫遙集堂飲奕兼訂宛陵行》，合肥：黃山書社2006年版，第192頁。

荆舒壤恒錯，唇齒相與存。

方叔在上游，皖口亦以藩。

予當負釜春，捃粟還江村。

願擬平淮頌，用代臨岐言。〔註61〕

該詩雖主要記其事、賀陞遷，但字裏行間流露出一種阿諛奉承，傳遞出乞人相攜的意味。因爲此時方孔炤巡撫湖廣，頗爲朝廷信任，所以大鋮有意借同年的關係讓孔炤拉他一把。怎奈孔炤爲人正直，對此並不理會，這或許引起大鋮心懷不滿。

他寫給方文的詩歌除傾訴二人的友情之外，還追憶他與方文之父方大鉉的往昔情誼：「蘭藂三十年，與君先子好。峻義干青雲，英詞擪芳草。」〔註62〕作爲前輩和朋友，他又有對方文的勉勵和掛念：

龍眠堪諷雪，掛席欲何之。

一閱冰霜路，遙徵蘭蕙詞。

鐘飄禽定夜，潮廣月開時。

寂寂江亭上，于君倍有思。〔註63〕

有的詩歌則明確地告訴我們方文等人與阮氏同遊的情況：「共待海門芳草候，春香一醉步兵壚。」〔註64〕此外，還有多首寫給方文的詩。如《送洪慧生南行並寄子明爾止》〔註65〕等。

一個耐人尋味的現象是，方文因其岳父左光斗被害而與阮氏產生裂痕，直至徹底決裂。而阮氏與何如寵翁婿則始終友好。方拱乾之岳父何如寵曾任崇禎朝首輔。大鋮寫給何如寵的詩中表現也明顯帶有乞求提攜的色彩，如《送青山相國再起還朝》、《旅懷呈青山相國》等。但何如寵性情恬淡，與世無競，

〔註61〕　（明）阮大鋮撰，胡金望、汪長林校點：《詠懷堂詩集》，《詠懷堂戊寅詩》卷下，《山中送方仁植開府入楚》，合肥：黃山書社2006年版，第385頁。

〔註62〕　（明）阮大鋮撰，胡金望、汪長林校點：《詠懷堂詩集》卷2，《方爾止見訪感舊》，合肥：黃山書社2006年版，第29頁。

〔註63〕　（明）阮大鋮撰，胡金望、汪長林校點：《詠懷堂詩集》卷3，《送方爾止白下徵文》，合肥：黃山書社2006年版，第87頁。

〔註64〕　（明）阮大鋮撰，胡金望、汪長林校點：《詠懷堂詩集》，《詠懷堂詩外集》甲部，《三山方爾止至同損之公穆宗白月下集身中得蒲字》，合肥：黃山書社2006年版，第179頁。

〔註65〕　（明）阮大鋮撰，胡金望、汪長林校點：《詠懷堂詩集》卷4，《送洪慧生南行並寄子明爾止》，合肥：黃山書社2006年版，第140頁。

並沒有幫什麼忙。所幸大鋮並未對其銜恨。而且大鋮與方拱乾關係始終沒有惡化，直到南明弘光政權。這或許與何如寵翁婿爲人隨和寬厚有關，他們並未因大鋮名聲不好而疏遠他。或許阮大鋮對其心存感激，即使日後東山再起，也不去迫害方拱乾。據《明史》載：

> 十七年五月，福王立於南京……時方治從賊之獄，倣唐制六等定罪。學龍議定，以十二月上之。其一等應磔者：吏部員外郎宋企郊，舉人牛金星……五等應徒擬贖者：通政司參議宋學顯、諭德方拱乾，工部主事繆沅，給事中呂兆龍、傅振鐸，進士吳剛思，檢討方以智、傅鼎銓，庶吉士張家玉及沈元龍十人也。得旨：「周鍾等不當緩決，陳名夏等未蔽厥辜，侯恂、宋學顯、吳剛思、方以智、潘同春等擬罪未合。新榜進士盡污僞命，不當復玷班聯。」令再議。
> 惟方拱乾結納馬、阮，特旨免其罪。〔註66〕

據此，最初議定方拱乾和方以智均爲五等應徒擬贖之列，但對二人的處理結果卻大相徑庭：方以智須重新定罪，而方拱乾則特旨免其罪。《明史》中說，「方拱乾結納馬、阮」，但並沒有證據，所以不能令人信服。而依照我們以上對方拱乾的瞭解，說他沒有捲入明末激烈的黨爭則可能更靠譜。

其實，阮大鋮一步步走向罪惡的深淵，是有各種主客觀因素造成的，其中明末激烈的黨爭的負面作用不能忽視。對此，陳寅恪先生說：「圓海人品，史有定評，不待多論。……但東林少年似亦持之太急，杜絕其悔改自新之路，意以『防亂』爲言，遂釀成仇怨報復之舉動，國局大事，益不可收拾矣。夫天啓亂政，應以朱由校、魏忠賢爲魁首，集之（大鋮字）不過趨勢群小中之一人」〔註67〕。陳先生之論對我們理解歷史人物的複雜性、從而在評價歷史人物時應持慎重態度均有很大的啓發。

因此，綜合分析方、阮兩個家族的交往過程我們可以看出：這兩個家族起初過從甚密，關係十分融洽。後來由於閹黨與東林黨之間的鬥爭，由於士人結社以及所謂「氣類之辨」，復社士人與閹黨餘孽的鬥爭。這種種鬥爭和矛盾在這兩個家族身上得到鮮明的體現，從而使這兩個家族產生裂痕並逐漸走向激烈的對抗。這主要源於阮大鋮在晚明的政治混亂的政治形勢下私欲膨

〔註66〕（清）張廷玉等：《明史》卷275，北京：中華書局1974年版，第7045～7046頁。
〔註67〕陳寅恪：《柳如是別傳》，上海：上海古籍出版社1980年版，第843～844頁。

脈、人性扭曲，但方文等在《留都防亂公揭》上簽名等行爲在阮大鋮更爲徹底地淪喪人性、泯滅良心過程中卻也起過推波助瀾的作用。

第二節　桐城桂林方氏家族與明朝政治（下）──以方孔炤爲中心

方學漸有九個孫子，以年齒排序，順序爲：方若洙，方仲嘉，方孔炤，方孔一，方孔時，方文，方孔矩，方孔炳，方孔性。

中一房十三世方孔炤可謂方氏家族在明朝達於鼎盛發展階段後的一抹餘輝。他官至右僉都御史、湖廣巡撫，是該家族在明朝最有代表的主持一方軍政的高官。在整個明朝時期，方孔炤在方氏家族中亦堪稱官位最高，政治影響最大，在文化上克紹箕裘，爲其子方以智集其家學於大成創造了條件。因此，下面對其做較詳細的論述。

孔炤生活的晚明時期，社會矛盾激化，政治更加黑暗。而他又秉承了家族務實、正直、忠孝等品德，這就意味著他的仕途和命運將比其父祖更爲坎坷。作爲晚明正直官員的代表，孔炤的命運可以視爲明朝正直官員命運的一個縮影。通過剖析孔炤在政治上的沉浮榮辱，可以加深對明代政治的理解，亦可看出社會政治對家族發展的影響。

一、初登仕途，抗爭閹黨

方孔炤（1590～1655）是方大鎮的獨生子。他原名若海，字潛夫，「以本菴公連理之祥號仁植」〔註68〕。由於家學的滋養，加以自身的勤奮，他於萬曆四十四年（1616年）即高中進士。次年，他「以玅年〔註69〕筮仕〔註70〕嘉定」。孔炤上任伊始，即平反冤獄，表現出正直敢爲、不畏權貴的品格，與其先輩的作風一脈相承。〔註71〕四十八年，遷官福寧，頗多惠政。史載，他「萬

〔註68〕（清）方昌翰：《桐城方氏七代遺書》附鄭三俊：《方貞述先生墓誌銘》。
〔註69〕「玅」古同「妙」。妙年指少壯之年。
〔註70〕古人將出做官，卜問吉凶。
〔註71〕（明）方孔炤：《周易時論合編》凡例第九則：「筮仕嘉州，銳身解綬，救出一高孝廉，未免自喜。」（明）鄭三俊：《方貞述先生墓誌銘》：「聞其在嘉定出高孝廉獄，不畏范侍郎之強禦，以爲廉幹」。參見（清）錢澄之《田間文集》卷25，《樅陽合祭方中丞貞述公文》，康熙刻本。

曆四十八年知州事。始至，建學宮，開玉帶池，豎中天坊、敬一亭，復龍光塔。甫二年，以員外郎遷去。士民建祠立石曰思樂亭」〔註72〕。當地人爲之建生祠，陳名夏曾做詩記之〔註73〕。

天啓初，他升任兵部職方員外郎。當時明廷與後金的戰爭日益升級，加上魏忠賢亂政，朝政愈發腐敗。「未幾而逆閹用事，諸賢相次罷。邊事棘，樞曹選帥，率通賄，得規避，公疏劾之」〔註74〕。武將怕死，江山難保。正直的孔炤挺身而出，「疏劾之」。時人鄭三俊說：「廷臣會議事跡，有云：方孔炤參劾遼帥侯世祿等，忤瑁，內閣魏廣徽嚴旨構參，落職」〔註75〕。天啓四年，魏忠賢欲封其兄子魏良卿伯爵，「公執不可，忠賢怒，削籍歸」〔註76〕。

所幸的是，朱由檢剛剛即位，即崇禎元年，孔炤就「起故官」〔註77〕。方大鎮對其諄諄教誨：「毋曠職，必正色以立於朝」〔註78〕。更令其感奮的是，崇禎帝親擢孔炤〔註79〕。因此方孔炤更加盡職盡責。他留心軍事，著成《全邊略記》。該書共12卷，是一部反映明代地方行政、軍事建置和邊疆民族地區等內容的實學著作。兩年後，方大鎮去世，孔炤丁憂歸。他廬墓三年，晨夕詠《孝經》，並著成《周易時論》初稿。就在他守制結束，即將回朝之時，又以邑紳之身份穩定了桐城的社會秩序。

〔註72〕（清）朱珪：《福寧府志》卷17，《秩官志‧循吏》，乾隆二十七年修、光緒六年重刊本，臺北：成文出版社1967年版。

〔註73〕（清）陳名夏：《石雲居詩集》卷3，《方中丞生祠在太姥山》：「荒路爲文石，垂岩倚絳顏。桐城方叔壯，香火福寧山。」四庫全書存目叢書集部第201冊，濟南：齊魯書社1997年版。

〔註74〕（清）馬其昶：《桐城耆舊傳》卷5，《方巡撫傳弟四七》，續修四庫全書第547冊，上海：上海古籍出版社2002年版，第552頁。

〔註75〕（清）方昌翰：《桐城方氏七代遺書》附鄭三俊：《方貞述先生墓誌銘》。

〔註76〕（清）馬其昶：《桐城耆舊傳》卷5，《方巡撫傳弟四十七》，續修四庫全書第547冊，上海：上海古籍出版社2002年版，第552頁。

〔註77〕（清）張廷玉等：《明史》卷260，《鄭崇儉》附《方孔炤》，北京：中華書局1974年版，第6744頁。

〔註78〕（明）方孔炤：《全邊略記自序》：「牛馬走出山日，家廷尉命之曰：『毋曠職，必正色以立於朝。』而署中積習，以舟旋當世爲務，牛馬走恥之。」四庫禁燬書叢刊史部第11冊，北京：北京出版社2000年版，第4頁。

〔註79〕（清）方昌翰：《桐城方氏七代遺書》附鄭三俊：《方貞述先生墓誌銘》：「戊辰，崇禎龍飛部推職方，詔多列幾員。天子親擢公，公單車就道……」。

二、平民變，守桐城，穩定社會秩序

　　明朝後期，各種社會矛盾不斷激化，除了宦官亂政、黨爭激烈之外，農民由於所受的苦難加深而奮起反抗，於是有「民變」和起義之發生。崇禎七年（1634），一貫清平的桐城卻發生了民變。作爲封建地主官僚，方孔炤毫不猶豫地予以鎮壓。說來也巧，這次民變的導火索就是方氏家族。如前所述，方氏家族的中一房，特別是從方學漸開始，講學鄉梓，樂善好施，頗爲當地百姓尊敬。然而，中六房方大美第五子方應乾爲恩貢生，他是一個地方豪強，「不諳物情，爲鄉里所怨」〔註 80〕。於是，黃文鼎、汪國華等領導部分民眾殺富濟貧，燒毀富家房屋。桐城的社會秩序陷入極度的混亂。方以智記述說：「甲戌八月，亂民斬關焚掠，結寨揚旗。舉火之夜，大姓俱走。此桐未有之變也」〔註 81〕。用方以智的話說，孔炤一家「素行仁義，□□鄉里。事變卒起，分不苟逃」〔註 82〕。縣志也說：「甲戌民變，焚掠巨室，獨不至孔炤家，孔炤因以靖亂」〔註 83〕。於是孔炤利用這個優勢，與當地的一些紳士「徹夜籌畫，醵餉請兵。又陰啖吏輩保甲，使其不攜，故賊祭刀，攻東門，而市民胥役萬餘人開門合戰，遂勝，斬其魁焉。兵憲既入，彰罪賞功，市不變而亂定，未嘗冤一人」〔註 84〕。「未嘗冤一人」之說未免過於美化，但以孔炤熟悉鄉人且任職兵部來看，不過多冤殺還是極有可能的。民變的平定使桐城的社會秩序穩定下來，然而接下來桐城卻又面臨更嚴峻的考驗。那就是起於陝西，波及大半個中國的明末農民大起義。

　　明朝末年，各種社會矛盾空前激化，尤其是以皇室爲首的特權階級瘋狂兼併土地所引發的與農民的矛盾最爲尖銳。於是，在各種社會矛盾焦點的集中地陝西最先燃起了反抗的星星之火，迅即呈燎原之勢。起義軍發展到 13 家 72 營，聲勢浩大。明廷慌忙調集人馬予以鎮壓，欲將其剿滅在陝西。各家將領則率領農民軍紛紛出陝，並於崇禎八年（1635）正月齊聚河南榮陽。李自成提出爲了粉碎官軍圍剿，宜「分兵定向」。他的主張得到大家贊同。於是農民軍分兵作戰，接著，張獻忠農民軍上演了一幕火燒皇陵的戰爭活劇，極大地驚動了明廷。

〔註 80〕　（清）錢澄之：《田間文集》卷 24，《方處士子留墓表》，康熙刻本。
〔註 81〕　（清）方以智：《方子流寓草》卷 5，《桐變》序，清康熙此藏軒刻本。
〔註 82〕　（清）方以智：《方子流寓草》卷 5，《家徙》序。
〔註 83〕　《桐城縣續志》卷 14，《人物志‧理學》，道光七年刊本。
〔註 84〕　（清）方以智：《方子流寓草》卷 5，《亂定》序。

　　明太祖朱元璋以淮右布衣崛起於元末群雄之中，南征北戰，奄有天下。他建都南京，並沒有忘記自己的老家。洪武二年（1369），他下詔在濠州（今鳳陽）興建中都城，同時詔諭因舊陵之地，培土加封。洪武八年，罷建中都，改為中都留守司，同時改濠州為鳳陽府。駐軍約六千人。他詔諭建中都之餘材再建父母之陵。經過精心的設計和施工，建成後的皇陵，氣象巍峨，被譽為「重門列戟園陵肅」，「壯哉斯陵從古無」。然而在崇禎八年正月十五，張獻忠農民軍攻下鳳陽，焚毀皇陵。祖宗的發祥地橫被兵火，祖陵被燒，真是奇恥大辱。崇禎帝又愧又怒，下令逮捕鳳陽巡撫楊一鶴、巡按吳振纓和守陵太監楊澤。後來，楊澤自殺，楊一鶴被處死，吳振纓論決〔註85〕。其實，罪豈止這幾個人？包括崇禎帝在內的一些人都應反省。

　　鳳陽本來就是貧瘠之地，加上皇陵官署的徭役，當地人的苦難更加深重。崇禎四年，南京禮部侍郎錢士升在祭告皇陵後，向崇禎帝報告鳳陽人民由於天災人禍造成的苦難，希望皇帝能蠲減賦稅。崇禎帝卻批覆：「其周恤痍事情已有屢旨」〔註86〕。皇帝反應如此冷漠，鳳陽的大小官吏更是肆無忌憚地剝削軍民，難怪有些人協助農民軍攻打潁州。「農民軍密遣壯士三百人，偽裝成商人、車夫，先期混入鳳陽」〔註87〕。如此，鳳陽豈有不破之理？

　　兵部尚書張鳳翼也難辭其咎。當農民軍進軍河南、逼近鳳陽之時，給事中孫晉提醒他要加強皇陵保護。張鳳翼卻說：「公南人，何憂賊？賊起西北，不食稻米，賊馬不飼江南草」〔註88〕。堂堂兵部尚書竟發表如此奇談怪論，真是匪夷所思。崇禎帝痛定思痛，二月二十四日，他身著「素色布袍，親自祭告祧廟寢廟——朱元璋的皇考廟號仁祖，其神主奉安於祧廟，為皇陵震驚向仁祖表示修省」〔註89〕。為防止此類事情的再次發生，崇禎下令各地封疆大吏加強皇陵保護。他「召諭戶、兵二部，以淮撫兵二千三百，楊御蕃兵千五百扼南畿要

〔註85〕（清）談遷：《國榷》卷94，崇禎八年九月庚申，北京：中華書局2005年版，第5714頁。

〔註86〕（清）錢士升：《賜餘堂集》卷1，《祭告禮成回奏因陳目擊民瘼疏》，四庫禁燬書叢刊集部第10冊，北京：北京出版社2000年版。參見樊樹志：《崇禎傳》，北京：人民出版社1997年版，第295頁。

〔註87〕參見樊樹志：《崇禎傳》，北京：人民出版社1997年版，第297頁。

〔註88〕（清）張廷玉：《明史》卷257，《張鳳翼傳》，北京：中華書局1974年版，第6633頁。

〔註89〕樊樹志：《崇禎傳》，北京：人民出版社1997年版，第302頁。（清）談遷：《國榷》卷94，崇禎八年二月乙巳，北京：中華書局2005年版，第5696頁。

害，護祖陵；……陳洪範所募健丁三千，護陵」〔註90〕。農民軍此舉成功地調動了明軍，使其用於機動作戰的兵力大為減少。史家就此評論說：「『賊』之震驚鳳陵，最為得策，自此物力半弊於護陵矣！」〔註91〕崇禎帝於十月二十八日下罪己詔，稱：「流氛震驚皇陵，祖恫民怨，責實在朕」〔註92〕。

　　農民軍焚燒皇陵後，旋即揮師南下，克廬州（今安徽省合肥市）、巢縣、廬江。攻無為州（今安徽省無為縣）〔註93〕。此時，桐城就自然成為農民軍的下一個進攻目標。而且，由於桐城地處江淮要衝，所以自崇禎八年至十五年，農民軍在此與明軍反覆鏖戰。然而農民軍六次圍城，均勞師無功。挾攻城七十座之威，卻在不起眼的桐城折戟沉沙，使張獻忠發出了「鐵打的桐城」之慨歎。原因何在呢？試以崇禎八年正月這次交戰為例略作說明。

　　首先，桐城有較好的城防基礎。桐城最初為土城，至明朝中後期，土城傾圮。於是萬曆三年（1575），知縣陳於階，邑人盛汝謙、吳一介，集資重建磚城。磚城周長六里，高三丈六尺，雉堞一千六百七十三垛。有城門六座，分別為東祚門、南熏門、西成門、北拱門、向陽門和宜民門。城為正圓形，形似金龜，六座城門猶如龜之首尾四足，穿街繞巷的桐渠即為龜腸，寓金龜永壽之意。後又沿城牆增設了八座窩鋪炮臺。

　　其次，桐城守軍與紳士等嚴密備戰，拼死抵抗。其中，孔炤功不可沒。作為邑紳，孔炤認為自己有責任協助文武官員保境安民，而他又具有軍事才能，所以他在桐城保衛戰中起了重要作用。面對農民軍兵鋒直指桐城，孔炤「因益議廣儲積、備器械，為固圍計，城賴以全」〔註94〕。時人鄭三俊說：「賊（對農民軍的蔑稱，下同，不具注）殘中原，蹂躪大江以北，桐獨不破，公倡首立法之善也」〔註95〕。

〔註90〕　（清）吳偉業撰，李學穎點校：《綏寇紀略》卷4，《朱陽潰》，上海：上海古籍出版社1992年版，第95頁。參見樊樹志：《崇禎傳》，北京：人民出版社1997年版，第307頁。

〔註91〕　樊樹志：《崇禎皇帝傳》，西安：陝西師範大學出版社2009年版，第236頁。

〔註92〕　（清）計六奇撰，魏得良、任道斌點校：《明季北略》卷11，《賊陷鳳陽》，北京：中華書局1984年版，第175頁。

〔註93〕　（清）吳偉業撰，李學穎點校：《綏寇紀略》卷3，《真寧恨》，上海：上海古籍出版社1992年版，第71～72頁。

〔註94〕　（清）馬其昶：《桐城耆舊傳》卷5，《方巡撫傳第四十七》，續修四庫全書第547冊，上海：上海古籍出版社2002年版，第552頁。

〔註95〕　（清）方昌翰：《桐城方氏七代遺書》附鄭三俊：《方貞述先生墓誌銘》。

　　崇禎八年正月二十七日，明游擊潘可大率部與農民軍在縣城東郊交戰，明軍敗潰，餘部逃入城內。潘可大、知縣陳爾銘、方孔炤等率兵嚴防死守。城牆上密佈火球、大炮和弓箭。二十八日清晨，農民軍將很多肉案用繩索連在一起，上面覆蓋濕棉絮，以防火炮和弓箭。他們將這些掩體推至城牆之下，自東祚門環列至向陽門，然後藉此掩護，以大斧砸斫城牆，並把這種攻城術戲稱爲「木牛鑿城」。城上守軍向農民軍陣地推放石滾，農民軍傷亡慘重，便改爲火攻。在煙火的掩護下，上百名農民軍戰士攀登雲梯，強行登城，終因守城官軍拼死強守，攻城失敗。

　　再次，應天巡撫張國維和吳淞總兵許自強率兵趕來增援〔註96〕，亦起到一定的作用。

　　在平定桐城民變和防止農民軍攻城中，孔炤表現出傑出的軍事才能，對穩定地方秩序所做了突出貢獻，「以此廷咸推公知兵，程我旋、鄭潛菴、徐蓼莪、褚嵩華舉之」〔註97〕。於是朝廷在崇禎十年「起方孔炤南京尚寶司卿」〔註98〕。次年，升兵部右僉都御史，巡撫湖廣。此時孔炤面對的將不是民變和攻城的農民軍。歷史將其推到晚明複雜的政治和軍事鬥爭的風口浪尖，其複雜程度遠遠超過前者。在人心叵測的、爾虞我詐的官場，正直的方孔炤將面臨危難的考驗。

三、鏖戰湖廣，蒙冤入獄──「剿」、「撫」之爭的受害者

　　無論從自然地理還是從人文地理的角度看，湖廣都處於地跨南北、襟帶東西的樞紐地位，其中尤其以襄陽、武昌和荊州爲最。顧祖禹精闢地指出：「湖廣之形勝，在武昌乎？在襄陽乎？抑荊州乎？曰：以天下言之，則重在襄陽；以東南言之，則重在武昌；以湖廣言之，則重在荊州。」〔註99〕顧祖禹《讀史方輿紀要·湖廣方輿紀要序》指出了湖北地區的三個重心和各自的戰略意義。此外，這裏有皇家陵寢──顯陵。而明末農民起義使這一地區的軍事地位更加彰顯。

〔註96〕參見（清）吳偉業撰，李學穎點校：《綏寇紀略》卷3，《眞寧恨》，上海：上海古籍出版社1992年版，第73頁。

〔註97〕（清）方昌翰：《桐城方氏七代遺書》附鄭三俊：《方貞述先生墓誌銘》。

〔註98〕（清）談遷：《國榷》卷96，崇禎十年十二月戊申，北京：中華書局2005年版，第5794頁。

〔註99〕（清）魏源：《魏源全集》第17冊，《皇朝經世文編》，顧祖禹：《論湖廣》，長沙：嶽麓書社2004年版，第329頁。

　　崇禎十一年六月二十九日，方孔炤遷右僉都御史，巡撫湖廣〔註100〕，他「受命之日，散家財，募精卒，即日之鎮。而方子亦左鞬鞴，右鉛管，結七八少年以從」〔註101〕。為了大明王朝，他寧肯毀家紓難，而且他的兩個兒子方以智、方其義，他的女婿孫臨都隨他一起出征。

　　當時，張獻忠部農民軍已由郎陽渡漢水，聲勢甚盛。受命於危難之際，「（孔炤）往撫危楚蒞任，「八戰八捷」〔註102〕。孔炤所部萬人，騎兵數不滿千，卻屢次取勝。據《明史》載：「（孔炤）擊賊李萬慶、馬光玉、羅汝才於承天，八戰八捷」〔註103〕孔炤何以能屢戰屢勝呢？一方面由於他善於用兵。他在平定桐城民變，尤其是桐城保衛戰中積累了一定的經驗。另一方面，與他手下，特別是他的兒子和女婿是勇敢善戰密不可分。長子方以智隨父運籌幕府，九月因病返南京。其次子方其義可謂勇猛過人。時人稱其「與賊戰輒在行間」，「勇力過人，能挽強弓，騎生馬」〔註104〕。據《安慶府志》載：

> 崇禎戊寅，從中丞撫楚，親督將士殺賊，八戰八捷，群賊駭退，競指方公子為前鋒。蓋自嘉隆以來，江北讀書經世之才，未有如其義者也〔註105〕。

方其義誠可謂文武雙全的少年。其姐夫孫臨同樣衝鋒陷陣，出生入死。時人稱：「會仁植公開府楚疆，屢與賊戰，武公常雜騎士中，躍馬深入，為諸軍先」〔註106〕。為了維護明王朝的安全，方氏家族可謂全族動員。隨著明朝軍隊戰鬥力的下降，帶有家族性質的私人武裝將起越來越大的作用。這與晚清鎮壓太平軍過程中崛起的湘軍、淮軍頗為相似。可惜，關於方孔炤家族對農民軍作戰的詳細情況目前很難考察。

　　史書所說的「承天」為承天府，明嘉靖十年（1531）升安陸州置。治鍾祥縣（今湖北鍾祥市），屬湖廣行省。轄境約為今湖北鍾祥、荊門、京山、天

〔註100〕（清）談遷：《國榷》卷96，崇禎十一年六月庚中，北京：中華書局2005年版，第5813頁。
〔註101〕（清）陳子龍：《流寓草序》，《陳忠裕公全集》卷25，清嘉慶8年刻本。
〔註102〕（清）張廷玉等：《明史》卷260，《鄭崇儉傳》附方孔炤傳，北京：中華書局1974年版，第6744頁。
〔註103〕（清）方昌翰：《桐城方氏七代遺書》附鄭三俊：《方貞述先生墓誌銘》。
〔註104〕（清）錢澄之：《田間文集》卷24，《前處士方公次公直之墓表》，康熙刻本。
〔註105〕（清）張楷纂修：《安慶府志》卷19，《文學》，康熙六十年刻本，中國國家圖書館藏。
〔註106〕（清）錢澄之：《田間文集》卷21，《孫武公傳》，康熙刻本。

門、潛江、洪湖、當陽、仙桃八市、縣地。十八年建興都留守司於此。清順治三年（1646）改爲安陸府。承天府在明代地位非同尋常，它與順天府、應天府並稱當時全國三大直轄府，盛極一時。其治所鍾祥縣爲嘉靖皇帝生養發跡之地，被御賜縣名爲「鍾祥」，取「祥瑞鍾聚」之意。此處地位之所以重要還在於它是嘉靖皇帝父母的陵寢（顯陵）所在地。

顯陵，最初稱獻陵，是明朝恭睿獻皇帝朱祐杬與章聖皇太后蔣氏的合葬墓，始建於明正德十四年（1519 年），嘉靖四十五年（1566 年）建成，前後歷時共 47 年。鑒於鳳陽皇陵被農民軍焚毀，湖廣大員對顯陵的防衛倍加重視。幾任湖廣巡撫余應桂、方孔炤等莫不如此。

余應桂，字二磯，都昌（今江西省都昌縣）人。萬曆四十七年進士。崇禎四年，徵授御史。劾首輔周延儒納「孫元化參、貂，受楊鶴重賂。……帝怒，貶三秩視事，應桂引疾歸。七年還朝，出按湖廣，居守承天。捐贖鍰十餘萬募壯士，繕城治器，賊不敢逼獻陵。帝聞而嘉之」〔註107〕。應桂於崇禎十年即被擢爲右僉都御史，代王夢尹巡撫湖廣，主要因其護陵盡心盡力。繼任者方孔炤、宋一鶴同樣如此，孔炤的護陵詳情於下文敘述。此處先說宋一鶴。

> 宋一鶴，宛平人……巡按御史禹好善以一鶴知兵，薦之，授兵部員外郎，尋擢天津兵備僉事，改飭汝南兵備，駐信陽。
>
> 左良玉降其賊李萬慶，一鶴撫而定之數萬。文燦屢上其功，薦之，進副使，調鄖陽。文燦誅，楊嗣昌代，以一鶴能，薦之，擢右僉都御史，代方孔炤巡撫湖廣。……十二月，襄陽、德安、荊州連告陷，一鶴趨承天護獻陵。陵軍柵木爲城。賊積薪燒之，煙窨純德山。城穿，一鼓而登。犯獻陵，毀禋殿。守陵巡按御史李振聲、總兵官錢中選皆降，遂攻承天〔註108〕。

宋一鶴雖然也拼死護陵，但李自成農民軍著實強大，顯陵還是遭到毀壞。此亦可視爲整個明朝江山不保的一個縮影。

這裏有必要分析湖廣尤其是鄖陽在明末農民戰爭中的重要地位。爲此首先要瞭解鄖陽設府的情況。明朝中期以後，由於劇烈的土地兼併，加以

〔註107〕（清）張廷玉等：《明史》卷 260，《余應桂傳》，北京：中華書局 1974 年版，第 6749 頁。

〔註108〕（清）張廷玉等：《明史》卷 263，《宋一鶴傳》，北京：中華書局 1974 年版，第 6795～6797 頁。

水災、旱災、蝗災等災害頻繁發生，導致大批自耕農破產。為了生存，他們不得不背井離鄉，四處逃亡，成為流民。人煙稀少、氣候溫和，雨水豐沛的荊襄地區成為當時最大的一個流民聚集區。荊襄地區泛指湖廣、河南、四川三省結合地，大約西起終南山東端，東南到桐柏山、大別山，東北到伏牛山，南到荊山，這裏山巒連綿，川回林深。因此統治者害怕流民聚集會造成社會的動蕩，遂對這一地區實行封禁，強制遣散流民還鄉。此舉激化了與流民的矛盾，引發了成化元年（1465）由劉通首倡和成化六年以李原為首的兩次荊襄流民大起義。兩次起義雖然都被殘酷地鎮壓下去。但荊襄流民問題卻不可能得到根本解決。成化十二年，河南歉收，饑民「入山就食，勢不可止」。明廷不敢一味動用武力鎮壓，遂接受部分大臣的建議，於成化十二年在此地設鄖陽府，流民入籍，徵收賦稅。同時為加強統治，在此設巡撫。成化十五年，憲宗同意了吏部的覆奏，擢升巡按監察御史吳道宏為大理寺少卿，令其「盡心提督撫治」隕陽〔註109〕。此後很長一段時間，該區域未出現過大規模的流民舉事、起義。然而到了明末，這裏的平靜再次被打破。由於其特殊的地理位置，湖廣與陝西、河南堪稱明末農民戰爭的三大主戰場。每當農民軍遭到官軍的圍剿，起義轉入低潮時，由於荊襄地區地處湖廣、河南、四川、陝西四省交界處，山高林密，因而成為明末農民軍修息士馬的理想之地。《綏寇紀略》記載：

> 崇禎十年正月丙午，賊老回回（馬守應）等久占鄖、襄，休糧息馬，秋高足食，以其全軍合曹操、闖踏天諸賊，可二十萬，長驅沿流東下。蘄、黃、六合、懷寧、望江、江浦，在在震擾，烽火及於儀、揚〔註110〕。

當此時，張獻忠就與馬守應聯合行動，張氏本人所率軍隊在崇禎十一年春襲南陽失敗，退還鄖陽山區的谷城，以待東山再起。因為此時農民軍對明朝作戰如火如荼的形勢逐漸變得沉寂。出現這種局面的原因是：首先，從總體看，農民軍各部缺乏統一部署和協同行動，在優勢的明軍打擊下，難免被各個擊破。其次，明廷採取了對付農民軍的新策略。這種新策略是由楊嗣昌策劃實施的。

〔註109〕《明憲宗實錄》卷190，成化十五年五月甲子，上海：上海書店出版社1990年版，第3378頁。
〔註110〕（清）吳偉業撰，李學穎點校：《綏寇紀略》卷5，《黑水擒》，上海：上海古籍出版社1992年版，第123～124頁。

　　楊嗣昌，字文弱，湖南武陵人。其父楊鶴為萬曆三十二年進士，官至兵部右侍郎，總督陝西三邊軍務。因其對農民軍「主撫」失敗而被明廷治罪。楊嗣昌為萬曆三十八年進士，歷任杭州府儒學教授、南京國子監博士、戶部清吏司主事員外郎。崇禎元年為河南按察司副使、分巡河南兵備道，後任山海內兵備道、山永巡撫。崇禎七年，以兵部右侍郎兼都察院右僉都御史，總督宣府、大同、山西軍務。旋丁憂還家。崇禎十年三月奉詔入京，起復為兵部尚書。由於其「工筆箚，有口辯」，頗受崇禎帝的賞識，「每對必移時，所奏請無不聽」，崇禎幾乎將其視為救星，慨歎：「恨用卿晚！」〔註111〕楊嗣昌為剿滅農民軍可謂嘔心瀝血，他制定了「四正六隅十面網」的圍剿計劃。即「請以陝西、河南、湖廣、江北為四正，四巡撫分剿而專防；以延綏、山西、山東、江南、江西、四川為六隅，六巡撫分防而協剿。是謂十面之網。而總督、總理二臣，隨賊所向，專征討」〔註112〕。因為總督、總理隨敵剿殺，故其人選格外重要。而新任總理王家楨「故庸材，不足任，嗣昌乃薦文燦代之」〔註113〕。

　　熊文燦，貴州永寧衛（今四川敘永）人。萬曆三十五年進士。崇禎元年，他三月就拜右僉都御史，巡撫福建。招降鄭芝龍，平定討海賊李魁奇、鍾斌等。五年二月，擢兵部右侍郎兼右僉都御史，總督兩廣軍務，兼巡撫廣東。八年，平定海盜劉香。

　　　　文燦官閩、廣久，積貲無算，厚以珍寶結中外權要，謀久鎮嶺南。會帝疑劉香未死，且不識文燦為人，遣中使假廣西采辦名，往覘之。既至，文燦盛有所贈遺，留飲十日。中使喜，語及中原寇亂。文燦方中酒，擊案罵曰：「諸臣誤國耳。若文燦往，詎令鼠輩至是哉！」中使起立曰：「吾非往廣西采辦也，銜上命覘公。公信有當世才，非公不足辦此賊。」文燦出不意，悔失言，隨言有五難四不可。中使曰：「吾見上自請之，若上無所客，即公不得辭矣。」文燦辭窮，應曰諾。中使還朝，果言之帝〔註114〕。

〔註111〕（清）張廷玉等：《明史》卷252，《楊嗣昌傳》，北京：中華書局1974年版，第6510頁。

〔註112〕（清）張廷玉等：《明史》卷252，《楊嗣昌傳》，北京：中華書局1974年版，第6510頁。

〔註113〕（清）張廷玉等：《明史》卷252，《楊嗣昌傳》，北京：中華書局1974年版，第6510頁。

〔註114〕（清）張廷玉等：《明史》卷260，《熊文燦傳》，北京：中華書局1974年版，第6734～6735頁。

可見，熊文燦並非心憂天下、勇於任事之人，而是企圖利用宦官達到久駐兩廣，遠離戰爭烽火且能「積貲無算」之目的。不料，他在酒宴上逢場作戲的慷慨陳詞卻被太監誤爲報國無門的戡亂之豪言，從而在日後斷送了自己的生命，在一定程度上影響了明末的政治，並影響到包括孔炤在內的一些臣工的命運。而熊文燦之所以能出任總理，除了上述太監向崇禎帝的彙報之外，更重要的原因是楊嗣昌的推薦。

> 初，文燦徙蘄水，與邑人姚明恭爲姻妮，明恭官詹事，又與楊
> 嗣昌善。嗣昌握兵柄，承帝眷，以帝急平賊，冀得一人自助。明恭
> 因薦文燦，且曰：「此有內援可引也。」嗣昌喜，遂薦之。〔註115〕

楊嗣昌對熊文燦同樣不瞭解，只是因他急於建功立業而需要助手，輕信別人的遊說，沒有加以考察就草率地推薦熊文燦。

崇禎十年四月，熊文燦任兵部尙書兼右副都御史，代王家禎總理南畿、河南、山西、陝西、湖廣、四川軍務。然而熊文燦並無戡亂之才，大言無實。乃故技重施，仍幻想用招撫海盜的老辦法來對付農民軍。當其時，由於明軍攻勢的加強以及農民軍內部的矛盾，農民軍接連遭受嚴重打擊：崇禎十年八月，張獻忠在南陽被左良玉打得大敗，險些喪命〔註116〕。同年十二月，混十萬農民軍被官軍擊敗。闖塌天劉國能由於與張獻忠有隙而向熊文燦投降。這一切爲其招撫策略的實行創造了條件。

當是時，張獻忠南陽兵敗後，傷勢嚴重，「不能戰，大恐。（崇禎）十一年春，偵知陳洪範隸文燦麾下爲總兵，大喜，因遣間齎重幣獻洪範曰：『獻忠蒙公大恩，得不死，公豈忘之邪？願率所部降以自效。』洪範亦喜，爲告文燦，受其降。巡按御史林銘球、分巡道王瑞栴與良玉謀，俟獻忠至執之，文燦不可。獻忠遂據谷城，請十萬人餉，文燦不敢決」〔註117〕。

可見，當時張獻忠因爲元氣大傷而無力作戰，需要爭取喘息之機以養精蓄銳。他投降明朝並非眞心，不過是一種緩兵之計。當時左良玉、方孔炤等一些明朝將官欲乘機除掉張獻忠，但熊文燦一意主撫，並不同意這樣做。及

〔註115〕（清）張廷玉等：《明史》卷260，《熊文燦傳》，北京：中華書局1974年版，
　　　　　第6735頁。
〔註116〕參見（清）吳偉業撰，李學穎點校：《綏寇紀略》卷5，《黑水擒》，上海：上
　　　　　海古籍出版社1992年版，第124頁。
〔註117〕（清）張廷玉等：《明史》卷309，《張獻忠傳》，北京：中華書局1974年版，
　　　　　第7971頁。

至張獻忠據城請餉，熊文燦不敢決，非常尷尬。但是形勢似乎對熊文燦很有利。因爲張獻忠受撫產生了連鎖反應，接下來熊文燦的招撫策略，加上洪承疇、孫傳庭的武力打擊，農民軍或降或潰。史載：

> （羅）汝才以戰敗乞降於太和山監軍太監李繼改。明年，射塌天、混十萬、過天星、關索、王光恩等十三家渠帥，先後俱降。陝西總督洪承疇、巡撫孫傳庭復大破李自成，自成竄峭、函山中〔註118〕。

明末農民運動一時出現了少有的低沉局面。熊文燦爲之衝昏了頭腦，他躊躇滿志地上報崇禎：

> 臣兵咸震懾，降者接踵。十三家之賊，惟革、左及馬光裕三部尚稽天誅，「可歲月平也」〔註119〕。

然而，在明廷看來一派大好的形勢下，卻隱藏著危險，醞釀著新的危機。史載，「獻忠在谷城，訓卒治甲仗，言者頗疑其欲反」〔註120〕。所謂「言者」，既有朝中官員如南京兵部尙書范景文，又有地方大吏如余應桂、方孔炤等。然而，當時「帝方信兵部尙書楊嗣昌言，謂文燦能辦賊，不復憂也」〔註121〕。

　　這就引出了兩個關鍵的問題：其一，皇帝用人失誤對明王朝的影響。從秦漢以來日益發展的君主專制，在明代已經達到了空前集中的程度，皇帝本人以及受皇帝寵信代表其行使至高無上權力的官員，對整個政局乃至歷史發展所產生的影響不言而喻。這就對其才德、素質等方面提出了很高的要求。尤其是皇帝，要減少決策失誤，就應做到集思廣益，兼聽眾說，而避免偏聽所帶來的誤導。就戰事而言，尤其要聽取一線將士的意見。而在這方面崇禎帝卻屢有失誤。而這又是其性格及所面臨的形勢造成的。

　　朱由檢的經歷可謂坎坷。他是光宗朱常洛的第五子。因爲康妃的挑撥，光宗對朱由檢的生母劉氏由疏遠到尋隙，使劉氏抑鬱而死。生母的早逝，令他幼小的心靈很受傷害。後來寬厚仁慈的莊妃來撫育朱由檢，對其傾注

〔註118〕（清）張廷玉等：《明史》卷309，《張獻忠傳》，北京：中華書局1974年版，第7971頁。

〔註119〕（清）張廷玉等：《明史》卷260，《熊文燦傳》，北京：中華書局1974年版，第6737頁。

〔註120〕（清）張廷玉等：《明史》卷309，《張獻忠傳》，北京：中華書局1974年版，第7971頁。

〔註121〕（清）張廷玉等：《明史》卷309，《張獻忠傳》，北京：中華書局1974年版，第7971頁。

了滿腔的愛心。但是莊妃行事恪守禮儀、持正不阿卻被魏忠賢和客氏百般刁難，莊妃滿腔哀怨，默默死去。生母和養母先後去世，養成了其獨立的堅毅性格。同時他瞭解到宮中人事的複雜，對其猜忌性格的形成應有一定的影響。

朱由檢由信王入繼大統，實在有些偶然。因為其兄明熹宗朱由校的三個兒子先後夭折，按照「兄終弟及」的祖訓，由他接替帝位。他主持國政之時年僅十七歲，卻異常勤政，不戀女色，誠屬難能可貴。但另一方面，他即位時明朝種種社會矛盾已經非常尖銳。作為青年皇帝，他理政經驗不足，又求治心切，結果欲速則不達，且常常使一些事情雪上加霜。以其用人而言，他力圖改革用人制度，克服八股取士之弊端。然其剛愎自用且撫馭失當，結果造成「用匪其人，益以僨事」〔註122〕。

在戰事頻仍的年代，軍事人才的作用顯而易見。因此重視軍事人才的選拔和使用十分重要。崇禎朝十七年間，十四次更易兵部尚書，但「居是位者乃多庸暗沓冗之輩」〔註123〕。前述兵部尚書張鳳翼兵關於「賊起西北，不食稻米，賊馬不飼江南草」的奇談怪論即是一例。兵部主事沈迅曾謂：「當是時，軍興方棘，廷臣言兵者即以為知兵，大者推督撫，小者兵備」〔註124〕。

由於明代整個政治、軍事的腐敗，崇禎帝欲挽大廈於將傾，求治心切，因此不惜以重典繩其臣下。大小官員因此獲罪喪命者可謂多矣，其中督撫被殺者尤多。史載：「帝自即位以來，誅總督七人」〔註125〕。最典型者為崇禎中了皇太極的反奸計，將袁崇煥「倚律磔之」，自毀長城。巡撫被殺者多至十一人。這種重典統治的手段搞得人人自危，「諸臣畏禍，以當事攢眉，謝事為幸免」〔註126〕。

〔註122〕（清）張廷玉等：《明史》卷24，《莊烈帝2》，北京：中華書局1974年版，第335頁。參見王興亞：《崇禎的用人與明王朝的覆亡》，河南師範大學學報，1990年第2期。

〔註123〕（清）張廷玉等：《明史》卷257，《張鶴鳴等傳》，北京：中華書局1974年版，第6642頁。下文有關崇禎帝用人的一些論述參見王興亞：《崇禎的用人與明王朝的覆亡》，河南師範大學學報，1990年第2期。

〔註124〕（清）張廷玉等：《明史》卷267，《沈迅傳》，北京：中華書局1974年版，第6881頁。

〔註125〕（清）張廷玉等：《明史》卷260，《鄭崇儉傳》，北京：中華書局1974年版，第6744頁。

〔註126〕（清）談遷：《國榷》卷95，崇禎九年十月丁丑，北京：中華書局2005年版，第5761頁。

崇禎帝對文官刻薄寡恩，而對武將卻一味迴護，這不利於發揮文官的積極性，從而對國家的長治久安造成消極影響。河南府推官湯開遠上疏對其「於撫臣則懲創之，於鎮臣則優遇之」〔註127〕提出了尖銳的批判。武將貪污成風，勢必加重人民的負擔；武將剋扣軍餉引起士兵嘩變的事例屢見不鮮；明軍軍紀敗壞也是出了名的。但對這些崇禎帝卻沒有勇氣加以懲治，造成了越來越大的危害。

其二，官員之間的矛盾和鬥爭。明朝黨爭自萬曆朝至明亡，一直持續不斷。此一問題在對方氏家族的影響已有詳述。這裏僅以方孔炤為個案，對由官員之間的意見之爭所引發的矛盾和鬥爭略作陳述。

鑒於上述崇禎帝的性格、用人特點以及官員之間的矛盾和鬥爭，我們不難進一步分析，湖廣地區圍繞著對張獻忠農民軍剿與撫的不同主張，皇帝與大臣之間以及官員之間的激烈衝突，及其對王朝命運的影響。

崇禎帝多疑猜忌、剛愎自用，在位十七年，更換輔臣、尚書之頻，殺戮官員之廣，都是歷朝少見的。輔臣與尚書，都是輔佐皇帝決策和行政的主要助手。這些官員更換頻繁，就無法形成一個穩定的中樞機構，造成諸事廢馳，廷臣曲意逢承。但是，由於楊嗣昌工筆箚，有口才，能迎合崇禎帝求治心切的心理，所以始終受到皇帝的眷顧。但楊嗣昌雖有些才幹，但胸襟不夠寬厚。他同樣深染了那個時代很多官員的通病，即「如其黨，則力護持之，誤國殃民皆不問；非其黨，縱有可用之才，必多方陷之，務置之死，而國事所不顧」〔註128〕。

楊嗣昌對孫傳庭的壓制和打擊為人們熟知。他為了實施自己的剿滅農民軍的方略，欲「加派（餉銀）至二百八十萬」，「傳庭移書爭之，曰：『無益。且非特此也，部卒屢經潰蹶，民力竭矣，恐不堪命。必欲行之，賊不必盡，而害中於國家。』累數千言。嗣昌大忤」。孫傳庭因力勸楊嗣昌而不得，「不勝鬱鬱，耳遂聾」，崇禎帝受了楊嗣昌的挑撥，反而將孫傳庭關入監獄。〔註129〕

〔註127〕參見（清）張廷玉等：《明史》卷 258，《湯開遠傳》，北京：中華書局 1974年版，第 6677 頁。

〔註128〕（清）王世德：《崇禎遺錄》敘，四庫禁燬書叢刊史部第 72 冊，北京：北京出版社 2000 年版，第 2 頁。

〔註129〕（清）張廷玉等：《明史》卷 262，《孫傳庭傳》，北京：中華書局 1974 年版，第 6789 頁。

　　多疑猜忌的崇禎帝對楊嗣昌眷顧始終，這在崇禎朝五十輔臣中絕無僅有。這樣使楊嗣昌得以假公濟私，安插心腹。他舉薦熊文燦只是爲了一己私利，因此並不努力去瞭解熊氏的能力。熊文燦與楊嗣昌串通一氣，排斥異己，任用私人。於是明朝在湖廣乃至對農民軍作戰的整個形勢每況愈下。下面我們從三任湖廣巡撫的命運做一剖析。

　　余應桂曾經因護陵得力而頗受皇帝信任，後來因與熊文燦不合，被熊氏劾爲「誤軍」。而楊嗣昌則因爲余應桂曾彈劾其父，乃不以國事爲重，在皇帝面前挑撥是非，「奏逮之」。應桂上疏辯解：

> 獻忠在穀城招納亡命，買馬置器，人人知其叵測。文燦顧欲借之爲前茅，遣官調之，非惟不應，復留解餉之官，求總兵湖廣。今已造浮橋跨漢水矣。文燦前既誇張而敘功，後復掩匿而不報，可不謂之欺君乎！以總理之大柄畀之顛蹶之髦夫，臣不知其可也。帝不納。逮至，下獄〔註130〕。

起初，余應桂給熊文燦寫信，稱獻忠必反，宜先發制人。其書爲獻忠獲取，獻忠稱「撫軍欲殺我」，「文燦再糾應桂。應桂再疏辨，帝亦不納。應桂竟遣戍」〔註131〕。

　　余應桂因忤熊、楊而罷官下獄，繼任的方孔炤會引以爲戒嗎？否！以孔炤的性格和爲人。他決不願做昧心之事。這也就決定了孔炤的命運將是歷盡坎坷。張獻忠等復起後，楊嗣昌代熊文燦，任督師，遂借香油坪之敗劾孔炤下獄。而楊嗣昌「以一鶴能，薦之，擢右僉都御史，代方孔炤巡撫湖廣」〔註132〕其實，宋一鶴之「能」非能征慣戰，而是能逢迎拍馬！「嗣昌父名鶴，一鶴投揭，自署其名曰『一鳥』，楚人爭傳笑之」〔註133〕。爲了避嗣昌父親楊鶴的諱，他每次呈遞手本總把自己的名字寫成宋一鳥，成爲人們的笑柄。靠這種人對付農民軍，眞是莫大的諷刺！此後，湖廣局勢愈加不可收拾。所以鄭

〔註130〕（清）張廷玉等：《明史》卷260，《余應桂傳》，北京：中華書局1974年版，第6750～6751頁。

〔註131〕（清）張廷玉等：《明史》卷260，《余應桂傳》，北京：中華書局1974年版，第6751頁。

〔註132〕（清）張廷玉等：《明史》卷263，《宋一鶴傳》，北京：中華書局1974年版，第6796頁。

〔註133〕（清）張廷玉等：《明史》卷263，《宋一鶴傳》，北京：中華書局1974年版，第6796頁。（清）計六奇撰，魏得良、任道斌點校：《明季北略》卷15，《楊嗣昌代熊文燦》，北京：中華書局1984年版，第271頁。

三俊感慨地說：「回視我公（方孔炤），在楚一年，九戰八捷，陵藩無恙，止以一遣將之失利而逮，此黨禍借封疆爾！」〔註134〕

　　接下來我們可以詳述孔炤在湖廣的經歷了。早在明廷準備招撫羅汝才等農民軍之際，孔炤就心存戒備，建議不能在均州、荊門、當陽等地安置農民軍。他上疏說：「況荊門、當陽爲承天門戶，雖長江天塹實一葦可航。朝斯夕斯之人，又孰從而禁止之哉」〔註135〕。建議與農民軍約法八章：不准聚眾許分散各原籍，將騾馬、刀劍等上繳……〔註136〕。考慮可謂周密。

　　熊文燦不識眞僞，一意招撫張獻忠。產生連鎖反應之後，又令其它將領退兵，對農民軍重舉義旗的可能性既無預料，更無防範。這種情況使方孔炤憂心忡忡，他上疏道：

> 總理即愛獻忠，聽其孤處谷可也，胡爲反委以招撫之權，一呼九股，表裏江山頓雄十倍，是時革左五大股闖關黃州乞撫地未成，我則不許。至於谷城則其貌已成矣。理院方命左帥、陳帥、張帥及禁旅四帥與楚、豫、鄖師俱退，勿驚撫之盟。夫誰得而剿之，又誰得而撫之，眞兒戲也〔註137〕。

孔炤對於理臣誤事心急如焚，故而言辭激烈，卻又透露出無可奈何。

　　崇禎十二年春，方孔炤針對張獻忠的活動跡象，又向熊文燦提出「六策」以防備，後又濃縮爲「四算」：「一算閒，二算襲，三算驅，四算守」。怎奈熊文燦對他的提醒置若罔聞。無奈之下，孔炤只好自己領兵往返於南漳、當遠等地，「然究竟不敢離山陵」〔註138〕。其精心籌劃，對陵寢的防護可謂兢兢業業。

　　他曾經與道員包鳳起一同密謀殺張獻忠，因熊文燦的作梗而未成功。兵科給事中李永茂召對時對崇禎說：「張賊盤踞谷城，撫臣方孔炤與道臣包鳳起，同心密謀殺賊。而理臣透泄於一條龍。因此獻忠不敢犯襄，而負固日深。使早用撫、道二臣之計，合心行間，不致謀泄，功可成矣」，「上爲太息曰：『朕知之矣』」〔註139〕。

〔註134〕（清）方昌翰：《桐城方氏七代遺書》附鄭三俊：《方貞述先生墓誌銘》。
〔註135〕（明）方孔炤：《撫楚疏稿・過河疏》，《桐城方氏七代遺書》。
〔註136〕（明）方孔炤：《撫楚疏稿・過河疏》，《桐城方氏七代遺書》。
〔註137〕（明）方孔炤：《撫楚疏稿・過河疏》，《桐城方氏七代遺書》。
〔註138〕（明）方孔炤：《撫楚疏稿・四算疏》，《桐城方氏七代遺書》。
〔註139〕（清）方昌翰：《桐城方氏七代遺書》附鄭三俊：《方貞述先生墓誌銘》後引兵科給事中李永茂所言。

面對自己「條上八議，言主撫之誤，不聽」的情況，他只好自己「陰屬士馬，備戰守」〔註140〕。防備張獻忠日後攻擊。後來廷臣對其多有讚譽。刑部吳國仕說：「方孔炤蒞任，正當張獻忠初撫。舊總理議各撫鎮暫退勿驚。撫局本官具疏力爭，以為襄陽不宜受降。屬兵堵禦十五股大賊，力戰八次皆捷。總理又議齎餉十萬給谷城賊。本官堅持不與。」山西道御史徐養心疏：「楚撫方孔炤禁絕張賊，不與挾餉，賊懷畏不敢犯境。其商榷機義，圖賊如指掌，而理臣熊文燦過抑不行，一意主撫，不知何心。」〔註141〕

崇禎十一年十二月，孔炤聞知滿兵犯境，奏請率部入援，崇禎帝下旨不必〔註142〕。十二年二月，又奏請馳部入援，崇禎帝旨復不必〔註143〕。

在短短的三個月內，孔炤兩次奏請率部入援。為什麼要這樣做？他本人沒有明確說過。但是我們可以設想，當民族面臨危亡之機，他豈能坐視不救？而且他一定深知：面對農民軍與清軍兩個對手，崇禎帝的天平總是傾向於後者。所以，與其在此處碌碌無為，還不如到抗清前線拼死一搏，殺敵報國。目前還沒有發現史料證明我們的上述猜想，但設身處地，方孔炤的思想邏輯作如是觀，當離事實不會太遠。我們知道，明末軍備廢弛，官兵普遍懼怕清軍，所以我們把孔炤請求率部入援的動機置而不論，像他這樣主動請纓的誠屬難能可貴。也許崇禎帝出於孔炤對湖廣局勢熟悉，所以決定讓孔炤留此地防範農民軍，這一決定倒是頗為合理。

當然，以孔炤他對湖廣局勢的透徹瞭解，他當然知道接受招撫的農民軍隨時可能重新與官府對抗。然而以當時的情況而言，從崇禎帝到楊嗣昌和熊文燦，一意主撫。尤其是熊文燦，面對日益來臨的危險視而不見。總理玩忽職守，心急如焚的孔炤卻無能為力。很快，孔炤擔心的事情終於發生了。

〔註140〕（清）張廷玉等：《明史》卷260，《鄭崇儉傳》附《方孔炤》，北京：中華書局1974年版，第6744頁。
〔註141〕（清）方昌翰：《桐城方氏七代遺書》附鄭三俊：《方貞述先生墓誌銘》後引。
〔註142〕臺灣中央研究院歷史語言研究所：《明清史料》，北京：中華書局1987年版。辛編第五本《兵部行「兵科抄出湖廣巡撫方題」稿》（荒字七十一號前府科書辦承）：兵部為驚聞逆虜犯邊，兵部為驚聞逆虜犯邊，謹馳愚計，恭慰聖懷事，職方清吏司案呈奉本部，送兵科抄出湖廣巡撫方題前事等因。崇禎十一年十二月三十日奉聖旨，已有旨了：方孔炤著速蕩寇氛，不必入援。
〔註143〕臺灣中央研究院歷史語言研究所：《明清史料》，北京：中華書局1987年版。辛編第五本《兵部行「兵科抄出湖廣巡撫方題」稿》（荒字三十六號前府科書辦承）：崇禎十二年二月二十二日奉聖旨：方孔炤著悉心辦賊，不必發兵入援。該部知道。欽此。

崇禎十二年五月，張獻忠谷城再起，各支農民起義烈火復燃。史載：

> 已而賊果叛，如孔炤言。賊故畏孔炤，不敢東。文燦乃檄孔炤
> 防荊門、當陽，鼇永防江陵、遠安，秦、蜀各嚴兵。崇儉主合擊，
> 孔炤乃請專斷德、黃，守承天，護獻陵，而江、漢以南責鼇永〔註144〕。

張獻忠再起之後，因瞭解孔炤防備嚴密，故心有忌憚，不敢向東進攻。此時，由於熊文燦威信掃地，所以在如何對付農民軍這個問題上，官員們莫衷一是。從孔炤的主張我們不難看出，他對守住承天和顯陵極度重視，並勇挑重擔。

農民軍的復起，宣告了明廷招撫政策的破產。驚怒之下，崇禎帝削熊文燦的官職，不得不改弦更張，另擇總理去剿滅農民軍。理想的人選應該既有軍事才能、戰功卓著，又洞悉湖廣一帶的形勢。以此言之，方孔炤應該是一個合適的人選。新任兵部尚書傅宗龍早在農民軍復起之前，就鄭重地向崇禎帝推薦了孔炤。他說：「臣過荊門，見撫臣方孔炤開陳剿賊機密，甚有源委。其地方險阻形勢，諳熟人情，兵馬日增，練習布置可用，屢奏捷功。臣以為欲擇總理，則方孔炤堪其任。」〔註145〕。

傅宗龍，萬曆三十八年進士。以平定黔亂而聞名。

> 崇禎十二年五月以楊嗣昌薦，召為兵部尚書，去蜀……八月至
> 京，入見帝。宗龍為人伉直任氣，不能從諛承意。帝憤中樞失職，
> 嗣昌以權詭得主知。宗龍樸忠，初入見，即言民窮財盡。帝頗然之，
> 顧狠言不已，遂怫然曰：「卿當整理兵事爾。」既退，語嗣昌曰：「何
> 哉？宗龍善策黔，而所言卑卑，皆他人唾餘，何也？」自是所奏請
> 多中格。……因薦湖廣巡撫方孔炤堪代文燦。帝不用，用嗣昌督師」
> 〔註146〕。

既然「宗龍為人伉直任氣，不能從諛意」，又是「樸忠」，所以不會得到剛愎自用的崇禎帝的信任。儘管傅宗龍的話句句在理，且得之於對方孔炤的實際瞭解。皇帝照樣不予採納。這只不過是「所奏請多中格」的例證之一罷了。

〔註144〕（清）張廷玉等：《明史》卷260，《鄭崇儉》附《方孔炤》，北京：中華書局
　　　　1974年版，第6744～6745頁。

〔註145〕（清）方昌翰：《桐城方氏七代遺書》附鄭三俊：《方貞述先生墓誌銘》。後引
　　　　兵部尚書傅宗龍疏。

〔註146〕（清）張廷玉等：《明史》卷262，《傅宗龍傳》，北京：中華書局1974年版，
　　　　第6778頁。

　　崇禎帝信任的是「能從諫意」的臣子，所以他並沒有從自己用人失誤上吸取教訓。他看到熊文燦大言無實，卻沒有看到楊嗣昌對熊文燦的迴護，沒有反思二人對余應桂彈劾的用心，沒有反思楊嗣昌對孫傳庭的壓制，而是對楊嗣昌的寵信依舊。崇禎帝沒有聽從傅宗龍、吳國仕等人的正確建議，沒有對孔炤委以重任，致使孔炤的才幹無以施展。

　　張獻忠谷城再起，使楊嗣昌難以自安，乃自告奮勇請命督師。面對楊嗣昌本人主動請纓，崇禎帝以楊嗣昌爲督師，「賜尙方劍，督師各省兵馬，自督、撫、鎮以下俱聽節制，副、參以下即以賜劍（軍法）從事」〔註147〕。這樣就使楊嗣昌得以排斥異己，任用私人，使混亂的局勢愈發不可收拾。楊嗣昌曾爲兵部尙書，且爲閣臣，是名副其實的閣部，其位高權重，以之爲督師亦有其合理之處。但楊嗣昌畢竟久居京師，對湖廣形勢的認識不可能十分眞切。況且京師與湖廣之間路途遙遠，在楊嗣昌抵達湖廣之前，因熊文燦待罪襄陽，明軍將出現群龍無首的局面。事實的確如此。楊嗣昌於崇禎十二年九月六日離京，二十九日才抵達襄陽。「文燦待罪襄陽兩月，自審禍及。群帥詭稱治父聽刑，不受發召。賊狂走巴山庸部，文燦不知所出」〔註148〕。

　　於是，楊嗣昌於十月初一日「大誓三軍」，方孔炤、左良玉等官員與會。「楊素有口辯，加使相威重，爲諸君述上語，申訓誡，又自以爲受厚恩，誓必滅賊，誅賞所必行，副將以下皆失色」〔註149〕。楊嗣昌在會上宣佈了各人的防守職責，令方孔炤駐荊門（襄陽），副將羅安邦兵駐當陽，楊世恩駐宜城〔註150〕。楊嗣昌初至湖廣，對其軍事態勢、地形險要、遠近、敵情的瞭解不可能非常清晰，然而由於擁有尙方劍，諸將莫敢違令。況且當時的確需要一個強有力的領導人物。於是孔炤乃專心防守，又建功勳。史載：

　　　　惠王朱常潤言：「孔炤過獻忠，有來家河、神通堡之捷，射中賊魁馬光玉，陵寢得無虞，請增秩久任。」章下部，未奏〔註151〕。

〔註147〕（清）戴笠，吳喬：《流寇長編》卷12，崇禎十二年八月己酉，北京：書目文獻出版社1991年版，第619頁。

〔註148〕（清）吳偉業撰，李學穎點校：《綏寇紀略》卷5，《開縣敗》，上海：上海古籍出版社1992年版，第182頁。

〔註149〕（清）吳偉業撰，李學穎點校：《綏寇紀略》卷5，《開縣敗》，上海：上海古籍出版社1992年版，第182頁。

〔註150〕（清）戴笠，吳喬：《流寇長編》卷12，崇禎十二年十月甲申，北京：書目文獻出版社1991年版，第623頁。

〔註151〕（清）張廷玉等：《明史》卷260，《鄭崇儉》附《方孔炤》，北京：中華書局1974年版，第6745頁。

接下來事態的發展不僅沒有使孔炤「增秩久任」，反而使其銀鐺入獄，險些命喪黃泉。這直接導源於所謂的香油坪之敗。

初，楊嗣昌得知羅汝才農民軍屯興山，「檄楚、川、沅三師夾攻，賊宵遁」〔註152〕。但方孔炤知道農民軍慣於誘敵深入的戰術，下令楚軍屯駐勿進。而楊世恩、羅安邦迫於嗣昌檄，「違節制深入，至香油坪，賊果大集，楚師援絕，遂潰」〔註153〕。引文中所謂「違節制」之說並不準確，因為如前所述，楊嗣昌擁有尚方劍，節制大小官員，楚將豈敢違令。孔炤駐襄陽，相距八百里，「及聞楚師敗，約沅、川二師赴援，二師嗣昌又檄調他去。公乃獨率麾下千餘人疾馳，抵竹山，而楚師已前潰六日，於是公至亦被圍」〔註154〕。可見，此次明軍之敗，責在楊嗣昌，因為他指揮失誤，致使楚軍孤軍深入，而救兵不至〔註155〕。孔炤猶趕赴馳援，自己亦身陷包圍。但是，「嗣昌既以孔炤撫議異己也，又忮其言中，遂因事獨劾孔炤，逮下詔獄」〔註156〕。「而嗣昌亦戴罪，然以初至軍，為法受過，上意不甚責也」〔註157〕。

崇禎帝一意袒護楊嗣昌，然而楊嗣昌並非他所想像的那種運籌帷幄、能征慣戰的儒將。他同樣是一介書生，只不過比一般官員更留心軍事。但對於行軍作戰他並不在行。他「偕幕士飲酒賦詩，一月不進。取《華嚴經》第四卷，謂可咀蝗已旱」。朝中官員聽了大歎其氣：「文若其將敗乎？擁百萬之眾，戎服講經，其衰已甚，將何以戰？」〔註158〕更嚴重的是他凡事都自以為高明。由於湖廣和四川戰事的失利，他為自己辯解：

〔註152〕（清）馬其昶：《桐城耆舊傳》卷5，《方巡撫傳弟四十七》，續修四庫全書第547冊，上海：上海古籍出版社2002年版，第552頁。

〔註153〕（清）馬其昶：《桐城耆舊傳》卷5，《方巡撫傳弟四十七》，續修四庫全書第547冊，上海：上海古籍出版社2002年版，第552頁。

〔註154〕（清）馬其昶：《桐城耆舊傳》卷5，《方巡撫傳弟四十七》，續修四庫全書第547冊，上海：上海古籍出版社1997年版，第552頁。

〔註155〕從現有史料分析看，極有可能是楊嗣昌借機陷害方孔炤。

〔註156〕（清）張廷玉等：《明史》卷260，《鄭崇儉》附《方孔炤》，北京：中華書局1974年版，第6745頁。參見（清）方昌翰：《七代遺書·繫傳》附鄭三俊《方貞述先生墓誌銘》。按：說孔炤下「詔獄」並不準確。孔炤下的是刑部獄。

〔註157〕（清）吳偉業撰，李學穎點校：《綏寇紀略》卷5，《開縣敗》，上海：上海古籍出版社1992年版，第183頁。

〔註158〕（清）彭遵泗：《蜀碧》卷1，續修四庫全書第442冊，上海：上海古籍出版社2002年版，第431頁。參見樊樹志：《崇禎傳》，北京：人民出版社1997年版，第396頁。

嗣昌用師一年，蕩平未奏，此非謀慮之不長，正由操心之太苦也。天下事，總挈大綱則易，獨周萬目則難，況賊情瞬息更變，今舉數千里征戰機宜，盡出嗣昌一人，文牒往返，動逾旬月，坐失事機，無怪乎經年之不戰也〔註159〕。

眞是不打自招，這不正是他剛愎自用的寫照嗎？難怪有人批判他：「軍行必自裁進止，千里待服，動失機宜。」〔註160〕

主要責任人沒有受到懲罰，而孔炤卻受劾下獄，故人多爲之鳴不平。「孔炤在楚，九戰八捷，僅以一蚵逡爲嗣昌所陷，天下冤之。」〔註161〕其子方以智說：「家君子言左將軍既敗之後，山不可深入，嘗具圖說，陳其山川形勢，畫洋坪待糧設奇之策，而督師羽檄迫催三路合剿，又複調楚撫回守襄陽。」〔註162〕就是說，左良玉羅猴山之敗後，孔炤總結教訓，繪圖籌劃，主張穩紮穩打。無奈楊嗣昌大權在握，楚將不敢違令，結果全軍覆沒。孔炤本人也蒙冤入獄。

四、被薦再起，力主練兵

孔炤不僅能馳騁疆場、事功卓著，而且學術造詣精深、著述頗豐。他既然不能上馬打仗，就在獄中置生死於度外，以「朝聞道，夕死可矣」的心態，與後來入獄的黃道周論《易》不輟。其子方以智於是年中進士，「伏闕訟父冤，膝行沙堁者兩年。帝爲心動，下議，孔炤護陵寢功多，減死戍紹興」〔註163〕。

〔註159〕（清）張廷玉等：《明史》卷252，《楊嗣昌傳》，北京：中華書局1974年版，第6519頁。

〔註160〕（清）彭遵泗：《蜀碧》卷1，續修四庫全書第442冊，上海：上海古籍出版社2002年版，第431頁。參見樊樹志：《崇禎傳》，北京：人民出版社1997年版，第396頁。

〔註161〕《桐城縣續志》卷14，《人物志‧理學》，道光七年刊本。

〔註162〕（清）方以智：《浮山文集前編》卷4，《曼寓草》上，《激楚》庚辰秋作，續修四庫全書第1398冊，上海：上海古籍出版社2002年版，第226頁。

〔註163〕（清）張廷玉等：《明史》卷260，《鄭崇儉》附《方孔炤》，北京：中華書局1974年版，第6745頁。參見：孫靜庵：《明移民錄》卷31。（清）何紹基著：《重修安徽通志》卷179，《人物志‧宦跡二》，清光緒七年刻本。徐鼐：《小腆紀傳》卷56，《遺臣一‧方孔炤》，續修四庫全書史部‧別史類第332冊，上海：上海古籍出版社2002年版。

可見，孔炤得以減死有兩個關鍵：第一，方以智的孝心；第二，「孔炤護陵寢功多」。陵寢為皇帝所重視，而孔炤在這方面卻有功勞，這一點上文已有論述。那麼，方以智的孝心何以能打動崇禎帝呢？在古代，家國一體，忠孝合一的觀念根深蒂固。由於崇禎帝待人刻薄，忠於他的官員確乎不多。因此方以智齧血濡疏訟父冤，使崇禎帝異常感慨，反覆歎曰：「求忠臣必於孝子！」〔註164〕多年以後，方以智在南京高座寺出家，其好友錢澄之遇到一位僧人，曾為崇禎帝的近侍中官。僧人向錢氏講述了方以智孝心打動崇禎帝之事：「昔侍先皇，一日朝罷，上忽歎曰：『求忠必於孝子！』如是者再。某跪請故，上曰：『早御經筵，有講官父巡撫河南，坐失機問大辟，某熏衣，飾容止如常時。不孝若此，能為忠乎？聞新進士方以智，父亦繫獄，日號泣，持疏求救。此亦人子也。』言訖復歎，俄釋孔炤，而辟河南巡撫，外廷亦知其故乎？澄之述其語告以智，以智伏地哭失聲」〔註165〕。

其實，崇禎帝很可能知道孔炤就是一個難得的忠臣。事實正是如此。孔炤深受家族忠孝傳家觀念的影響，加以崇禎帝對之親自擢升，令他終身難忘，矢志忠於明朝。後來孔炤出任湖廣巡撫，張獻忠等農民軍正雲集湖廣，孔炤可謂受命於危難之際。他「受命之日，散家財，募精卒，即日之鎮。而方子亦左韝鞴，右鉛管，結七八少年以從」〔註166〕。為了明王朝的利益，他寧肯散家財，而且他的兩個兒子方以智、方其義，他的女婿孫臨都隨他一起出生入死。其詳細情況上文已經有所說明，此不贅述。

即使蒙冤入獄，他還企圖力挽狂瀾。孔炤減死被發戍紹興之後，獲得了一個陛見的機會，他立即向崇禎帝進諫。「發戍紹興，未幾，趨來陛見，見即痛陳時弊」〔註167〕。然而當時的政局仍是亂糟糟的，孔炤的主張為當政者所不喜。「周陽羨已敗，陳井研執政，惡之，阻其樞貳。新設山東、河北二屯撫。以此置云爾」〔註168〕。周延儒之後，陳演出任首輔，其人以勾結內臣、揣摩上意為能事，才質平庸且為人刻薄，對孔炤的直言勸諫當然會深惡痛絕，對於孔炤的才幹頗為忌妒，於是，「阻其樞貳。新設山東、河

〔註164〕（清）趙爾巽：《清史稿》卷500，《遺逸一》，北京：中華書局1998年版，第13833頁。
〔註165〕（清）趙爾巽：《清史稿》卷500，《遺逸一》，北京：中華書局1998年版，第13833頁。
〔註166〕（清）陳子龍：《流寓草序》，《陳忠裕公全集》卷25，清嘉慶8年刻本。
〔註167〕（清）方昌翰：《桐城方氏七代遺書》附鄭三俊：《方貞述先生墓誌銘》。
〔註168〕（清）方昌翰：《桐城方氏七代遺書》附鄭三俊：《方貞述先生墓誌銘》。

北二屯撫」，以此搪塞，阻撓孔炤發揮更大的作用。孔炤雖然薦復原官，但看到日益嚴峻的局勢，仍向崇禎帝曉以利害關係，剖析輕重緩急。「時公白兵急屯緩，察埌鼓勸，動且三年。惟兼召募，乃可報效，不允」〔註169〕。孔炤認爲屯田的收益要經過一個較長的周期。既然見效很慢，不妨「兼召募」。在王朝的末期，官軍的戰鬥力下降。欲延緩滅亡，召募並訓練新軍或倚靠各地豪強成爲當務之急。元末和晚清就是如此。孔炤在湖廣八戰八捷，也與此有關。對於孔炤如此睿見，崇禎帝爲何「不允」呢？還是他剛愎自用的心理在作怪。崇禎帝知道加派「三餉」會引起更大的社會動蕩，所以試圖靠政府屯田來解決部分軍餉問題。可見，他不是昏庸的君主。崇禎十五年九月，他下令「設屯田官，以金之俊爲右僉都御史，總理京東山永天津宣大屯務」。同年十一月，以袁繼咸爲右僉都御史，「總理河北山陝屯務」〔註170〕。但是，這些官員，往往是「藉此求官」的墨吏，主管部門兵部也是敷衍塞責，不求實效〔註171〕。既然屯田沒有收到預期的效果，何不改弦更張。足見崇禎帝雖不昏庸，卻也不明智。

於是，「公（孔炤）因陛辭，復上《芻蕘小言》，列用人知人之故，所教非所用之故。天子優答之，然執政愈怒矣」〔註172〕。孔炤直言進諫的風格依然如舊，觸怒執政也在所不惜。如果明朝統治得以維持的話，孔炤勢必還要受到打擊和排擠。崇禎帝對他的一片眞心仍然非常賞識，崇禎十七年三月，命孔炤兼理軍務，督大名、廣平二監司抵禦農民軍。然而，「命甫下而京師陷」，孔炤復出後還沒來得及效力，明中央政權就在崇禎帝和其它當權者的一誤再誤中迅速地土崩瓦解。

五、明亡抗爭，復罹黨禍

北京政權被李自成推翻後，孔炤「欲鼓義死賊，而東帥已先馳去。北來

〔註169〕（清）方昌翰：《桐城方氏七代遺書》附鄭三俊：《方貞述先生墓誌銘》。參見（清）方以智：《浮山文集前編》卷4，《曼寓草》卷上，《請纓疏（甲申正月二十四日上）》。

〔註170〕（清）談遷：《國榷》卷98，崇禎十五年十一月壬申，北京：中華書局2005年版，第5947頁。

〔註171〕（清）談遷：《國榷》卷99，崇禎十六年七月己亥，北京：中華書局2005年版，第5984頁。參見南炳文，湯剛：《明史》（下），上海：上海人民出版社1991年版，第933～934頁。

〔註172〕（清）方昌翰：《桐城方氏七代遺書》附鄭三俊：《方貞述先生墓誌銘》。

紛紛，並集淮鳳間。先生獨力無與，不得已，還就鳳督計事」〔註173〕，而鳳
陽總督馬士英等擁明宗室在南京建立了弘光政權。

弘光政權建立後，「先生（方孔炤）初請使北，廷議以為邀功，不許。會
東川呂公疏薦公宜大用，益忤當國意，斥為黨」〔註174〕。後「有議陪推某缺
者，戶科羅萬象面折其非，疏爭之，乃止〔註175〕。羅萬象彈劾孔炤什麼呢？
他說孔炤「屯撫河北，寇至踉蹌遁歸，又蒙面補官」〔註176〕。其實，甲申之
變後，孔炤「欲鼓義死賊，而東帥已先馳去。北來紛紛，並集淮鳳間。先生獨
力無與」。他本想征討農民軍，「矢死鼓義」，但畢竟勢單力孤、孤掌難鳴，只
得與鳳陽總督馬士英等擁立明宗室建立政權。孔炤對明室矢志不渝，但忠而見
疑。當時他面對的就是這樣一個群小內哄，黨禍又起，且「勾黨及令子密之」
的混亂局面〔註177〕。孔炤長子即方以智。方以智，字密之，號曼公。甲申之
變，以智在北京被農民軍逮捕，後乘間逃回南京，同樣受到阮大鋮的迫害。密
之一腔怨憤，他在給友人的信中寫道：「九月，阮大鋮用事，而節婦罟為淫婦
矣，冤哉！冤哉！嗟乎，同郡之仇，君所夙恨，先祖家父，歷朝居鄉，與薰猶
素矣」〔註178〕。當時的形勢正如方以智所說：「新主監國，史閣部出師，鳳督
入輔。小臣伏疏請罪，且欲悉報賊狀。而銀臺闋阻，不令上達。白版錐印，方
攘攘竟擁戴功」〔註179〕。福王即位，馬士英等把持朝政，史可法受排擠，只
好外出鎮守。方以智欲報告北京農民軍的情況，但一些人在爭功獻捷，把他摒
棄在外。於是方孔炤對方以智說：「汝以我故入城，然在此人且以汝干覬，盍

〔註173〕（清）徐芳：《懸榻編》卷3，《都御史貞述方先生傳》，四庫禁燬書叢刊集部
　　　　第86冊，北京：北京出版社2000年版，第98頁。

〔註174〕（清）徐芳：《懸榻編》卷3，《都御史貞述方先生傳》，四庫禁燬書叢刊集部
　　　　第86冊，北京：北京出版社2000年版，第98頁。

〔註175〕（明）金堡：《偏安排日事蹟》卷1，臺灣文獻史料叢刊第五輯，北京：人民
　　　　日報出版社2009年版。參見（清）計六奇撰，任道斌、魏得良點校：《明季
　　　　南略》卷1，《五月甲乙紀》）。孫靜庵：《明遺民錄》卷31。

〔註176〕（清）計六奇撰，任道斌、魏得良點校：《明季南略》卷1，《五月甲乙紀》，
　　　　北京：中華書局1984年版，第39頁。

〔註177〕（清）余佺：《環中堂詩集序》，轉引自任道斌《方以智年譜》，合肥：安徽教
　　　　育出版社1983年版，第7頁。

〔註178〕（清）方以智：《浮山文集前編》卷8，《寄張爾公書》，續修四庫全書第1398
　　　　冊，上海：上海古籍出版社2002年版，第316頁。

〔註179〕（清）方以智：《浮山文集前編》卷7，《寄李舒章》，續修四庫全書第1398
　　　　冊，上海：上海古籍出版社2002年版，第294頁。

出相隱地，我欲以老。」〔註180〕。孔炤令長子去尋找隱居地，欲留後路。隨
著黨爭日益熾熱，形勢對方氏父子越來越不利：「仇家日夕造蜚語，何所不
至……」，孔炤對方以智分析說：「彼謂降賊之名，半出汝口，將羈汝以實此案，
而重汝之怨。今吾道憂危，賢者獲罪。伊蚤暮且柄用，凶慮罘網善類，不留遺
巢，何況我家，患無名乎！遠之，遠之」〔註181〕。面對阮大鋮挾舊怨迫害復
社文士，父子二人懷著對明室的無限忠誠，被迫或隱居，或逃亡。

六、歸隱著述，憂憤而逝

　　孔炤少承家學，讀書通《易》，至老彌篤，於醫學、地理、軍事等無所不
通。作文以見心明道、經世致用為旨。孔炤歸隱白鹿莊之後，深刻反思明亡
之教訓。他認為：「天下無人也，不講實學，不達實變」〔註182〕。孔炤雖然也
與一般士人一樣，走讀書入仕之路，但他並沒有把學問限制在故紙堆裏，而
熱心於實學。他對醫學、地理、軍事等都很感興趣，曾做過光折射的實驗。
他與精通西學的熊明遇關係很好。方以智說：「家君子之於學也，不跡於壇坫，
不靡於文詞」〔註183〕。在經歷了國破家亡之後，他更加重視實學。孔炤勤於
著述，任官時即著《全邊略記》12 卷，分述洪武至天啟邊防守備情況、山川
形勢，攻守得失等，體現其實學傾向。方氏後人對孔炤的評價是：「公少好讀
書，老而彌篤」〔註184〕。

　　孔炤對醫學也頗為精通。方以智言其曾祖父、祖父均通醫學，而其父「中
丞公遇經驗方則抄之，遇醫輒問其所得。又研易象數，醫切此身，其確徵也……
丁丑，老父為南尚璽卿，因食鯸鮐腹悶，為醫所誤，得金申之而解，於是學
醫」〔註185〕。

〔註180〕（清）方以智：《浮山文集前編》卷 7，《寄李舒章》，續修四庫全書第 1398
　　　　　冊，上海：上海古籍出版社 2002 年版，第 294 頁。
〔註181〕（清）方以智：《浮山文集前編》卷 7，《寄李舒章》，續修四庫全書第 1398
　　　　　冊，上海：上海古籍出版社 2002 年版，第 294 頁。
〔註182〕（清）方昌翰：《桐城方氏七代遺書》附鄭三俊：《方貞述先生墓誌銘》，中國
　　　　　國家圖書館藏。
〔註183〕（清）方以智：《浮山文集前編》卷 5，《曼寓草》中，《周易時論後跋》，續
　　　　　修四庫全書第 1398 冊，上海：上海古籍出版社 2002 年版，第 253 頁。
〔註184〕（清）方于谷輯：《桐城方氏詩輯》卷 2，方中履《環中堂詩集序》，道光刻
　　　　　本。
〔註185〕（清）方以智：《浮山文集前編》卷 3，《稽古堂二集》卷下，《醫學序》，續
　　　　　修四庫全書第 1398 冊，上海：上海古籍出版社 2002 年版，第 222 頁。

孔炤留給後人最寶貴的精神財富是他的《周易時論》。他繼承了家傳《易》學，國變後他愈加潛心經訓，著成《時論》，稱：「以此答天下，報祖宗，亦孤臣一縷心血所自瀉也。」〔註186〕《周易時論》22卷，取精用宏，體大思精。「先生亦坐錮不出，局關鹿湖，闡《河》、《洛》之旨，烹明善之薪，而以《周易時論》終焉」〔註187〕。所以，該書是他繼承和發展了家傳《易》學的結果。同時本書也是他博採眾長的結果。「甲申南歸，隱白鹿山，復廣曩時圜中與黃石齋相商之易，著成時論十卷，蓋數百年與康節互相發明也。手一編，雖病弗奪」〔註188〕。這就是說，他把入獄期間與黃道周探討《易》學的心得鎔鑄於《時論》中。

除了《周易時論》之外，孔炤還著有《四書當問》、《知生或問》、《全邊略記》、《舊草》、《環草》、《撫楚奏議》、《環中堂詩文集》等。〔註189〕《尚書世論》二卷，《詩經永論》四卷，《禮節論》若干卷，《春秋竊論》二卷，《全邊紀略》十二卷，《撫楚疏稿》四卷，《環中堂集》十二卷〔註190〕。《劚薈小言》一卷，《西庫隨筆》一卷，《知生或問》一卷，《撫楚公牘》一卷，《職方舊草》二卷，均收入方昌瀚輯《桐城方氏七代遺書》。又有《中丞集》〔註191〕。

順治七年，孔炤遭仲子其義之喪，後則嘻笑無常。孔炤長子罹患黨禍亡命在外，其次子其義同樣具有強烈的民族意識。方其義，字直之。十四歲補諸生。「為詩文不假思索，即席數十韻」，「黃得功素耳君名，延為上客」。南都陷，隱白鹿莊，縱酒悲歌，「終年抑鬱」〔註192〕，年僅31歲即撒手人寰。才情如此之高，惜英年早逝。明清鼎革時，他雖未取得功名，但家庭造就了

〔註186〕（清）徐芳：《懸榻編》卷3，《都御史貞述方先生傳》，四庫禁燬書叢刊集部第86冊，北京：北京出版社2000年版，第98頁。

〔註187〕（清）余佺：《環中堂詩集序》，轉引自任道斌：《方以智年譜》，第7頁。（清）方以智：《浮山文集前編》卷5，《曼寓草》中，《周易時論後跋》亦云：「家君子自辛未廬墓白路三年，廣先曾王父《易蠡》、先王父《易意》而闡之，名曰《時論》」，續修四庫全書第1398冊，上海：上海古籍出版社2002年版，第253頁。

〔註188〕《桐城縣續志》卷14，《人物志‧理學》，道光七年刊本。

〔註189〕（清）方于谷輯：《桐城方氏詩輯》卷2，方中屢：《環中堂詩集跋》。

〔註190〕（清）馬其昶：《桐城耆舊傳》卷5，《方巡撫傳弟四十七》，續修四庫全書第547冊，上海：上海古籍出版社2002年版，第553頁。

〔註191〕（清）陳田：《明詩紀事》庚籤卷23，《方孔炤》，清宣統三年刻本。

〔註192〕（清）錢澄之：《田間文集》卷24，《前處士方公次公直之墓表》，康熙刻本。

其遺民本質。錢澄之認爲他是由於奉養父母才未與諸君子死難〔註193〕。其義歷經國破家亡，又要養老育幼。雖志大才高，終不得施展，抑鬱而死。他的《時術堂集》後被列爲禁書，亦可見其反清立場。

錢澄之回憶說，「辛卯（順治八年）冬，余偷生返里，過白鹿，則直之已先一年憂憤以死。中丞公持余涕泣，不能已。既悲國祚之將隕，又慟次公早逝，而長公之羈留虎穴未有歸期也」。〔註194〕長子亡命在外，次子英年早逝。這位前明重臣承受不了國破家亡的打擊，含恨而逝。他被葬於合明山中，門人私諡貞述先生。

方孔炤的一生可謂歷經坎坷，但卻始終剛直不阿，堅守個人的道德原則，並對國家和民族矢志不渝。爲官則推行惠政、精心謀劃；隱居則潛心學問，著述以終。他的高尚人格對後人有著巨大的感召力。正如方以智所說：「大人通籍四十年，爲官八年，職方忤魏瑫，撫楚忤楚相（楊嗣昌、姚明恭），晚歸三徑，發明秩序變化之《易》，以繼明善公、廷尉公之學，……」〔註195〕。

〔註193〕（清）錢澄之：《田間文集》卷24，《前處士方公次公直之墓表》。

〔註194〕（清）錢澄之：《田間文集》卷20，《題白鹿山莊圖爲方有懷壽》。

〔註195〕（清）方以智：《浮山文集後編》卷1，《靈前告哀文》。中國社會科學院歷史研究所清史研究室編：《清史資料》第六輯，北京：中華書局1985年版，第26頁。

第三章 方氏家族與明清鼎革時期的政治

第一節 方氏家族與明清鼎革時期的政治（上）——以方以智為中心

一、方以智生活的時代背景

　　方以智生活的時代，各種矛盾積累到了總爆發的程度。萬曆三大征以及皇帝帶頭的統治階級的肆意揮霍，使得國家財政捉襟見肘。把張居正改革的成果揮霍殆盡之後，萬曆帝帶頭掠奪人民的土地，慾壑難填，無所底止。福王封藩河南，一次就賜田 200 萬畝。貪婪成性的萬曆帝還派出大批礦監稅使到四處搜刮，造成新興的工商業元氣大傷。農民和市民的反抗此起彼伏。官員貪污，吏治敗壞，黨爭日益激烈。而且，由於民族問題處理不當，導致關外滿族坐大，對中原虎視眈眈。明朝的統治江河日下，日薄西山。面對內憂外患，與明政權依附至深的方氏家族為挽救明王朝的統治做出了最大的努力，即使在明朝覆亡之後，仍對其念念不忘，遲遲不願認同前朝的統治。方以智就是這個家族的突出代表。

　　學界對方以智的評價可謂見仁見智，基本可分為三種：一種是以侯外廬先生為代表，認為方以智是一位啟蒙思想家，「和舊世界勢不兩立」；一種是以任道斌先生為代表，認為方以智為明清之際的學術做出了巨大貢獻，而在

政治上，卻沒有值得表彰的突出作用〔註1〕；最後一種是以余英時先生爲代表。余先生廣泛搜集史料，著成《方以智晚節考》，描繪了方以智晚年交遊以及他自沉於惶恐灘的獨特心態，試圖「通過他在明亡後的生活與思想，揭開當時遺民士大夫的精神世界的一角」〔註2〕。其觀點與任先生多有不同之處，最著者爲他力主方以智自沉說，而任道斌先生則堅持方氏病死說。三種觀點各有其道理和不足，筆者試圖在吸收各位先生的成果的基礎上，勾勒方以智政治態度的演變過程，在方以智的研究上做一點有限的推進。

方以智與明清政治：關於方以智青年時期的經歷所折射出的與明朝政治的關係，在方阮交往一章中已有所涉及。此處重點把方以智作爲該家族乃至部分漢族士大夫一個頗具代表性的人物，就其在明清鼎革之際的立場、態度和精神世界做一探討。

二、方以智其人

方以智生於明萬曆三十九年（公元 1611 年），安徽桐城人，字密之，號曼公，又號鹿起。明亡後，他更名吳石公，流亡嶺南；逃禪以後改稱弘智、行遠、無可、藥地、墨曆、極丸、浮廬等，人尊爲木大師、青原尊者、四眞子。

在這個官宦、儒學世家，他不滿三歲時，曾祖方學漸和父親方孔炤便對其進行啓蒙教育。他七歲即隨父宦遊，至四川嘉定、福建福寧。母親去世後，受仲姑方維儀撫育。十七歲拜王宣爲師，收集天文、地理、醫藥等材料。崇禎七年移居南京，與陳貞慧等主盟復社，爲「明末四公子」之一。以智自幼聰慧，秉承家學，隨父宦遊各地，飽覽壯麗河山，歷京華勝地，讀西學之書，眼界大開。成年後，更是博覽群書，學問日進。崇禎十二年（1639 年）以智舉於鄉，房師是在治《春秋》上造詣精深的余颺。次年中進士，房師爲名醫傅海峰。深厚的家學以及諸多師友的啓發，使得方以智成爲一個飽學之士。

方以智一生可分三個時期。第一個時期：明清鼎革之前。即他的童年與青少年時期（1611～1644），他在桐城和南京度過了一段貴公子的詩酒生涯之

〔註1〕　參見任道斌：《方以智簡論》，《清史論叢》第四輯，北京：中華書局 1982 年版，第 290 頁。
〔註2〕　（美）余英時：《方以智晚節考·總序》，北京：三聯書店 2004 年版，第 1 頁。

後，高中進士，「曼寓」北京四年。先後任工部觀政、翰林院編修和皇子定王講官，期間他寫成了《通雅》和《物理小識》初稿。

第二個時期：明亡，流離嶺南時期（1645～1652）。甲申之變，方以智被農民軍俘獲，後乘機從北京逃返南都，又經浙、閩，到兩廣。順治四年，他參與擁戴桂王成立永曆帝政權的活動，被擢左中允，充經筵講官。其後，受太監王坤排擠，離職而去。永曆帝十次召他爲東閣大學士均被他上疏婉拒。在與永曆政權若即若離，度過了一段亦仕亦隱的生活後，他遭清軍逮捕。面對威逼，他堅守遺民之志，在梧州剃髮爲僧。雖顛沛流離，仍著述不輟。

第三個時期：北返桐城至去世。順治九年，在彭廣、施閏章的幫助下，北返桐城，與家人團聚。爲擺脫清朝官吏逼迫其出仕，他毅然至南京，皈依天界寺的覺浪道盛。「閉關」金陵高座寺看竹軒的同時，他潛心撰寫哲學著作。作爲曹洞宗的一個法門弟子，佛教對他的思想有一定影響。另一方面，祝法爲僧又是他與環境作鬥爭的一種手段。

順治十二年，方孔炤去世，方以智破關奔喪，回到桐城，廬墓三年。廬墓期滿，他禪遊閩、贛，後主持吉安青原山佛事，寫出了一些重要著作。康熙十年（1670 年）春，以智受粵案所累，自詣廬陵監獄，被解赴南昌，當年夏押往嶺南。農曆十月初七，舟抵萬安惶恐灘，以智投水殉節，結束了其先抵抗後逃禪的悲壯一生。

三、方以智矛盾的人生

每個人的一生中都充滿了矛盾，然而方以智身上表現的矛盾之多確屬罕見。蓋因其所處的時代與其理想、追求和信念產生了矛盾。青年時期，方以智就以越中吳子之口道出了自己心中的苦悶：「吾處此世，而不能自強，又不能逃」〔註3〕。他以悲涼的筆觸寫道：「欸斯世之難處兮，又奚之而可適？夜耿耿兮雞不鳴，睇東方兮何時明？獨儲與兮不寐，長太息兮人生！」〔註4〕。在明清之際那個混亂的時代，農民起義、市民運動、清兵南侵、宦官亂政、黨同伐異，大明江山風雨飄搖，凡此種種，都震撼著他的心靈。時局動蕩，

〔註3〕　（清）方以智：《泊軒記》，《浮山文集前編》卷2，《稽古堂二集上》，續修四庫全書第1398冊，上海：上海古籍出版社2002年版，第199頁。
〔註4〕　（清）方以智：《瞻陰雨賦》，《浮山文集前編》卷2，《稽古堂二集上》，續修四庫全書第1398冊，上海：上海古籍出版社2002年版，第191頁。

政權更迭頻繁，因而其個人際遇十分坎坷。青年時代，仰仗祖上的餘蔭，經過自己的努力，他進入官僚階層，過著一種詩酒風流的官僚文人生活。明亡後，汗漫各地，遍嘗酸甜苦辣，歷經世事滄桑。祝髮爲僧後，仍不忘救世，講學宏道，交朋納友，而且秘密從事反清復明活動。他的追求與「斯世」不相容，必然導致其人生悲劇。

四、方以智的志向和立場

　　方以智自青年時代即樹立了遠大志向。由於出生於累世爲官、篤信儒家思想的家庭，方以智很早就樹立了遠大志向。天啓五年（1625），他在自己課讀的澤園內與一群朝氣蓬勃的青年成立了「永社」。研究文學之外，他們慷慨酣歌，論天下大事，「處澤園，好悲歌……好言當世之務，言之輒慷慨不能自止」〔註5〕。

　　這年夏天，十五歲的方以智第一次參加縣學的童子試。他的居住地浮山距縣城有八九十里，家裏安排他乘馬僕從以往。他卻安步當車，隻身前去赴試。別人或者不解，或者嘲笑。桐城教諭問他爲何如此，他說：「今天下將亂，士君子當習勞苦，將來方可當大任！」〔註6〕。這番話令教諭對其刮目相看。

　　他所在的階級決定了他的政治立場。每當有運動或事件對社會構成衝擊時，他總是旗幟鮮明地站在統治階級的立場上，堅決地維護現存的統治秩序，堅決地維護皇權。

　　第一，方以智對農民軍的態度。由於明末農民軍攻擊的對象是地主和官僚階級，而且後來鬥爭目標就是封建制度。作爲出身仕宦世家的方以智自然對其持仇視的態度。對桐城人來說，崇禎七年是一個具有轉折意義的年份。自該年桐城發生民變之後，這裏就不斷受到農民軍的圍攻。大姓紛紛流徙南京等地，但即使南京亦受到威脅。對此自然異常憤慨。崇禎八年張獻忠農民軍克鳳陽，焚皇陵。次年春，李自成克和州，陳兵逼江浦，南京騷動。方以智感時事紛亂，以詩歌發泄憤然之情〔註7〕。

〔註5〕　（清）方以智：《浮山文集·孫武公集序》。參見錢王剛：《方以智傳》，合肥：安徽人民出版社2008年版，第37～38頁。

〔註6〕　見錢王剛：《方以智傳》，合肥：安徽人民出版社2008年版，第37頁。

〔註7〕　（清）方以智：《流寓草》卷4，《乙亥春，賊至中都，驚陵寢，燔明樓，哭而紀此》；《《流寓草》卷4《丙子春，賊已破和州矣，盤桓江岸，驚憤書此》；《流寓草》卷5《丙子元旦，賊已破和陽，迫江浦矣，金陵震動，出兵江岸焉》。

　　崇禎十一年，其父方孔炤任湖廣巡撫，以智「左韕韃，右鉛管，結七八少年以從」〔註8〕。他隨父出征本想建功立業，惜乎中途生病而歸。

　　次年十月，他終於有機會與孫臨北渡救援桐城，對此頗為自得。他寫道：「今年老回回諸營往來潛桐，一年圍城三月，何相國釀餉請師所援之。老父適在桐，小子與克咸急裝北渡。適黃將軍先鋒至，城中衝出，大破賊，斬級無算，此連年江北之第一捷也」〔註9〕。

　　崇禎十三年，方以智考中進士，開始了在北京為官的生涯。方孔炤因事下獄，他懷血書訟父冤，其孝行感動崇禎帝，孔炤得以免死，後更復官辦理屯田。方以智遂更加為明王朝獻計獻策，甚至要親自上戰場與農民軍廝殺。詳情已如上述。然而，由於明末激烈的黨爭以及崇禎帝的優柔寡斷，包括以智在內的一些有見識的臣工的合理建議都未能奏效。這樣，崇禎君臣只能坐以待斃了。

　　崇禎帝弔死煤山後，方以智等人並不甘心，圖謀聯絡孫奇逢武裝，奉王子續明統〔註10〕，後被李自成的軍隊衝散。以智因哭臨崇禎帝而被農民軍郭營所得，尋乘隙脫〔註11〕。為家僕告發，又落入農民軍之手，備受拷掠。龔鼎孳回憶說：「既抵賊所，怒張甚，問：『若何為者，不謁丞相選，乃亡匿為？』余持說如前。復索金，余曰：『死則死爾！一年貧諫官，忤宰相意，繫獄又半年，安得金？』賊益怒，棰楚俱下，繼以五木。密之為余宛轉解免曰：『此官實貧甚，不名一錢也。』再逾日，追呼益棘。賴門人某某及一二故舊措金為解，始得緩死。密之亦以拷掠久，不更厚得金」〔註12〕。可見，由於階級利益迥異，以智對農民軍始終持對立的態度。

　　第二，方以智對明朝的態度。方以智對明朝態度非常複雜。既有對朝綱混亂、軍隊無能的譴責，又飽含了對大明王朝尤其是崇禎帝的無限忠誠。

〔註8〕　（清）陳子龍：《流寓草序》，《陳忠裕公全集》卷25，清嘉慶8年刻本。

〔註9〕　（清）方以智：《膝寓信筆》，見方昌翰：《桐城方氏七代遺書》本，光緒十四年（1888）刊本，中國國家圖書館藏。

〔註10〕　參見任道斌：《方以智年譜》，合肥：安徽教育出版社1983年版，第123頁。

〔註11〕　（清）方以智：《浮山文集前編》卷7，《嶺外稿》卷上，《寄李舒章》：「既已哭東華，被賊執，則求死不得矣」。續修四庫全書第1398冊，上海：上海古籍出版社2002年版，第294頁。

〔註12〕　（清）龔鼎孳著，鍾振振主編：《清名家詩叢刊初集‧龔鼎孳詩》上冊，揚州：廣陵書社2006年版，第546～547頁。（清）龔鼎孳：《定山堂詩集》卷16《懷方密之詩》「序」：「越二日，同慟哭靈，爽於午門」。續修四庫全書第1402冊，上海：上海古籍出版社2002年版，第581頁。

（一）鼎革前對明朝的態度

崇禎八年，農民軍克鳳陽，焚皇陵。方以智聞知，悲憤異常。他寫道：「陵寢何人護，明樓被火殘。君王方涕泣，臣子敢衣冠？莫以屯兵少，空言滅賊難。鍾山一回首，江北不能看」〔註13〕。同時自歎報國無門，發出「太息文辭何所用，少能騎馬學彎弓」〔註14〕的慨歎。因此，崇禎九年，崇禎帝下令徵士，友人有被舉者，方以智非常欣羨。有詩云：「書生但願爲邊卒，天子如今重布衣」〔註15〕。

其父蒙冤入獄後，他上疏請代父罪，開口閉口「臣家累世受國恩榮」〔註16〕。後崇禎帝感於其孝行，孔炤得以免死，以智感恩戴德，稱：「痛飲故人酒，方知天子恩」〔註17〕。於是更加竭力地挽救明朝的危亡。

崇禎十七年一月二十四日，他上《請纓疏》，重申方孔炤「屯緩兵急，乞假機務入銜，就便收練」的請求。其理由是「今賊果出關破山西矣，其氛甚惡，意在先攻九邊……臣父早言之矣」，自己則願意「誓暴此骨，願就河北行伍，父子枕戈，以報國恩事」〔註18〕。「河北、山東，跳馳白跖成群，而抱義塢主不乏，誠持尺一，招爲義旅，可賴之以爲自守禦，兵機得勢，而興屯在其內矣。伏乞皇上加臣父軍務之敕，臣願矢骨原野，如范仲淹之子，挺身行伍，感眾效命，古固有之。臣每侍班，親見皇上不勝焦勞，而獷賊憑陵如此。……臣本二甲出身，遲選，例應予部。望以兵曹參謀，出聯鎮協。臣年正壯，堪

〔註13〕（清）方以智：《流寓草》卷4，《乙亥春，賊至中都，驚陵寢，燔明樓，哭而紀此》。

〔註14〕（清）方以智：《流寓草》卷5，《客中聞賊信，作示祝子堅》。

〔註15〕（清）方以智：《流寓草》卷5，《聞劉伯宗、沈眉生薦舉，時眉生有書至》。

〔註16〕（清）方以智：《浮山文集前編》卷4，《曼寓草》卷上《請代父罪疏（庚辰三月上）》：「會試中式舉人臣□□□，謹奏爲楚疆一敗有因，聖朝直告無隱，小臣昧死上控，願以身代父刑。伏乞天恩，俯察情罪，以中國是，以鼓後忠事……求代父死。吉翰十五，爲父白冤，是以不避鐵鉞，乞以代身，……臣家累世受國恩榮」。續修四庫全書第1398冊，上海：上海古籍出版社2002年版，第229頁。

〔註17〕（清）方以智：《癢訊‧辛巳七月，老父出獄，米吉士梁狄諸子載酒見慰》：「連年守鐵門，《激楚》九回吞。痛飲故人酒，方知天子恩。荷戈猶內地，負邦向荒村。且展義皇韻，長歌洗血痕。」（清）方于谷：《桐城方氏詩輯》卷24，清道光元年刻本。

〔註18〕（清）方以智：《浮山文集前編》卷4，《曼寓草上》，《請纓疏（甲申正月二十四日上）》，續修四庫全書第1398冊，上海：上海古籍出版社2002年版，第230頁。

任艱苦。……至於講職甚閒，別選充之。」而他本人願意與其父上沙場，「父子枕戈，君親並報」〔註19〕。方以智此疏有多大可行性姑且不論，但從中確能看出方氏父子見識非凡，滿懷報效朝廷之志。

二月三日，經過大學士范景文的推薦，以智受到崇禎帝召見。於是，他痛陳救危方略。崇禎帝以爲其說可採，囑補本詳奏。於是以智上疏建議：「……一日督撫之權當重。凡臨敵之撫，勿掣其肘。……；一日衛軍興屯……屯多者獎其首事，授之以銜……；一日招商海運。夫海之衛京師也，直如腋下取物。此天助國家之大利。而急猶不肯享之乎……；一日用人練才，鼓舞之義。今國家邊腹並棘，所望者督撫之才。使天下之能爲督撫者慷慨而願爲督撫，不能爲督撫者講求而學。爲督撫則督撫不勝用矣……」〔註20〕。其中「督撫之權當重」一條，可能是有感於其父之遭遇而發。而「衛軍興屯」、「招商海運」及「用人練才」等皆體現出以智確有眼光。而且，他意猶未盡，但由於自己人微言輕，所以又給范景文上書，稱：「前日請纓小疏，出於愚誠，智父加敕，原有舊議。陳百史竟兼吏兵科都。智止願改兵部，招諸塢主，以成義旅。新鼓銳氣，須藉敕印，機到勢應，或借漕米，募商海運，以還朝廷」〔註21〕。「至於非常之策，非小臣所敢言，而又不能忍。故引唐宋之議，微開其端。惟老先生詳陳，請聖斷焉」〔註22〕。接著，他又引歷史上的事例說明遷都的必要性。他還說：「若親征、監國，諸王都統之議，皆爲宗廟社稷計，非屬駭聞。……粵撫方震孺，智之伯也，亦揭言監國分藩事」〔註23〕。

以智這次上書的內容對於明朝的生存來說顯然更爲緊迫，論說也更加理智，然而泥於權臣，僅成空談。他對友人訴說：「弟即請纓，終以銳氣直陳，

〔註19〕 （清）方以智：《浮山文集前編》卷4，《曼寓草上》，《請纓疏（甲申正月二十四日上）》，續修四庫全書第1398冊，上海：上海古籍出版社2002年版，第230頁。

〔註20〕 （清）方以智：《浮山文集前編》卷4，《曼寓草上》，《召對補奏》，續修四庫全書第1398冊，上海：上海古籍出版社2002年版，第231頁。

〔註21〕 （清）方以智：《浮山文集前編》卷4，《曼寓草上》，《上通州魏相國書》，續修四庫全書第1398冊，上海：上海古籍出版社2002年版，第233頁。

〔註22〕 （清）方以智：《浮山文集前編》卷4，《曼寓草上》，《上通州魏相國書》，續修四庫全書第1398冊，上海：上海古籍出版社2002年版，第233頁。

〔註23〕 （清）方以智：《浮山文集前編》卷4，《曼寓草上》，《上通州魏相國書》，續修四庫全書第1398冊，上海：上海古籍出版社2002年版，第233頁。

聖明賞之，而爲時相所沮。……言不見用，忠不見信」〔註24〕。但是他心有不甘，乃於三月十二日，再請赴淮上募勇衛京。據《國榷》載：「思宗崇禎十七年三月……庚子（十二日），戶兵科都給事中兼翰林院修撰陳名夏，奏薦檢討方以智、中書舍人劉中藻。以智請至淮上招集豪傑，中藻亦請出募兵，俱未報」〔註25〕。面對李自成農民軍攻克太原、寧武關，直逼畿南的嚴峻形勢。他又與吳爾塤等共議擁王子南下監國。他的友人李雯回憶說：「……猶思慷慨露桃春，星下盟書定幾人」。詩原注：「甲申春，賊勢將逼，與魏子一、張幼文、吳介子、候叔岱及雯父子，謀奉一皇子而南」〔註26〕。

然而，明末激烈的黨爭以及崇禎帝用人、決策的失誤，是任何人都無力迴天的政治形勢。以智等人的合理建議也就不可能奏效，這就加速了明朝的滅亡。崇禎十七年三月十九日晨，崇禎帝於煤山自盡。方以智與魏學濂等集於金水橋，圖謀聯絡孫奇逢武裝，奉王子續明統。〔註27〕李自成攻入北京，眾人散去。以智與數人躲在一座破廟中，相視悲泣〔註28〕。二十三日，以智冒死與龔鼎孳等哭崇禎帝靈位於東華門，結果被農民軍俘獲。他備受拷掠，但始終不肯屈服。

（二）對南明的態度

方以智對南明的態度經歷了一個變化過程，即他的參政熱情由熱到冷，但忠貞不渝之心始終不改。

方以智在北京「拘囚二十日，乘間得脫走」〔註29〕。他是靠著「充作賣菜傭」，而幸運地脫身。一路上「乞食免飢餓，假寐猶驚悸」。令其聊感欣慰

〔註24〕（清）方以智：《浮山文集前編》卷7，《嶺外稿》卷上，《寄李舒章》，續修四庫全書第1398冊，上海：上海古籍出版社2002年版，第295～296頁。

〔註25〕（清）談遷：《國榷》卷100，崇禎十七年三月庚子，北京：中華書局2005年版，第6039頁。

〔註26〕（清）李雯：《蓼齋後集》卷3，《和龔孝升懷密之韻》，四庫禁燬書叢刊集部第111冊，北京：北京出版社2000年版，第675頁。

〔註27〕參見任道斌：《方以智年譜》，合肥：安徽教育出版社1983年版，第123頁。

〔註28〕（清）龔鼎孳：《定山堂詩集》卷16，《懷方密之詩》「序」：「都城難作，……（余）遂易姓名，雜小家傭保間，短簷顧日，畏見其影。時密之與舒章、季子、介子、吳子，同戢身一破廟中，相視悲泣，若有思者。余從門隙窺之，謂必有異，亟過而且語，各心理許別去」。續修四庫全書集部第1402冊，上海：上海古籍出版社2002年版，第580～581頁。

〔註29〕（清）方以智：《方密之詩抄·瞻旻·紀難》。

的是，自己「幸無紈綺習，能堪此勞瘁」〔註30〕。他少年時代曾說「今天下將亂，士君子當習勞苦，將來方可當大任」〔註31〕！這種眼光和吃苦的訓練令人欽佩。一來到南京，他即去拜謁孝陵。「刀鋒行丐三千里，得伏高皇陵廟前（自注：時五月十日也）」〔註32〕。

他從北都死裏逃生，輾轉來到南都，本欲爲弘光政權效力。「小臣伏疏請罪，且欲悉報賊狀。而銀臺闕阻，不令上達。白版雄錐，方攘攘竟擁戴功」〔註33〕。於是其父告其隱藏避禍。隨著形勢越來越嚴峻，尤其是仇敵阮大鋮重新掌權，以智的處境越來越艱難了。「（居橫山）矜茫浹月……仇家日夕造蜚語，何所不至」〔註34〕。孔炤告之遠走高飛〔註35〕。至此，以智只好經由浙、閩，流亡嶺南。他那番爲朝廷建功立業的雄心被潑了一瓢冷水，參政的熱情一落千丈。這很可能影響到他對其後建立的隆武政權的態度。順治二年（1645）閏六月十五日，黃道周等擁立唐王朱聿鍵即位於福州，改元隆武。以智的處境有所改變，他自述說：「蒙思文皇帝昭雪復職」〔註36〕。也就是說，隆武政權給以智平反昭雪，並官復原職。而且大學士何吾騶多次催促以智赴任，大學士黃道周亦有《與方仁植書》，敦促方孔炤讓以智入朝，然而一向以報國爲己任的以智卻沒有赴任。其原因，按照以智次子方中通的說法，當時以智的情況是「干戈頃刻尚追尋，病謝天興歎陸沉（自注：唐藩改福州爲天興，詔復館職，以病未就）」〔註37〕。所謂「以病未就」，不過是託詞。眞實情況是以智有意避而不應〔註38〕。以智既然忠

〔註30〕（清）方以智：《方密之詩抄・瞻旻・紀難》。參見錢王剛：《方以智傳》，合肥：安徽人民出版社2008年版，第37～38頁。

〔註31〕見錢王剛：《方以智傳》，合肥：安徽人民出版社2008年版，第37頁。

〔註32〕（清）方以智：《方密之詩抄・瞻旻・告哀詩》。

〔註33〕（清）方以智：《浮山文集前編》卷7，《寄李舒章》，續修四庫全書第1398冊，上海：上海古籍出版社2002年版，第294頁。

〔註34〕（清）方以智：《浮山文集前編》卷7，《寄李舒章》，續修四庫全書第1398冊，上海：上海古籍出版社2002年版，第294頁。

〔註35〕（清）方以智：《浮山文集前編》卷7，《寄李舒章》，續修四庫全書第1398冊，上海：上海古籍出版社2002年版，第294頁。

〔註36〕（清）方以智：《浮山文集前編》卷8，《寄朱震青相公書》，續修四庫全書第1398冊，上海：上海古籍出版社2002年版，第321頁。

〔註37〕（清）方中通：《陪詩》卷4，《惶恐集・哀述》其五，清刻本，中國國家圖書館藏。

〔註38〕（清）方以智：《浮山文集前編》卷9，《嶺外稿》卷下，《鹿公小司馬墓誌銘》：「福州再創，香山再三挾余行，余避之」。續修四庫全書第1398冊，上海：上海古籍出版社2002年版，第344頁。

於明室，而且已經平反昭雪，為何還要迴避呢？乍看似乎殊不可解。然而深思則又似可解：一方面當時魯王和唐王兩政權勢同水火，抗清復明，實難指望；另一方面，以智從自己的好友、族人以及自身的經歷中意識到官場險惡，而他本人又早有埋頭學術的願望。或許為穩妥起見，他不能貿然行事。於是，他課授同年姚奇胤之子姚端，間或賣自採中草藥材謀生。但他並未就此隱退，而是在等待合適的機會。

順治三年十月十四日，在瞿式耜鼓動下，他與瞿氏等人擁立桂王朱由榔監國於肇慶。十一月十八日，正位稱尊，是為永曆帝。在這次擁立朱由榔的活動中，以智代詔，因而被擢為詹事府少詹事。然而，永曆帝並非勵精圖治的君主，加以太監王坤柄政，令以智大失所望。而且以智很快就受到王坤的疑忌，於是主動疏離權力鬥爭的中心。史載：

> 吏科都給事中劉鼎等疏論坤內臣，不得薦人；永曆怒，斥逐鼎等。式耜力持之，得復用。御史童琳參都御史周光夏「越資序題差用，私亂臺規非法」。命廷杖琳，式耜力救得免。升翰林院檢討方以智為中允，改御史劉湘客為經筵講官；坤不悅湘客，且疑劉鼎疏出以智手，以智放舟去〔註39〕。

當事人之一劉湘客記載說：「丙戌十二月初三日，⋯⋯中允方以智棄官去。王坤疑鼎疏出以智手，故以智力求去」〔註40〕。他先是「堅臥蒼梧溯甘村之口」〔註41〕，又於次年隨從永曆帝至梧州〔註42〕，以智既疏遠權力鬥爭的中心，又與永曆保持著君臣的名分。

其後永曆帝有拜方以智為內閣大學士之敕，他聞知後惶恐不安，入新寧夫夷山養病以避。眼見大敵當前，而永曆小朝廷內鬥不止，以智遂無復宦仕之心。永曆帝多次召他為東閣大學士，他先後十上辭疏，先是「謹拜少詹之

〔註39〕（清）計六奇撰，任道斌、魏得良點校：《明季南略》卷9，《王坤進退諸臣》，北京：中華書局1984年版，第337頁。

〔註40〕（明）劉湘客：《行在陽秋》卷上，續修四庫全書第444冊，上海：上海古籍出版社2002年版，第346頁。

〔註41〕（清）方以智：《浮山文集前編》卷9，《嶺外稿》卷下，《鹿公小司馬墓誌銘》，續修四庫全書第1398冊，上海：上海古籍出版社2002年版，第344頁。

〔註42〕（明）劉湘客：《行在陽秋》卷上：「永曆元年丁亥春正月癸卯朔，駕在梧州。時戶部尚書吳炳、翰林學士方以智⋯⋯俱從」。續修四庫全書第444冊，上海：上海古籍出版社2002年版，第347頁。

命」，後來又「求以史局自效」〔註43〕。眾所週知，以當時永曆小朝廷之顛沛
流離、朝不保夕的處境，修史是一時提不上日程的。以智如此閃爍迴避，與
朝廷保持一種若即若離的關係，也實在是煞費苦心、迫不得已。一方面，他
性情耿介，看不慣朝政濁亂。另一方面，他又不忍與永曆小朝廷完全斬斷關
係。因為在其內心深處，仍然希望這個政權能夠有所作為。他心憂時局，希
望能光復大明江山。因此，在上辭疏的同時，他又進《芻蕘妄言》，條陳光復
大計，計有五條：

> 一曰制之當更也。端州〔註44〕之始議曰：以行在為大營盤，天
> 子如總督，群臣如偏裨，不設百官，不用部覆，君臣同心，文武戮
> 力，魚水之深，義猶朋友。詞林臺省，罷兼六曹，而統於政府，如
> 漢之東西曹司，有所為則惟帷幄商之，朝謀而朝發，毋覆文法紛紜，
> 體貌隔絕。諸葛武侯引《志》曰：「萬人必死，橫行天下。」是也。
> 光武之在河北，昭烈之在漢中，此豈步太平繼統守文之貌哉？惟在
> 講求居重馭輕之術，謀臣死士，群策群力，臥嘗而圖，以之鞭使雄
> 傑，降盜招寇，無不可者，此謂橫行。故勢緩則居中布置，日益自
> 強；勢急則姑避其鋒，或以進為退，故有守之而徒敝，有棄之而乃
> 取者，去冬之五羊是已。何也？退方遠徼，能虛聲取之，而必不能
> 守。吾緩其強而攻其弱，坐取軍資，而俟中原之機，亦至便也。今
> 其機近矣。下岳鄂可，下豫章可，取資於粵可，要在服人心而鼓將
> 氣耳。今日之至可憂者，百姓怨兵而望也，今欲使將自為謀，而民
> 與官自相為保，則有守令兼將帥之一法。守令兼將帥，則貳也、幕
> 也、尉也、胥吏也、紳矜也，皆參佐行伍矣。監司諸官盡裁之，則
> 其權一矣。行在不設官，而四方凤望，盡下詔加銜，聽所在倡義，
> 則行在官少，而西揭之源清矣。若疆圉之郡邑，則竟以將帥兼之，
> 如古以將軍管縣事，其例也。彼自兼守而以其戚昵為令者聽，蓋自
> 取其地，自屯其田，則自愛其民，即有他侵盜，彼必護之。而其地
> 之有力者，亦相附以守其家，官有守險指臂之助，民無殺掠逃竄之

〔註43〕　（清）王夫之、錢秉鐙：《永曆實錄・所知錄》：「（庚寅），時梧州瘴重，同邑
　　　　方閣學方公以智、吳廷尉德操，相距千里，握手無期。兼以閣學屢召不赴，
　　　　求以史局自效」。上海：上海古籍出版社1987年版，第322頁。
〔註44〕　指肇慶。

> 慘，莫便於此。孰如選一市人而蒞其地，爲必逃之奴隸乎？此畫地
> 以守之上策也，必當與土寨團練合而議之。〔註45〕

此條建議可理解爲非常時期要行非常之制，或可稱爲戰時體制。一切以提高
辦事效率爲著眼點，其中既有以史爲鑒的徵引，又有基於對時局的分析。

> 一曰土寨之當倡也。民之苦鋒刃非一矣，性命不暇保，而責其
> 爲官家乎？人先逾之保身家，而後忠義可鼓也。江以北十年苦賊，
> 民自爲寨，而官軍亦因之以偵探，至德安、黃州土寨尤勇，大兵至
> 則上寨，兵去則殺其偽署，如此兩三年，今且與孫守法相應矣。光
> 固之間，至今亦未降，若今湖南粵徼，處處有險，如日者科臣李膺
> 品之圍守靈川山中，科臣蔣奇生之圍守羅江村，一方依之。若舊臺
> 臣劉與秀之在永州山中，詞臣劉自燁、陶汝鼐之在攸縣山中，鎮臣
> 黃金臺之在道州，皆是意也。朝廷若倡使聯絡之，使所在賢紳富室，
> 爲之率長，圍其保甲，明其約束，可以助官軍之聲援、通偵探之郵
> 置，扼塞要路，棋置星峙，往來正營，合符而行，亂兵則不得縱橫
> 矣。各出其力，各守其險，官兵得專心於致勝，不費朝廷一粒一錢，
> 而有猛虎在山之勢，此正與守令兼將帥之法，相保相衛，而料地屯
> 田即在其中，應詹虞詡，有不爲國家當長城者哉？今當加銜獎勸已
> 立之寨，而倡其未立者，其富家能出資團練，則授以官，若能率眾
> 復一城，則竟賜舉人進士出身，蓋今日之可動人者，惟此而已。不
> 破此格，復何用乎？伏幸裁議！大柢此類事，朝廷及機而獎之，則
> 恩威在朝廷；若遲遲不行，將來人必自救性命，自相部署，則所損
> 者多矣。〔註46〕

此條建議的核心是調動地方豪強的積極性，使之結寨自保，配合朝廷軍隊保
境安民。其中借鑒了明末江北地方抵禦農民軍的經驗，更有對永曆朝可資利
用的各地臣民的信息，可見以智對時局的留心。以今日語言表述之，或可稱
之爲廣泛發動群眾。歷史經驗表明，要挽救衰敗王朝的頹勢，很多時候要倚
靠豪強的力量。

〔註45〕（清）方以智：《浮山文集前編》卷10，續修四庫全書第1398冊，上海：上
　　　　海古籍出版社2002年版，第357頁。

〔註46〕（清）方以智：《浮山文集前編》卷10，續修四庫全書第1398冊，上海：上
　　　　海古籍出版社2002年版，第357頁。

　　　　一曰議餉當求其源也。言兵餉至今日，難矣。然古人起事於危
　　亡之餘，收合於散敗之口，豈無術哉？要亦出則因糧、守則料地而
　　已。料地即料人。戰國動稱地方數千里，帶甲數十萬，則其說何居？
　　後代李抱眞在澤潞，李德裕在西川，皆用三丁選一之法。任光、信
　　都招兵，聽其恣使；祖逖虞布渡江，惟在收賊。事當初起，不得不
　　然耳。所謂料地者屯田爲本，而鼓鑄開採次之。袁曹戰爭，中原爲
　　墟，非有村邑之可掠也，一用枲杞，而軍用遂饒，亡慮問武侯之久
　　駐、子儀之自耕，爲行軍上算也。今兵賊蜂午之餘，耕種多棄，良
　　田半蕪，誠料人爲兵以護農，又料人爲農以畫地，募魁傑爲墾，率
　　獎之以官，十分其四，官民兩利，則一郡之禾，已足數十萬兵之饋
　　矣。向年江北被賊，比屋逃亡，官軍借民田穭而食之，成效炯如也。
　　此其說又在以守令兼將帥，紳豪圍土寨，相須而行者。〔註47〕

此條建議的核心是要破解糧餉的難題，務必做到兵民之間互相依存，而其保
障則是前兩條。綜合分析前三條建議可以看出，三者環環相扣，緊密結合構
成一個有機的整體。

　　　　一曰說士之當求也。朝廷之權有時虛尊而不能行者，可以說客
　　辨士談言徵中而行之，故尺一之詔，不如三寸之舌，定天下者未有
　　不汲汲求此者也。凡人之嗜，不過避害計利耳。悚其大害，較其大
　　利，然後引以名義，感以意氣，焉有不動者乎？彼有其謀主、有其
　　親昵、有其所畏忌、有其所軋鬥，得其竅而入之，明臨以朝廷之命，
　　鮮不合矣。〔註48〕

此亦頗有見地之策。遊說在明清易代那個混亂的形勢下還是有效的。然而接
下來以智說：

　　　　今傳三桂率三衛入矣，山東蔡琦，橫絕南北；漢中孫守法勢通
　　德黃；閩粵豫章，全無敵兵，英雄擁眾握權，何不長驅下城？易如
　　拉朽。獲無窮之利，而有復土之功，安民之德，孰與曠日無聊，咀
　　食於山陬窮鄉耶？嗟乎！事至亡俚，惟降耳。夫敵之忌猛將極矣。

〔註47〕　（清）方以智：《浮山文集前編》卷10，續修四庫全書第1398冊，上海：上
　　　　　海古籍出版社2002年版，第358頁。
〔註48〕　（清）方以智：《浮山文集前編》卷10，續修四庫全書第1398冊，上海：上
　　　　　海古籍出版社2002年版，第358頁。

即爲之用，高鳥盡，良弓藏耳。彼封王者何以不終臣事之乎？且降者十半，奪其本營，別屬他部，則縛雞倍易，命如懸絲，丈夫何不爲張軌、李克用，授王侯之利於平日，享忠義之名於萬世，而乃束身受斃哉？揣自說士陳之，有不待其辭之畢者，自朝廷命之，則彼且索餉徘徊矣。事如此者非一端，要見定天下者，說客、間諜，汲汲爲甚。

此疏寫於順治四年清明後十日，其時吳三桂早已成爲清朝的急先鋒，而以智還把他作爲南明的中流砥柱，可見信息不靈所導致的判斷失誤多麼嚴重！這也足以說明第五條建議關係重大。他說：

一曰間使之當廣也。無間諜是無耳目，無耳目則聾而鳴金鼓，盲而持旌旗耳。孫子曰：「興師十萬，日費千金」，此言賓客間諜之用也。敵何強弱、何虛實？敵將爲何？將何隙？所信何客也，然後能料之，能使人間之。此皆以死士效用，豈望揚旗發撥之塘兵耶？前⋯⋯天下之勢，全在中原。今北地中原一輩，正在猶豫，朝廷可以遠置漠然乎？大江以，江浙以西，忠義不乏，特遒伏耳。一呼則響應矣！可弗一通耶？聞堵撫臣胤錫，便宜達詔於漢耶，此最得機者也。臣以爲朝廷宜多募義士，變服蠟丸，布於四方，就中即有間諜之用。若臣江北，臣即募人，可以達之。朝廷處一隅，而中原義盛，宜使之知所推奉，此甚不宜遲也。要之賞罰當，是非公，行一事皆足以收人心，布一政皆足以服遐邇。則遠方賢哲，望氣而歸命；草澤烈士，聞義而效死。是又在乎宥密之地、帷帳之中矣。〔註49〕

要做到決策正確，前提是瞭解情況，知己知彼。所以，派遣間諜以爲耳目非常重要。以智特意強調了永曆朝廷不宜偏居一隅，而應向中原這一根本重地發展。多募義士，變服蠟丸，布於四方。並說江北一代，他本人就可以募人達之。顧誠先生評價說：「永曆朝廷似乎只知道姜瓖在大同反清，其它就不甚了了。山河阻隔固然是原因之一，但後來孫可望、李定國、魯監國、鄭成功等經常派密使深入清統治區聯絡各地潛伏的義士，相形之下永曆朝廷的目光短淺實在令人驚異。」〔註50〕其實，永曆朝廷不乏有遠見卓識的人才，我們

〔註49〕（清）方以智：《浮山文集前編》卷10，續修四庫全書第1398冊，上海：上海古籍出版社2002年版，第358～359頁。

〔註50〕顧城：《南明史》，北京：中國青年出版社1997年版，第539頁。

從以智的建議即可看出這一點。惜乎小朝廷中君不思進取，不善用人，而多數臣工則渾渾噩噩。

從五條建議可以看出以智並未遠離政治，而是一直予以密切的關注。這些凝聚著他的心血的建議是他留心時政，講求實學，諳熟歷史，以其對明朝的忠誠，經過縝密的思考而得出的。

雖然爲復明大計嘔心瀝血，但以智仍不入班行，繼續過著仕隱兩兼的生活。他曾兩入新寧夫夷山，以後又到沅州天雷山，與苗民雜處。順治四年冬，爲躲避清兵追捕，他「逃入深山，潛轉於湖廣之靖州天柱山，黔之黎平、赤溪土司，湘之衡山、大埠瑤區。在大埠遭劫。獨來獨往，一年三易姓名」〔註51〕。其時生活之艱難，從以智的詩歌中可見一斑：

> 同伴都分手，麻鞋獨入林。
>
> 一年三變姓，十字九椎心。
>
> 畏聽干戈信，愁因風雨深。
>
> 死生容易事，所痛爲知音！〔註52〕

同伴雖說也是天涯的淪落之人，但畢竟可以相互照應；現在連這樣的同伴也散失殆盡了。隻身逃入深山老林也不安全，還要經常改變姓名。這樣流離失所、窮困潦倒的生活與方以智早年的公子哥兒生活形成了鮮明的對照，其境遇簡直不可同日而語。然而以智對此無怨無悔，面對永曆帝再三敦趣徵召，他避官不仕，不願入永曆朝廷享受大學士的榮華富貴，但仍不忘時局，爲這個政權盡心盡力。他致書督師湘鄂軍務的何騰蛟，爲獻恢復計。他在信中說：「爲今之勢，各督各鎮，戮力同心。天子爲神祖之胤，中原有不歸命者乎！然蠟詔不可不早布也，車駕不可不出要地也」〔註53〕。而且他還鼓勵門生，從軍抗清。他致書瞿式耜等權要，介紹姚端從軍，稱其有「王佐之略」，「忠義羑裂，嘗欲一赴湯火，以服君父」，「當用臺省御監軍爲稱」〔註54〕。

如果說上述言行尚可視爲以智對政治形勢的判斷和自身的操守問題，那麼接下來他所面對的則是生與死的重大考驗。順治十一年，清兵攻陷廣西平樂，

〔註51〕　任道斌：《方以智年譜》，合肥：安徽教育出版社1983年版，第148頁。

〔註52〕　（清）方以智：《方密之詩抄・流離草・獨往》。

〔註53〕　（清）方以智：《浮山文集前編》卷8，《寄閣部雲從何公》，續修四庫全書第1398冊，上海：上海古籍出版社2002年版，第312頁。

〔註54〕　（清）方以智：《浮山文集前編》卷8，《嶺外稿》，《寄首輔瞿年伯》、《與楊峒岩》、《與程金一》，第312～314頁。

搜捕以智。因不願拖累朋友，以智僧裝而出。清將馬蛟麟知道以智是個重要人物，因而對其反覆威逼利誘。據《所知錄‧後序》載：「（馬蛟麟對其）諭以降，不屈。脅之以刃，誘之以袍帽，皆不答」〔註55〕。馬蛟麟對方以智極其敬重，於是聽任其出家。能夠臨危不懼，堅貞不屈，固然與以智所說的「原看死是歸」〔註56〕的心態有關，但更重要的是他對明朝的忠誠和對清政權的仇視。

（三）方以智對清軍的態度

由於傳統的夷夏之辯，更由於清軍屢次南侵的暴行，以智對其更加仇視。崇禎九年，後金軍入大同搶掠，滿載而歸，方以智聞訊，義憤填膺。他寫道：「膻裘北向載金珠，整伍揚旗可後驅。而使塵沙勞猛將，但令風雨逐匈奴。旋師闕下偏鳴鼓，投石營中善挽弧。新□蓮花誰受者，禁門小卒敘功無」〔註57〕。三年後，更大的災難降臨到以智的親人身上。崇禎十二年一月，清兵攻入濟南，以智的伯姑及姑夫張秉文雙雙殉難。方孔炤說：「崇禎己卯正月二日，濟南陷，大方伯張鍾陽（秉文）先生乘城畢命於西門之上。我伯姐夫人率其如夫人，投司署之後湖殉焉」〔註58〕。如果說此前對於後金和清兵的南侵，方以智還是站在民族大義的立場上對其加以抨擊，那麼此時和此後，親人和好友不斷有人命喪於清軍刀下，以智對其則逐漸產生一種刻骨的仇恨。這就奠定了他決不可能降清的思想基礎。

明清鼎革前，以智的伯姑及姑夫張秉文雙雙殉難。國變後，又有親人兼朋友的慘死。方以智有詩云：

> 彎弓一戰死，不愧武公名（自注：克咸改字武公）。自少嘗燃指（自注：克咸負氣自任，少嘗燃指誓節），如今果請纓。獨憐余妹苦，萬里抱兒行。卻憶雲間別，悲歌有哭聲（自注：甲申之秋，別克咸與予妹於雲間）。〔註59〕

〔註55〕（清）王夫之、錢秉鐙：《永曆實錄‧所知錄》，上海：上海古籍出版社1987年版，第325頁。

〔註56〕（清）方以智：《浮山後集》卷1，《無生寱‧重縶至平樂法場，逼以袍帽，只吼涅槃而已》：「安我俘人命，原看死是歸。不載何點褌，直卻鑿城衣。抗論容高坐，清齋當采薇。一聲獅子吼，刀鋸總忘機」。轉引自任道斌：《方以智年譜》，合肥：安徽教育出版社1983年版，第170頁。

〔註57〕（清）方以智：《流寓草》卷5，《聞虜出口》。

〔註58〕（清）方孟式：《紉蘭閣詩集》附方孔炤《序》。

〔註59〕（清）方以智：《方密之詩抄‧流寓草‧孫克咸死難閩中，至今始悉。余妹艱難萬狀，抱子以歸桐，哭而書此》。

詩中的武公係方以智的大妹方子耀之夫孫臨。孫臨（1611～1646），字克咸，安徽桐城人，兵部侍郎孫晉之弟。幼時喪父，隨兄長讀書，通聲律，擅吹簫。明崇禎初年，考取貢生，與方以智、方文等人成立澤社。他曾隨岳父方孔炤赴湖廣與張獻忠農民軍作戰。清初參加抗清活動，唐王時任監軍副使。順治三年秋，與楊龍友敗退浦城。他自知不免，乃「撥簪與妻方氏訣曰：『吾義不令，楊公獨死。汝自爲計，歸報太夫人矣』！遂馳去」〔註60〕。而「性烈」的子耀在與丈夫訣別後：「投水中，村嫗引出之，不死；餓三日亦不死」〔註61〕。後來，她千里輾轉，歷盡艱辛回到桐城，含辛茹苦哺育後代。正如以智所云：「克咸殉難，長妹茹冰」〔註62〕，這正是原本好端端的一個家庭在動亂時期的悲劇。悲劇的根源當然部分來自清軍的入關。然而，這種人間悲劇還遠未結束。

順治四年五月，陳子龍因抗清被捕而投河自盡，死時未曾剃髮。方以智於順治五年在苗地時方知此事。以智不由得回想起往事，悲憤交加：

> 憶與臥子相遇西湖，一歌而合，兩人定交，今遂十七年。天下之風漸變，而天下之亂已極。著書立說，願何由遂，生此何不幸乎！聞臥子死難，得死所矣！然不能不哭也。

朋友死得其所，以智乃爲詩遙哭，詩云：

> 共指西湖靈隱松，揮毫刻石記相逢。文章自小憐司馬，名字當年比臥龍。一死泰山於汝畢，再生苗地爲人傭。悲歌奠酒沅江水，與淚東流到九峰！〔註63〕

這些親友都爲抗清而獻出了寶貴的生命，自己卻苟活於世上。對於一向重氣節的以智來說，這一定成爲兩年後他決不降清，乃至逃禪後秘密抗清的精神動力之一。

〔註60〕（清）馬其昶：《桐城耆舊傳》卷6，《孫節愍公傳第五十五》，續修四庫全書第547冊，上海：上海古籍出版社2002年版，第561頁。

〔註61〕（清）馬其昶：《桐城耆舊傳》卷12，《孫恭人傳第六》，續修四庫全書第547冊，上海：上海古籍出版社2002年版，第675頁。

〔註62〕（清）方以智：《合山樂盧詩・慕述》。轉引自任道斌：《方以智年譜》，合肥：安徽教育出版社1983年版，第17頁。

〔註63〕（清）方以智：《方密之詩抄・流離草・哭陳臥子》。轉引自王雲五主編：《萬有文庫第2集七百種明詩紀事》，《哭臥子》，北京：商務印書館1936年版，第3052頁。

五、方以智的變與不變

方以智生活在一個動亂的年代，汗漫南北，歷經種種磨難。加上家庭和性格等方面的原因，以智在不同時期展現出不同的面相，令時人和後人非常驚訝。但仔細分析，我們可以找到以智的變與不變兩個方面。

（一）變化——多變的面相

趙園女士說：「明遺民中當其世即具「傳奇性」者，南方如方以智，北方則有傅山、閻爾梅等。其中以方氏的故事最迷離惝恍。讀有關方氏的記述，會覺那些描繪各成片斷，無以拼接，令人難以窺見所謂『全人』」〔註64〕。誠然，以智呈現給世人的面相確實反差太大，令人難以置信。

余懷《板橋雜記》載有數條與以智有關的材料。茲引用兩則。其一，流寓南京時，方以智與其妹夫孫臨皆受當時「美人名士，相得益彰」風氣的薰染。孫臨曾於「己卯歲牛女渡河之夕，大集諸姬於方密之僑居水閣。四方賢豪，車騎盈間巷，梨園子弟，三班駢演」〔註65〕。

其二，「萊陽姜如須遊於李十娘家，漁於色，匿不出戶。方密之、孫克咸並能屏風上行。漏下三刻，星河皎然，連袂間行，經過趙、李，垂簾閉戶，夜人定矣。兩君一躍登屋，直至臥房，排闥哄張，勢如盜賊。如須下床，跪稱大王乞命，毋傷十娘。兩君擲刀大笑曰：三郎郎當，三郎郎當。復呼酒極飲，盡醉而散」〔註66〕。如此形象與他成長的禮教極為濃重的官僚家庭很不協調。

余懷說方以智「能屏風上行」，或有誇張之處，但如果聯繫方氏有感於世亂而有意習武以及他「左橐鍵、右鉛管，結七、八少年以從」〔註67〕其父出征的行為，此語仍大體可信。

至其出仕為官，其面目又為之一變。據《明季北略》載：「崇禎十五年八月，定王出閣讀書，訓講為方以智，仿書為劉明翰。演儀之日，方以貌過莊，王不啓齒」〔註68〕。方以智一改往日風流倜儻之貌，而現莊重之一面。

〔註64〕趙園：《明清之際士大夫研究》，北京：北京大學出版社1999年版，第477頁。
〔註65〕（清）余懷：《板橋雜記》卷中，南京：南京出版社2006年版，第22頁。
〔註66〕（清）余懷：《板橋雜記》卷下，南京：南京出版社2006年版，第26頁。
〔註67〕（清）陳子龍：《方密之流寓草序》。
〔註68〕（清）計六奇撰，魏得良、任道斌點校：《明季北略》，北京：中華書局1984年版，第314頁。

　　至明社傾屋，方以智流離嶺南，在永曆朝廷爲官，又恢復其名士面目。
王夫之曾與方以智爲同僚，且保持了長期的交往。王氏說：「方密之閣學之在
粤，恣意浪遊，節吳歈，鬥葉子，謔笑不立崖岸，人皆以通脫短之」〔註69〕。
翟式耜的族弟翟共美與以智交好，其《六十初度自述示子八首》序云：

　　　　昔在粤時，與桐城方密之相得甚歡。一日，余與密之裸裎披髮，
　　　　闖大司馬門。效漁陽三撾。張別山倉黃從別寶出，造留守府言狀。
　　　　太師因置酒小東皐，召我兩人，意欲別山面規我兩人耳。密之則拍
　　　　檀板，肆口高唱，余則坐小石布棋局，張亦無可奈何。靖江府梨園
　　　　妙絕天下，每酷暑，余與密之往觀，酌灑獨秀山下。時樹色湖光朱
　　　　牆畫壁相映爭奇，如蓬萊閬苑，非復人世。密之道京都宮殿徼道，
　　　　歷歷在目，手指口談，令人想見西京盛事。既而慷慨悲歌，以李山
　　　　人自況……〔註70〕。

方以智逃禪後，神情又爲之一變。陳維崧是以智好友陳貞慧之子，他目睹了
以智的不同面目。其《方田伯詩序》曰當明亡前：

　　　　秣陵全盛，六館生徒皆一時名士。密之先生衣執殼，餚驪騎，
　　　　鳴笳迭吹，閒雅甚都。又以四郊多壘，尤來大槍之寇，薄於樅
　　　　陽者，歲輒以警告，以故先生益慷慨習兵事，堂下蓄怒馬，粲點奴之帶刀
　　　　劍自衛者，出入常數十百人，俯仰顧盼甚豪也。曾幾何時，而先生
　　　　則已僧服矣。先生之爲僧於長干也，崧常過竹關從先生遊，時田伯
　　　　亦在關中。崧再過竹關，而先生念崧故人子，必強飯之，飯皆粗糲，
　　　　半雜以糠粃，蔬菜尤儉惡，爲貧沙門所不堪者，而先生坐啖自若，
　　　　飯輒盡七八器。回思金陵時，時移物換，忽忽如隔世者，噫！可感
　　　　也〔註71〕。（按：田伯，方以智長子方中德）。

方以智晚年禪遊江西，與魏禧等易堂九子交往密切。魏禧說：「丈人乃自苦而
爲此枯槁寂寞之事，甘之如飴。至老而不衰，彼其所欲盡者何心也！」〔註72〕

〔註69〕（清）王夫之：《搔首問》，《船山全書》第12冊，長沙：嶽麓書社1996年版，
　　　　第635頁。
〔註70〕（清）陳瑚所輯：《離憂集》卷上，《海外畸人》。叢書集成三編，43，文學類，
　　　　詩別集，臺北：新文豐出版公司1997年版。轉引自趙園：《明清之際士大夫
　　　　研究》，北京：北京大學出版社1999年版，第478頁。
〔註71〕陳維崧：《湖海樓全集》文集，卷2。轉引自趙園：《明清之際士大夫研究》，
　　　　北京：北京大學出版社1990年版，第479頁。
〔註72〕（清）魏禧：《同林確齋與桐城三方書》，《魏叔子文集》卷5，續修四庫全書
　　　　第1409冊，上海：上海古籍出版社2002年版，第422頁。

魏禧應該是瞭解方以智的，他這番話給了我們一些暗示，但並未和盤托出。
魏禧對方以智此時的行為顯然是由衷地欽佩。故而在方以智與官員和士人交
往之後，魏禧以責備的語氣說以智「接納不得不廣，干謁不得不與，辭受不
得不寬，形跡所居，志氣漸移」〔註73〕。魏氏之言，當然是替方以智考慮。
方以智的好友徐芳也寄書勸其宜隱深山，免遭謗議〔註74〕。從後來方以智的
命運看，他們的擔心是有道理的。方以智無論是從事秘密的反清活動，還是
難脫名士面目，都會引起某些人的忌恨。

　　以上主要按照趙園女士的思路揭示方以智的不同面目。她認為這些片斷
「無以拼接，令人難以窺見所謂『全人』」〔註75〕。誠然，欲完全認識方氏的
「全人」確乎不太可能，但大體認清其人並解釋其何以呈現不同面目還是可
以也應該做到的。

　　青年方以智雖滿懷抱負，但在南京那種紙醉金迷的環境，難免沾染一些
不良習氣，更何況當時天下不穩，亂象紛呈，方以智懷才不遇，不免以放縱
來麻醉自己。至於他任定王講官時「貌過莊」，或許是因其認為自己應當是這
樣一種姿態。因為其身份，其家族的禮教薰陶，都決定了此時他不應過於輕
浮。而方以智在粵恣意浪遊，固然與他很早就沾染了佛、道思想有關，但同
時與他在永曆小朝廷受宦官排擠似乎關係更大。而且，他也未真正與政治絕
緣，上述條陳復明大計以及他提到「京都宮殿徼道」時，「慷慨悲歌」等即為
明證。

（二）不變

　　時代的變遷，個人境遇的改變等等因素，使得方以智呈現給世人不同的
面目。但在這令人難以置信的變化背後，方以智身上卻有著恒定不變的東西，
試舉數條：

　　其一，鑽研學問的追求，不廢翰墨的情趣始終未變。以智順治九年隨施
閏章北返，行至廬山，他歷時四個月，遍遊名勝，同時撰成哲學名著《東西
均》。其間，他的人生經歷了巨大的變化：從輕衣肥馬的貴公子、永曆朝臣到
顛沛流離的苦行僧。由於環境險惡，其政治抱負一時難以實現，乃接續鑽研

〔註73〕（清）魏禧：《與木大師書》，《魏叔子文集》卷5，續修四庫全書第1409冊，
　　　　上海：上海古籍出版社2002年版，第437頁。
〔註74〕（清）徐芳：《懸榻編》卷5，《寄木公四（丙午）》，四庫禁燬書叢刊集部第
　　　　86冊，北京：北京出版社2000年版，第187～189頁。
〔註75〕趙園：《明清之際士大夫研究》，北京：北京大學出版社1999年版，第477頁。

學問之路。流離之中，讀書條件很差，資料難尋，以智慨歎：「作掛一漏萬之小說家言，豈不悲哉！愚道人今年三十六矣，讀書固有命」〔註76〕。但在這一時期終於寫成《切韻聲原》，《醫學會通》，《刪補本草》等書，並修訂了《物理小識》。

在廬墓桐城合山期間，他發整理先人遺著之願〔註77〕。他重新編訂其父《周易時論》一書。它「以《河圖》、《洛書》爲端，以有無爲極，歸《易》於時用，以《易》貫於一切」〔註78〕。該書成爲方氏《易》學的集大成之作，其中多有以智的發揮。而且，他還向諸子侄傳授學問。中德學其經史，中通學其數學，中履學其醫學、音韻，中發學其詩文書畫，皆有著述，成爲著名的遺民學者。特別值得注意的是，他傳授方中通《易》象，認爲通幾貴乎質測，能矯正西學之弊〔註79〕。在會通中西學術方面，方氏父子做出了可貴的貢獻。

其二，忠孝友恭等觀念未變。以智逃禪而不遁世。逃禪，一般指遁世而參禪。但以智的逃禪卻與此旨不盡相同。他在《象環寤記》中說：「以祇支（袈裟，表示爲僧）爲退路，即爲歸路。」〔註80〕回到桐城後，面對清廷逼其出仕，到南京圓具天界寺。這些都表明，「祇支」之類說法成爲他的遁詞和藉口。他之祝髮爲僧，不過是他的一種鬥爭策略。

在南京出家後，他塵心未斷，仍信守儒家的忠孝友恭觀念。冒襄等友人叩關敘舊〔註81〕。順治十一年秋，錢澄之到高座寺拜訪他，事後回憶說：「順治甲午年，方密之以智既爲僧，閉關高座寺，余往看之。寓報恩寺，坐賣卜

〔註76〕　（清）方以智：《通雅》卷3附記，文淵閣四庫全書第857冊，臺北：臺灣商務印書館1983年版，第131頁。

〔註77〕　（清）方以智：《合山樂廬詩·子蘊、式玉、嘉樹、爾儀各致輓歌》：「斷碑一任死生磨，天地容人作輓歌。血濺河山收不得，淚從鄰里說來多。攀松掛紙皆成劍，逐日揮雲莫棄戈。惟寫遺編當析骨，香煙無奈墨痕何」。轉引自任道斌：《方以智年譜》，合肥：安徽教育出版社1983年版，第196頁。

〔註78〕　任道斌：《方以智年譜》，合肥：安徽教育出版社1983年版，第196頁。

〔註79〕　參見（清）方中通：《陪集》卷1，《南畝記》，康熙繼聲堂刻本，中國國家圖書館藏。

〔註80〕　參見李書增等著：《中國明代哲學》，鄭州：河南人民出版社2002年版，第1133頁。

〔註81〕　（清）冒廣生輯：《如皋冒氏叢書·巢民詩集》卷4有乙未所作《無大師掩關高座，客秋相見，以詩示余，今夏無恙重過白下，因倚韻和寄》詩。又有《無可師樂廬，聞先大夫訃音，特遣嗣君方田伯垂唁，答和原韻》注：「師自廬山還白下，甲午秋，晤於竹關圓牖」。清末刻本。

周勿庵肆中，有老僧與同坐，故中官也。……余聞其語，隨到竹關說與以智。以智伏地哭失聲，北向九叩頭謝恩。甲午秋九月事也」〔註82〕。昔日宮中的宦官講述崇禎時方以智申父冤感動崇禎帝之事，雖已事隔多年，仍令以智如此動情。

順治十二年秋，方孔炤去世。方以智痛哀不已，隨即破關奔喪桐城。他按照儒家禮節，「衰絰成服，受弔如儀」，且結廬墓側，稱之爲變廬。表明他雖身披袈裟，但內心深處仍是一個「儒者」。十一月末，營葬父柩於東鄉合明山，變廬墓側，名之曰不擇地〔註83〕。接著他又在浮山拜先母墓，有詩云：「三十三年漂斷萍，踏乾海底哭家庭」句〔註84〕。他神傷於其弟方其義英年早逝，但見侄子已長大成人，頗感欣慰。錢澄之回憶說：「初，中丞公歿，曼公已出世稱大師，自白門破關出歸治喪，有懷年且十七。大師語余曰：『此子至性過人，能知大禮，吾弟爲不亡矣』」〔註85〕。這年多天，吳道凝逝。吳道凝，字子遠，爲以智舅氏，又是要好的朋友。方以智《孫武公集序》曰：「余往與農父（周歧）、克咸處澤園，好悲歌……余有叔爾止，舅氏子遠，雖非同輩，而年相若，且引繩排根，不知何故風若」〔註86〕。吳道凝去世後與以智外祖吳應賓合葬金谷崖，密之參謁，所作《三一頌》極爲動情：「……（吳應賓）淺葬金谷岩下。又二十一年乙未，子遠逝矣。……適值衲子披麻，繞衡澗丹丘之廬，水枯自騎，雪中會葬，不覺大吼一聲，酒次血淚！」〔註87〕

順治十四年除夕，他稽首合山先人墓前，思及前輩，憶及生平，痛泣哀號，作《慕述》長詩。詩云：

> 我祖斷事，今祠表忠。死逝國節，投身望江。……於我顯考，
> 闇學匡濟。……獨我不肖，紹衣自疚。少好詞章，中年考究。性命
> 之原，生死猶瞀。……屢世景圭，罪我廢人。退藏於密，水火中行。

〔註82〕（清）錢澄之：《田間文集》卷26，《長干寺遇舊中官述往事記》，康熙刻本。
〔註83〕（清）方中通：《陪詩》卷1，《迎親集·先祖歸葬合明山，老父變廬墓側，顏曰不擇地》，清刻本，中國國家圖書館藏。
〔註84〕（清）方以智：《合山變廬詩·浮山拜先母吳太恭人墓》。轉引自任道斌：《方以智年譜》，合肥：安徽教育出版社1983年版，第195頁。
〔註85〕（清）錢澄之：《田間文集》卷20，《題白鹿山莊圖，爲方有懷壽》，康熙刻本。
〔註86〕（清）方以智：《浮山文集前編》卷2，《孫武公集序》，續修四庫全書第1398冊，上海：上海古籍出版社2002年版，第194頁。
〔註87〕（清）方以智：《冬灰錄》卷首，《金谷葬吳觀我太史公致香語》。轉引自任道斌：《方以智年譜》，合肥：安徽教育出版社1983年版，第195頁。

家風律律，勿忘折肱。丁酉歲除，合明欒廬。孤哀以智，稽首泣書。〔註 88〕

那麼，對於自己的子孫，他有何期盼呢？順治十四年元旦，他告誡三個兒子：「薪火燒三世，皆承雪地恩。臘知梅蕊凍，春在藥王根。滴血傳碑槁，呼天塞墓門。莖薤千古味，嚼齒大家吞。」〔註 89〕他還說：「墓門枯草亂縱橫，雪上加霜不可行。我是廢人休學我，生當此日感無生。尙餘壁在書堪讀，莫以田荒春懶耕。古瓠連根難道古，一堆棘火一瓢烹。」〔註 90〕

就是說，他告誡後代不能學他本人出家避難。離開了耕讀，家族要生存，要延續下去，豈不成爲空談？但是，在異族的統治下，他雖然認爲讀書不可少，卻不願子孫應舉出仕。作爲一個對家族、對民族都有高度責任感的人，以智一定渴望改變這種局面，這也應當是他持反清立場的思想根源之一。

此外，他還與舊友保持著密切的交往。如順治十四年冒襄喪親，以智聞訃，同病相憐，遣方中德過慰〔註 91〕。可見，儒家的基本倫理在他的頭腦中根深蒂固，忠貞不屈、孝慈友恭等觀念仍是他行爲處世的準則。

其三，政治態度未變。

因爲方以智出家本非自願，而是與清廷作鬥爭的一種手段，所以，他逃禪後不會與政治隔絕。這一點其門人戴移孝說得很清楚：

幸以匡廬，子驥歸省，而兩受煴火之逼，以涅槃矣之，以雨花之關斷之，此知天、感天之深候也！破關奔喪，襟土攀柏，則知天、感天之甚深，不能不痛大地是血者也！動忍困衡，至此刀兵水火，覆平地矣，何用哀鳴？何能不安鳴？〔註 92〕。

順治十三年，賀張自烈六十壽，寄不忘故明之衷。

《合山欒廬詩·壽張芑山六十》:「吾輩感天地，烈火一爐煮。……

〔註 88〕（清）方以智：《合山欒廬詩·慕述》。轉引自任道斌：《方以智年譜》，合肥：安徽教育出版社 1983 年版，第 199 頁。

〔註 89〕（清）方以智：《合山欒廬詩·丁酉元旦示槲峰及三子》。轉引自任道斌：《方以智年譜》，合肥：安徽教育出版社 1983 年版，第 198 頁。

〔註 90〕（清）方以智：《合山欒廬詩·示兒》。轉引自任道斌：《方以智年譜》，合肥：安徽教育出版社 1983 年版，第 198 頁。

〔註 91〕任道斌：《方以智年譜》，合肥：安徽教育出版社 1983 年版，第 200 頁。

〔註 92〕（清）方以智：《合山欒廬詩》戴移孝《跋》，轉引自任道斌：《方以智年譜》，合肥：安徽教育出版社 1983 年版，第 200 頁。

天末揚老友，端州表心臀。此如鴻蒙夢，夢中一閒舉。自有萬古場，

珠盤久相許。敢歌松柏風，珍重此禾忝」〔註93〕。

順治十四年秋。冒襄講會南京，方氏諸子及復社後嗣皆趨赴，頗有昔年遺風，以智爲詩寄之〔註94〕。方中通作詩云：

雲龍壇坫舊知名（自注：老父與臥子先生向有雲龍之稱，謂雲間龍眠也），二十年來水上萍。已信通家非一世，得逢傾蓋果三生。盟心不比西園集，結客還同北海情。折簡若非前輩約，月明何處寄歌聲。〔註95〕

正如趙園女士所說，方以智「在許多方面都足以標記那個時期，那個時期士人的選擇，他們的姿態設計，他們存在於異代的方式、條件，等等」〔註96〕。所以方以智幾乎是一個具有永久魅力的人物，尤其是其逃禪後的行跡和他的死因，都顯得撲朔迷離，引人思考。

六、逃禪後的秘密抗清

學界多認爲方以智逃禪之後，傾注全部精力於學術。從現存的大部分史料看的確如此。然而仍有部分史料傳遞出不同的信息，再結合以智的經歷和心志，筆者相信，方以智逃禪後仍在從事秘密的抗清活動。惟其如此，才符合這位歷史人物命運的必然邏輯，才能合理解釋他的死因。關於此點，余英時先生《方以智晚節考》〔註97〕一書設有「復明活動發微」作爲餘論，已論之甚詳，茲再補數條史料以證之，以備進一步研究。

方以智爲其父廬墓期滿，即離開桐城，禪遊江西。此時，覺浪禪師寄書至廬山，希望以智振興曹洞宗風。但方以智對覺浪的囑託似乎沒有理會，而是入江西南城，訪舊友徐芳，不遇，於是匿入荷葉山中，長達三個月。在荷葉山中，他「寒鐺破竈，晚汲晨釁，皆手操之。遇者懵然，不知爲何等頭陀也。」〔註98〕

〔註93〕任道斌：《方以智年譜》，合肥：安徽教育出版社1983年版，第197頁。

〔註94〕任道斌：《方以智年譜》，合肥：安徽教育出版社1983年版，第199頁。

〔註95〕（清）方中通：《陪詩》卷1，《迎親集·丁酉秋日，父執冒樸巢大會世講於白門》，清刻本，中國國家圖書館藏。

〔註96〕趙園：《明清之際士大夫研究》，北京：北京大學出版社1999年版，第481頁。

〔註97〕（美）余英時：《方以智晚節考》，北京：三聯書店2004年版，第193～200頁。

〔註98〕（清）徐芳：《懸榻編》卷3，《愚者大師傳》，四庫禁燬書叢刊集部第86冊，北京：北京出版社2000年版，第100頁。

　　徐芳，字仲光，號拙庵，又號愚山子，以智同年進士，是一位堅定的遺民。以智訪他時，「適芳他出，就居草庵棲止三閱月，人不知爲何等頭陀也。芳之兄英，見其扇頭書，吒曰：『此桐城方密之筆也。』捉臂前詰。不得匿，爲噱然笑。復杖景雲，又入資聖及新城壽昌諸刹。」〔註99〕也就是說，如果以智不是被徐英認出，他還會在山中住下去。只是因蹤跡綻露，才杖南城景雲、資聖諸刹。那麼，他在荒山野嶺過艱苦的日子，究竟在搞什麼名堂？從荷葉山走出後，萍蹤江西，蒲團到處，群議競起〔註100〕。凡此種種，令人生疑。

　　魏禧曾說：「師盧墓後始脫疑謗。」〔註101〕說明盧墓前就有關於以智的很多謗語，盧墓後如果僅僅是拜訪僧俗，切磋學問，何至於現在又「群議競起」呢？

　　後來，他爲了卻覺浪禪師的心願，主持青原法席。他仍然與佛教僧徒、明朝遺民、清朝官吏，以及鄉紳賢達、士人學者，交往不斷，關係最密切的要數寧都易堂九子和泰和蕭氏。這些人均持遺民思想，志節皎然。羅熾先生認爲，以智後來因粵案在身，蕭伯升營救之最出力，「這種僧俗遺民的深切情感固然是一種緣份，也深刻地反映了清初地主階級對清政權的排斥心理」〔註102〕。

　　其老友王夫之則說：「乃披緇以後，密翁雖住青原，而所延接者皆清孤不屈之士。且復興書院，修鄒、聶諸先生之遺緒。」〔註103〕說明他儘管學佛在深山古寺，但仍然與各方面詩文往還。出世又不忘救世。

　　最後就方以智的死因略作交代。關於方氏死因，學界有兩種看法，其一爲病死說，以任道斌先生爲代表。其二爲自沉說，以余英時先生爲代表。余先生有《方以智晚節考》一書，論述詳盡。筆者也傾向於自沉說。除余先生大作所闡述的理由之外，本文對方氏思想傾向和晚年活動的考察也使筆者做出這樣的判斷。

〔註99〕　（清）邵子彝修，（清）魯琪光纂：《建昌府志》卷8，《寓賢》清光緒五年刻本。

〔註100〕　（清）沈壽民：《姑山遺集》卷24，《與方無可》：「近友人旴江回，頗悉杖屨駐處，群議競起」。四庫禁燬書叢刊集部第119冊，北京：北京出版社2000年版，第272頁。

〔註101〕　羅熾：《方以智評傳》，南京：南京大學出版社1998年版，第79頁。

〔註102〕　羅熾：《方以智評傳》，南京：南京大學出版社1998年版，第75頁。

〔註103〕　（清）王夫之：《船山遺書》卷6，《搔首問》，北京：北京出版社1999年版，第3991頁。

第二節　方氏家族與明清鼎革時期的政治（下）——以方文爲中心

方大鎮、方孔炤和方以智祖孫三代，均聲名顯赫，與之同屬中一房的方大鉉，其子孫的知名度就顯得遜色一些。但明清鼎革時期，大鉉的後代同樣有著一股可貴的精神。方文就是其中很有代表性的一個。面對清朝的高壓統治，他雖沒有像昔日友人陳子龍、孫臨等人奮起反抗，沒有轟轟烈烈的抗清行爲，但其對故國的懷念，對前朝的忠誠，其別具一格的詩歌表現出的遺民心志和詩史意義，都值得研究和思考。

方文（1612～1669），大鉉長子。字爾識，更名文，字爾止，復社成員。明亡後，更名一耒，號嵞山、明農、忍冬、淮西山人。他彪炳氣節，棄諸生，絕意仕進，誓不與清廷合作。方文一生，遭遇坎坷。早年喪父，中年喪妻，老年無子。然而他無怨無悔，用自己的信念和行動詮釋著對明朝的眷戀，用詩歌道出遺民的心聲，直至其生命的盡頭。斯人已逝，然其《嵞山集》卻長留人間，留下了珍貴的歷史紀錄，令後人詠歎。

下面就其爲人，其遺民心態和其詩歌的詩史意義依次探討。

一、堅定的遺民

明清易代，對士人是一次嚴峻的考驗。多數人經短暫的觀望之後，就認同了清朝的統治。然而方文卻甘心隱遁，以賣卜、行醫或遊食爲生，生活在顛沛流離之中，備嘗艱辛，但心志不改。

方文痛北都之變，絕意仕進。他取程敏政《宋遺民錄》所錄十一人詠之，復贈詠四人，作《宋遺民詠》。《嵞山集》卷一《宋遺民詠》詩序：「程篁墩先生作《宋遺民錄》於萬曆初年。……姑就所知十五人，各系一章，亦可以知予志之所在矣。」〔註104〕

方文不認同清朝的心志有種種表現。具體表現形態之一是每年農曆三月十九，他必作詩哭奠。下面試舉數例，以窺其要。《嵞山集》卷一《三月十九日作》注云：「時在京口，與邢昉、史玄、潘陸、錢邦寅、范景仁登北固山拜哭。」詩云：

〔註104〕（清）方文：《嵞山集》卷1，《送遺民詠》，上海：上海古籍出版社1979年版，第34～35頁。程敏政《宋遺民錄》撰於成化十五年，嘉靖四年鋟梓。方文所謂成書於萬曆初年，誤。見李聖華：《方文年譜》，北京：人民文學出版社2007年版，第159頁。

烈風吹黃沙，白日黯無光。江水聲震蕩，草木零芬芳。

莫（暮）春景物佳，何為倏悲涼。痛哉今日月，我後罹厥殃。

天人有同心，終古猶盡傷。一從神京沒，河北非我疆。

龍種陷荊棘，未審存與亡。群盜匿函谷，頃覆奔湖湘。

王師豈不多，疇能奮戎行。小臣本微細，憤懣結中腸。

陟彼西山巔，涕泗瞻北荒。奄忽歲已周，哀情若新喪。

寄言百君子，舊恩安可忘。茲辰易文繡，縞冠白衣裳。

北向一稽首，臣庶義所當。曷忍處華屋，對酒鳴笙簧。〔註105〕

此詩作於1645年三月十九日，恰逢明崇禎皇帝在北京煤山上弔自殺一週年。

《嵞山續集》卷一《癸卯三月十九日潤州客舍同潘江如小飲，述懷四十韻》：「三月十九日，先皇之忌辰。同登北顧山，仰首號蒼旻。野老或見憐，朝士反見嗔〔註106〕。」

而他臨終前己酉（1669）年寫的一首：

野老難忘故國恩，年年慟哭向江門。

南徐郭外三停掉，北固山頭獨愴魂。

（乙酉、丙午、己酉三年三月俱在京口）

流水滔滔何日返，遺民落落幾人存？

錢生未死重相見，雙袖龍鍾盡血痕。（是日遇錢馭少，故云）

從乙酉年（1645）在鎮江與邢昉、史玄、潘陸、錢邦寅、范景仁登北固山拜哭的《三月十九日作》的「奄忽歲已周，哀情若新喪」，「何忍處華屋，對酒鳴笙簧」一詩起，方文直到老死，確是「縱使海枯還石爛，不教此恨化寒煙」（《戊子三月十九日作》）。〔註107〕

方氏族裔方幟《三月十九日偶作》云：「吾家高尚嵞山老，此日年年一作詩。歌斷首陽愁夕霧，節同寒食感春時。」〔註108〕

雖然，「在遺民群中他的『三月十九日』詩是有幸保存得最多，憤慨悲哀

〔註105〕（清）方文：《嵞山集》卷1，《三月十九日作》，上海：上海古籍出版社1979年版，第45頁。

〔註106〕（清）方文：《嵞山續集》卷1《癸卯三月十九日潤州客舍同潘江如小飲，述懷四十韻》，上海：上海古籍出版社1979年版，第855頁。

〔註107〕參見嚴迪昌：《清詩史》（上），杭州：浙江古籍出版社2002年版，第190～191頁。

〔註108〕（清）潘江輯：《龍眠風雅續集》卷25，四庫禁燬書叢刊集部第100冊，北京：北京出版社2000年版，第59頁。

之情寫得最直白的一個。」〔註109〕但出於防備文字獄的心理，他的一些更遭時忌的哭祭詩沒有保留下來，正如他自己所說：「年年此日有詩篇，篇什雖多不敢傳」〔註110〕。

表現形態之二是他不變的孝陵情結。孝陵是明朝開國皇帝朱元璋的陵寢，是明朝的一個重要象徵。自從兄方孔炤帶他去觀瞻之後，方文對孝陵就有了一種特殊的情結。這種情結在明清鼎革之後變得愈益濃烈。

順治十二年，他在南京市場上看見有賣木棉者，大書「孝陵衛棉」四字，為之淒然，於是作《孝陵棉》絕句。詩序云：「金陵市上，有賣木棉者，大書孝陵衛棉四字於門，予見而悲之，因成一絕。」有云：「舊日王侯多第宅，只今誰似賣棉家？」〔註111〕

康熙七年正月四日，他同朱茂昉謁孝陵，情緒失控，大呼「戊申高皇帝登極之年也，嗟乎哀哉，伏地大哭不能起，久乃去。」〔註112〕於是作感懷六百字紀之：「洪武改元初，是為戊申歲。正月初四日，始即皇帝位。……每逢履端日，仰天必長喟……追憶卅年前，陪京當盛世。……豈知轉盼間，朔方舉烽燧」〔註113〕。

表現形態之三是他自己堅決不出仕，對隱逸者引為同調，對抗清者讚譽備至，對仕清的親人和舊友除流露出惋惜之情外，還予以譴責。明清鼎革，滿族入主中原，漢族士人面臨新的政治選擇。昔日的友人多奮起反抗者，方文對其欽佩有加。方文亦想追隨，但因母養作罷。孫臨等抗清殉難後，方文愧然作詩云：

> 姑蘇城外轉旌麾，士馬蕭蕭我獨隨。
>
> 自愧江東行不果，只因堂北養無兒。〔註114〕

〔註109〕參見嚴迪昌：《清詩史》（上），杭州：浙江古籍出版社2002年版，第190～191頁。

〔註110〕（清）方文：《嵞山續集》卷4，《三月十九日作》，上海：上海古籍出版社1979年版，第1078頁。

〔註111〕（清）方文：《嵞山集》卷12，《孝陵棉》，上海：上海古籍出版社1979年版，第523頁。

〔註112〕（清）朱書：《方嵞山先生傳》。附見於《嵞山續集》，上海：上海古籍出版社1979年版，第1187頁。

〔註113〕（清）方文：《嵞山續集》卷1，《戊申正月初四日恭謁孝陵感懷六百字》，上海：上海古籍出版社1979年版，第911～912頁。

〔註114〕（清）方文：《嵞山集》卷7，《聞楊龍友、孫克咸同日死難，詩以哭之》，上海：上海古籍出版社1979年版，第336頁。

方氏族裔中抵抗清朝的除方以智外，尚有方授等人。方授是六房方大美之孫。大美有五子：體乾、承乾、應乾皆恩貢生。四子象乾，官至廣州府按察司副使。五子拱乾爲進士。前三子未有正式官職，卻是地方豪強。以應乾爲例，因「不諳物情，爲鄉里所怨」，引發了崇禎七年的桐城民變。〔註115〕他對於新朝持合作的態度，逼兒子方授應試，但方授令其大失所望。

方授，一名留，字子留，崇禎末諸生。從唐允甲學。少能詩，與兄儀、弟藻有三方之目。嘗和杜甫《諸將》五首，感慨時事，悲憤激楚，夏允彝歡賞之，令子完淳與定交。「以乙酉之變棄諸生，薙髮爲僧。（父）強令就試，不可，杖之，無忤色……」〔註116〕，後與浙東志士「相與慷慨謀天下事……傾囊盡周諸公之急」。又參與皖中英、霍山寨的抗清鬥爭，被捕入獄。出獄後復往浙東，「癸巳，子留自天門山往石浦，蓋有探於海上之消息，疾動，竟不起。」〔註117〕年僅27歲即勞瘵而亡。有《焚餘》、《呼天》諸草，潘江點訂行世。

錢澄之《田間文集》卷二十四《方處士子留墓表》：謂方授「病革時，謂其友曰：『某自國變以來，日日求死，而卒不死，以有親在也。今老親方倚閭，而遊子沒齒天外，益恨從前之未死矣！』」

對這樣一位死而後已的抗清志士，方文哀其早逝，所作的哭方授的悼詩真摯感人：

其一

聖代遺民本不多，頻年鋒鏑又銷磨。

衰宗尚剩農兼圃〔註118〕，至性同歸笠與蓑。

只道陽春廻律管，豈知長夜閉煙蘿。

瑤華且受霜風折，冉冉孤根奈若何？

其二

少小能文氣似蘭，里人誰不信彈冠。

祇因喪亂身當廢，縱使沉埋性所安。

故國有懷唯涕淚，新詩無字不悲酸。

〔註115〕 （清）錢澄之：《田間文集》卷24，《方處士子留墓表》，康熙刻本。

〔註116〕 （清）錢澄之：《田間文集》卷24，《方處士子留墓表》，康熙刻本。

〔註117〕 （清）全祖望：《鮚埼亭集外編》卷20，《方子留湖樓記》，續修四庫全書集部·別集類第1429冊，上海：上海古籍出版社2002年版，第649頁。

〔註118〕 方文號明農，方授法號明圃。

漫勞鐵匣藏枯井，此日流傳血已丹。

其六

憶昔相攜吳楚遊，日同匕箸夜同裯。

奇歡東壩千鍾酒，苦恨西湖一葉舟。

共把愁心對陵闕，獨將佳句播滄洲。

河山猶未歸堯禹，痛爾飄零先白頭。

　　（子留有「河山若不歸堯禹，從此飄零到白頭」之句。〔註119〕）

方孔炤次子方其義同樣具有強烈的民族意識。方其義，字直之，一作職之，十四歲補諸生，篤嗜古學，留意用世。明末他曾經跟隨其父赴湖廣與農民軍作戰。康熙《安慶府志》卷十九《文學》載：

　　　崇禎戊寅，從中丞撫楚，親督將士殺賊，八戰八捷，群賊駭退，

　　競指方公子為前鋒。蓋自嘉隆以來，江北讀書經世之才，未有如其

　　義者也。

甲申之變，南都立，他本想幹一番事業，但阮大鋮羅織黨獄，其志難申。黃得功素聞其名，延為上客。南都陷，隱白鹿莊，縱酒悲歌，順治六年病卒，年三十一。與兄以智以詩名當世，尤長於書法。著有《時術堂集》十卷。〔註120〕

　　對於方其義早逝的原因，其父方孔炤曾說〔註121〕「汝真愁亂世，痛飲不求痊。」錢澄之回憶說：「乙酉，留都不守。……君（按：指方其義）素好談兵，昔在留都，與山東郭孟白、池州吳次尾、慈谿馮躋仲，及其姊夫孫武公五人，日共講求方略，將一旦天下有事，出建不世之功。而後，諸君子皆以起兵死，獨君以病沒，君之不與諸君子死者，以有中丞公在也。」〔註122〕也就是說，由於國破家亡，他「終年抑鬱」，〔註123〕又要養老育幼。方文對其從子之才高早逝非常痛惜，說道：「吾兒死不見其死，不見吾兒見猶子」〔註124〕。

〔註119〕（清）方文：《嵞山集》卷8，《水崖哭明圃子留》，上海：上海古籍出版社1979年版，第407～408頁。

〔註120〕見（清）錢澄之：《田間文集》卷24，《前處士方公次公直之墓表》、《時術堂遺詩》集前附陳焯舊序、《家譜》卷13、張楷纂修：《安慶府志》卷19《文學》。

〔註121〕（明）方孔炤：《哭次兒義》其一，《桐城方氏詩輯》卷3。

〔註122〕（清）錢澄之：《田間文集》卷24，《前處士方公次公直之墓表》，康熙刻本。

〔註123〕（清）錢澄之：《田間文集》卷24，《前處士方公次公直之墓表》，康熙刻本。

〔註124〕（清）方文：《嵞山集》卷3，《哭從子直之》：上海：上海古籍出版社1979年版，第145頁。

　　然而對於同族中仕清的族裔，方文則痛加伐撻。上述悼念方授的組詩，在頌贊方授志節同時，對族中歸順出仕新朝者從對比角度狠予鞭笞。

　　　其三

　　神寒骨瘦映梅花，對爾長憂壽不遐。

　　也說艱難過三九，果然歲序在龍蛇。

　　同堂羣從爭榮脤，絕島遊魂獨怨嗟。

　　蹋跖引年顏舟天，茫茫天道屬誰家。

　　　其四

　　里門裘馬日紛紛，鸞鶴寧同雞鶩羣？

　　如以衣冠坐塗炭，不徒富貴等浮雲。

　　家人愚闇還相勸，異類腥臊孰忍聞？

　　十世國恩蒙者衆，獨將破衲報明君〔註125〕。

這兩首詩對方授的早逝深表哀悼，對「同堂羣從爭榮脤」表示輕蔑，其指向爲方授嫡堂叔父方拱乾父子。拱乾已爲明朝官僚，而方授僅爲諸生。然而其政治選擇竟然如此懸殊。在「同堂羣從爭榮脤」時唯有方授「絕島遊魂獨怨嗟」，天理何在？「茫茫天道屬誰家」？〔註126〕

　　對於仕清的舊友，方文一般也持同樣的態度。陳名夏是其多年的老友，仕清後曾「乞盆山定其詩，執禮甚恭」，方文則厲聲曰：「但須改『陳名夏』三字。時坐客滿，舉錯愕，不能出聲。陳亦厲聲曰：『爾謂我不能殺爾耶？』適代巡來謁，陳拂衣去」。許多人都認爲方文太不講情面，他卻笑曰：「吾自辦頭來耳，公等何憂？頃之，陳復入，執盆山手，流涕被面，曰：『子責我良是，獨不能諒我乎？』竟相好如初。」〔註127〕

　　順治十一年，陳名夏在南北黨爭中遇害。明末黨爭的錮習並未隨著朱明王朝的滅亡而消失，而是帶到了新朝。陳名夏是當時清廷中南方籍漢族官僚的首領，因此，陳名夏案也稱「南黨案」。此案的背景十分複雜。他的死，固然與其「好爲名高」、「性銳慮疏」有關，但其最終被殺的眞正原因，恐怕還

〔註125〕　（清）方文：《盆山集》卷8，《水崖哭明圊子留》，上海：上海古籍出版社1979年版，第407頁。

〔註126〕　嚴迪昌：《清詩史》（上），杭州：浙江古籍出版社2002年版，第196頁。

〔註127〕　（清）朱書：《方盆山先生傳》，附見於《盆山續集》，上海：上海古籍出版社1979年版，第1188頁。

是順治皇帝借他的人頭以加強滿洲貴族的統治，強化皇權，在當時錯綜複雜的民族矛盾、階級矛盾和權力之爭的一盤棋中，他不過是一顆被利用的棋子而已。

這年夏天，方文在魏裔魯、徐士儀、姚文然的資助下移家入城，贖回了城東蕭家園舊田，自謂可耕隱終老，絕勝陳名夏高爵厚祿而身敗名裂。五月，方文作《田居雜詠》六首，其六云：

> 試觀溧陽生，爵祿非不巍。
>
> 一朝黨禍作，千里輿屍歸。
>
> 身死何足惜，名敗良可欷。
>
> 感彼田家叟，終身無禍機。〔註128〕

康熙七年（1668）方文睹物思人，作詩云：「驀見僧房大幅懸，回思三十五年前。斯人雅志千秋事，僅僅科名亦可憐。」原詩注：崇禎癸酉，予與百史結盟此庵，故云。〔註129〕自二人於崇禎六年（1633）結盟此庵，已有三十五年，可謂情誼深厚，方文對陳名夏的才學亦十分賞識，但僅僅爲了「科名」而身死名裂，惋惜之中透露出對自己人生選擇的慶幸。

選擇做遺民，是他不變的人生信念。儘管舊友和新知紛紛出仕，方文處在一種「古人重高士，今世賤遺民」〔註130〕的時風中，但怡然自稱爲「山中老布衣」，直言與同社諸子各走各路：

> 諸子皆耆舊，亡何試禮闈。
>
> 便應驤首去，未許卷懷歸。
>
> 輦下新朝服，山中老布衣。
>
> 高鵬與低鷾，各自一行飛。〔註131〕

該詩作於順治十五年。方文發出這樣的誓言，大概與上一年發生的丁酉科場案有關。這次科場案的受害者之一就是其從兄方拱乾一家。

〔註128〕（清）方文：《嵞山集》卷2，《田居雜詠》，上海：上海古籍出版社1979年版，第93頁。

〔註129〕（清）方文：《嵞山續集》卷5，《三藏庵見陳百史遺墨有感》，上海：上海古籍出版社1979年版，第1170頁。

〔註130〕（清）方文：《嵞山續集・北遊草》，《談長益永平書來卻寄》，上海：上海古籍出版社1979年版，第583頁。

〔註131〕（清）方文：《嵞山續集・北遊草》，《會試榜發，久不得報，有懷同社諸子》，上海：上海古籍出版社1979年版，第583頁。

需要指出的是，方文甘做遺民，但自己不事生產，爲了生存，他不得不經常接受仕清官員的救濟和幫助。但這些人一般不是其故人，就是情投意合的官員。比如李世洽就是一例。

李世洽，字君渥，號溉林，束鹿人。順治四年進士，授太湖令。據府志載其：

> 草檄諭撫，土寇呂孟張盡等解甲歸農，士民始有城居之樂。尤重文教，首建學宮，以育多士。纂修邑志，以彭往跡。當道揚其循聲，擢郎署。士民不忍忘，立石以誌思焉。〔註132〕

李世洽對方文一直態度友好，不時予以資助。順治五年夏，因困於薪米，方文訪李世洽〔註133〕。順治七年冬，李世洽邀請方文講學，爲他招集生徒二十餘人，解決了當時的困難。〔註134〕順治十六年，有了李世洽的資助，他得以在南京買青溪宅，感其高義，擬題新居曰懷慨堂。有詩記之：「南歸定買青溪宅，懷溉名堂在上頭」〔註135〕。可見，方文對李世洽的數次周濟十分感激。

另外，宋琬和張國樞等人也都曾伸出援助之手。順治六年秋冬之際，居家無聊，賣卜薊陰。宋琬榷關至此，分俸相濟。方文有「飲我以酒漿，和我以詩篇。更念旅食艱，分俸至萬錢」〔註136〕之句。十二月，宋琬再分俸。《嵞山集》卷七《祀竈日宿宋玉叔官舍有感》其二：「幸有故人分厚祿，羞將短髮對春風。」他還接受了武進令張國樞的饋贈。順治八年，方文作《四令君詩》。詩序云：「不得已索負於常州判某某，不爲禮，困益甚。適新令張環生來，有稱予姓名者，君欣然要入其署，厚餉之。」〔註137〕

〔註132〕（清）張楷纂修：《安慶府志》卷12，《政績傳》。
〔註133〕李聖華：《方文年譜》，北京：人民文學出版社2007年版，第206頁。
〔註134〕（清）方文：《嵞山集》卷1，《四令君詩》詩序：「庚寅冬，予重至湖。湖當丘火凋殘之後，頗不能爲膏秣地，然爲予招集生徒甘餘人，北面受業，修脡不薄」。上海：上海古籍出版社1979年版，第61頁。《李太湖溉林》：「君詔諸俊彥，執契求良工。予學本媠淺，謬爲人所崇。聚徒城南隅，厥社名琴風。」《李太湖溉林》：「逝將攜妻子，結茅隱司空。」
〔註135〕（清）方文：《嵞山續集·徐杭遊草》，《奉別李觀察溉林先生》，上海：上海古籍出版社1979年版，第669頁。
〔註136〕（清）方文：《嵞山續集·北遊草》，《永平訪宋副憲玉叔》，上海：上海古籍出版社1979年版，第554頁。
〔註137〕（清）方文：《嵞山集》卷1，《四令君詩》，上海：上海古籍出版社1979年版，第61頁。

　　上述順治十一年，方文贖回城東蕭家園也是一個顯例。如果沒有魏裔魯、徐士儀、姚文然的資助，以他自己的財力是萬難承受的。更難奢望「再擬構三楹，可以長讀書」〔註138〕了。

　　表現形態之四是與前朝或親友有關的情景時時觸動他的遺民的情懷。

　　順治九年二月十六日，清明觀劇，有「久不見袍笏，優伶尚漢官」之歎〔註139〕。順治十四年正月，在南京得母喪之噩耗，一慟幾絕。然目睹明時戶田籍冊廢棄如柴，作《負板行》哀之。雖遭母喪之痛，仍須臾不忘故國。其詩云：「數年不到三山街，今春偶到多感懷。……天下戶口田畝籍，十年一造貢皇都。……豈知今日廢無用，口不敢言心自痛」〔註140〕。

　　順治十四年，他北遊京師，在柴市弔文天祥，憫忠寺弔謝枋得，昌平謁十三陵，均有詩記之。《北遊草・柴市》注云：「在都城內，宋文文山遇害處。」有云：「此道今寂寞，誰與薦蘋蘩。」《北遊草・憫忠寺》注云：「在外城，宋謝疊山餓死處。」有云：「我來訪陳跡，霜樹空蕭條。」《北遊草・天壽山》注云：「在昌平，有明十三陵在上。」有云：「遙瞻一再拜，潸潸淚沾袖。」〔註141〕

　　順治十五年七月一日出都門南返。渡黃河時讀到金龍四大王碑記，感慨於宋遺民謝緒故事，作《金龍四大王歌》〔註142〕。順治十七年四月，在濟南大明湖憑弔方孟式，作長歌。《魯遊草・大明湖歌》：

　　　　追惟往事不勝痛，臨風雪涕沾平蕪。忠臣烈婦分自盡，豈必求

　　人知之乎？第恐年久事湮沒，因作此詩告吾徒。〔註143〕

順治十八年冬，過江西萬安惶恐灘，臨流憶文天祥《過零丁洋》詩句，有「臨流忽憶文山句，千古忠臣淚不乾」〔註144〕之句。

〔註138〕（清）方文：《嵞山集》卷2，《田居雜詠》，上海：上海古籍出版社1979年版，第93頁。

〔註139〕（清）方文：《嵞山集》卷5，《清明日飲寶計部署中觀劇有感》，上海：上海古籍出版社1979年版，第254頁。

〔註140〕（清）方文：《嵞山集》卷3，《負版行》，上海：上海古籍出版社1979年版，第176頁。

〔註141〕見李聖華：《方文年譜》，北京：人民文學出版社2007年版，第303頁。

〔註142〕見李聖華：《方文年譜》，北京：人民文學出版社2007年版，第318頁。

〔註143〕（清）方文：《嵞山續集・魯遊草》，《大明湖歌》，上海：上海古籍出版社1979年版，第720頁。

〔註144〕（清）方文：《嵞山續集・西江遊草》，《惶恐灘》，上海：上海古籍出版社1979年版，第831頁。

康熙二年，揚州一貴家宴客演劇，有人點《萬年歡》。方文極力反對，不惜退席以抗爭。王士禛贊曰『壯哉，遺民也』，於是改演他劇。有詩紀之。《嵞山續集》卷五《廣陵一貴家讌客，伶人呈劇目，首坐者點萬年歡，予大呼曰：「不可，豈有使祖宗立於堂下而我輩坐觀者乎？」主人重違客意，予即奮袖而起曰：「吾寧先去，留此一線於天地間。」王貽上拊几曰：「壯哉，遺民也。」遂改他劇》其一云：「莫道人心盡澌滅，也留一線在乾坤。」〔註145〕

二、方文遺民心態的成因

這樣一位特立獨行的遺民詩人，他的信念和性格是怎樣形成的呢？

首先是其家族的家風。如前所述，方氏家族自五世祖方法殉義沉江，其家族就逐漸形成一種注重氣節的家風。方氏家族數代人均出仕明朝，所謂「世受國恩」。而且，族人不失時機地加強忠於明朝的教育。崇禎十年八月秋祭，其從兄方孔炤攜方文和方以智拜謁孝陵。三十年後，方文對這件事記憶猶新，他作詩云：

> 追憶卅年前，陪京當盛世。臣兄方孔炤，適官尚寶司。
>
> 八月秋祭辰，兼攝太常寺。許攜子弟入，臣文臣以智……〔註146〕。

方文自幼生活在這種家族文化氛圍中，耳濡目染，繼承了其家族的這一傳統。需要特別指出的是，方文外舅左光斗的影響亦不可忽視。萬曆四十五年，他年方六歲，隨父訪左光斗，席間誦杜甫《秋興》八首，光斗驚喜不已，以女許字。《嵞山集》卷二《噉椒堂詩》云：

> 我昔登茲堂，總角六嶺耳。先君官司農，少保尚御史。
>
> 老友結重姻，拜謁攜小子。小子幼誦詩，《秋興》如流水。
>
> 抗聲吟席上，少保驚且喜。一首飲一盃，八盃竟醉矣。
>
> 愈年我遂孤，少保去京市〔註147〕。

〔註145〕（清）方文：《嵞山續集》卷5，《廣陵一貴家讌客，伶人呈劇目，首坐者點萬年歡，予大呼曰：「不可，豈有使祖宗立於堂下而我輩坐觀者乎？」主人重違客意，予即奮袖而起曰：「吾寧先去，留此一線於天地間。」王貽上拊几曰：「壯哉，遺民也。」遂改他劇》，上海：上海古籍出版社1979年版，第1143頁。

〔註146〕（清）方文：《嵞山續集》卷1，《戊申正月初四日恭謁孝陵感懷六百字》，上海：上海古籍出版社1979年版，第912頁。

〔註147〕（清）方文：《嵞山集》卷2，《噉椒堂詩》，上海：上海古籍出版社1979年版，第87頁。

第二年，其父方大鉉去世，方文經歷了第一次人生挫折。然而幸運的是，數年之後，他得到了左光斗的親身教誨。天啓四年十二月，左光斗里居課子，方文從學。《嵞山集》卷二《噉椒堂詩》云：「九載別始還，我已隸博士。學文雖未成，愛我筆清泚。時時立堂下，訓誨非一指。」〔註148〕左光斗作為正氣凜然的前輩，不畏強權，為了正義而視死如歸的精神無疑對方文產生了重要影響。

還需指出的是，方文妻左氏去世後。順治十五年冬，方文卜居南京時，繼娶明殉難名臣汪偉之女。汪偉，字叔度，號源長。先世徽州休寧人，世居於沛，以江寧籍登進士，授浙江慈谿知縣，擢翰林院檢討。李自成農民軍圍京師，城陷，汪偉與妻耿氏相對共縊。〔註149〕方文雖未與這位外舅謀面，但其殉難的行為對方文亦產生了影響。順治十六年七月，方文在西湖廣化寺前樓悼左光斗、汪偉等近代死難名公，他有詩《徐杭遊草・西湖廣化寺前樓崇祀近代死難諸公，一日與客停舟登此，徘徊久之，蓋忠毅左公浮丘先生、文烈汪公長源先生皆予外舅也，因題一詩於壁》〔註150〕可為明證。

其次是交遊。方文從青年時期就頻頻出遊，交遊極廣。其所交遊並引為同調者，如史玄、邢昉、潘陸招等均為較有骨氣的名士。這些人多堅守民族氣節，嚴夷夏之防，對方文的為人、為詩均產生了深刻的影響。

再次，其信念和行為與個人的性格和對重大問題的體認密不可分。這一問題十分複雜。一個明顯的例證就是，同屬方氏家族的方文從兄方拱乾一支，很快就認同清朝的統治。這就要具體分析方文的性格。方文為人率直耿介，尤其是在民族大義上毫不含糊。上述他對陳名夏不留情面的斥責即為一例。

〔註148〕（清）方文：《嵞山集》卷2，《噉椒堂詩》，上海：上海古籍出版社1979年版，第87頁。

〔註149〕（清）計六奇撰，魏得良、任道斌點校：《明季北略》卷21（上），北京：中華書局1984年版，第531～532頁；（清）魏禧：《魏叔子文集》外篇卷17，續修四庫全書第1409冊，上海：上海古籍出版社2002年版；（清）抱陽生編，任道斌校點：《甲申朝事小記四編》卷9，《汪叔度記》，北京：書目文獻出版社1987年版。

〔註150〕（清）方文：《嵞山續集・徐杭遊草》，《西湖廣化寺前樓崇祀近代死難諸公，一日與客停舟登此，徘徊久之，蓋忠毅左公浮丘先生、文烈汪公長源先生皆予外舅也，因題一詩於壁》，上海：上海古籍出版社1979年版，第672～673頁。

三、《嵞山集》的詩史意義

方文在其詩歌中不但紀錄了自己的喜怒哀樂，也紀錄了那個時代的風雲變幻。眾所週知，由於清廷的篡改、抹殺，乃至大興文字獄和其它高壓政策，明清之際的諸多歷史眞相，已經湮沒不存。誠如杜濬所云：「國固不可以無史，史之弊，或臧否不公，或傳聞不實，或識見不精，則其史不信。於是學者必旁搜當日之幽人懟士局外靜觀所得，於國家興衰治亂之故、人材消長邪正之幾，發而爲詩歌、古文詞者，以考證其書。然後執筆之家，不敢用偏頗影響之說，以淆亂千古之是非，非漫作也。故世稱子美爲詩史，非謂其詩之可以爲史，而謂其詩可以正史之僞也。」〔註151〕在明清之際的詩人中，方文視詩歌爲生命之所寄，他放膽直言，其詩眞氣淋漓，堪稱詩史。張其淦曾經說：「嵞山亦詩史」〔註152〕正是在這個意義上，方文之詩不僅僅載述了其個人的心靈精神之史，而且能補史之闕，正其僞弊，此方文詩別具價值之所在。

在他的筆下，有崇禎七年八月桐城汪國華、黃文鼎爲首的民變。當時方文同馬之瑛、姚文然登城防禦。《嵞山集》卷六《同王以介、弟爾從登眺城上》：「當年同守山樓者，姚馬翩翩已出塵（往賊圍城日，予同倩若、若侯守一棚，今並捷）。」〔註153〕

他的詩中還有楊嗣昌與農民軍作戰之時奏誦《華嚴經》可以滅蝗的荒唐舉動。〔註154〕然而，其詩紀錄得更多的還是令其蕭然起敬的人物，是其故國之思。

順治十四年秋，方文寓徐州。聞明末吳汝琦守歸德拒清兵死，《徐州志》未敢立傳，憤然傳之詩筆，以備野史採摭。《嵞山集》卷二《友人吳燾之父諱汝琦，死歸德之難，徐州志不敢立傳，予感而題此》云：

是時神京陷，中原蕩如洗。復聞左賢王，萬馬度河水。

將士迎風靡，夜半城門啓。直指淩公駟，與公誓一死。

〔註151〕（清）杜濬：《變雅堂遺集》文集卷1，《程子穆倩放歌序》，清光緒二十年黃岡沈氏刻本。

〔註152〕（清）張其淦：《明千遺民詩詠》卷2，寓園叢書本。

〔註153〕（清）方文：《嵞山集》卷6，《同王以介、弟爾從登眺城上》，上海：上海古籍出版社1979年版，第309頁。

〔註154〕（清）方文：《嵞山集》卷6，《寄懷三兄仁植先生》，上海：上海古籍出版社1979年版，第289頁。詩中寫道：「蕭瑟黃門北寺秋，朔風吹雨入邊愁。……早知占夢多靈異，悔不焚香禮比丘（時閣部奏誦《華嚴經》可以滅蝗）。」

寧甘蹈白刃，不肯屈其體。學使蔡公鳳，同日刑於市。

……胡爲修志者，隱諱不敢紀。

世人好婧阿，湮沒寧止此。吾憤題此詩，將以禆野史。〔註155〕

順治十五年，他根據京師見聞，寫下《都下竹枝詞》二十首，其中諷刺了應徵出仕的前明官員，紀錄了「逃人法」的殘酷，等等，內容豐富，描述準確。

其二

都門本是利名關，來去紛紛各不閒。

亦有京官十數載，從無偷眼看西山！

其六

新法逃人律最嚴，如何逃者轉多添。

一家容隱九家坐，初次鞭笞二次黥。

其十二

東戌榆關西渡河，今人不及古人多。

風吹草低牛羊見，更有誰能《敕勒歌》。

其十七

故老田居好是閒，無端薦起列鴛班。

一朝謫去上陽堡，始悔從前躁出山。

其二十

有客慈仁古寺中，蒼龍鱗畔泣春風。

布衣自有布衣語，不與簪紳朝士同。〔註156〕

嚴迪昌先生將這組詩稱爲：「易代之初輦下京城的特寫鏡頭」，可謂透闢。「其十二寫漢人被流放之多，故無人能唱《敕勒歌》；其十七寫歸順清廷者復被貶謫，方文認爲此亦咎由自取。無疑，他的諷刺是針對包括從兄方拱乾等在內的眾多名士、聞人的；其十八則是清初京城特多的走馬燈式的「大老」更替現象，這是滿漢之間、南北之間黨爭的結果」〔註157〕。李聖華則從王

〔註155〕（清）方文：《嵞山集》卷2，《友人吳燾之父諱汝琦，死歸德之難，徐州志不敢立傳，予感而題此》，上海：上海古籍出版社1979年版，第113頁。

〔註156〕（清）方文：《嵞山續集·北遊草》，《都下竹枝詞》，上海：上海古籍出版社1979年版，第621～624頁。

〔註157〕嚴迪昌：《清詩史》（上），杭州：浙江古籍出版社2002年版，第194頁。

士禎《漁洋詩集》卷四的《都門竹枝詞》所繪寫京師風情「與方文『布衣語』頗異」〔註158〕。

關於方文的「布衣語」，嚴迪昌先生分析說：「從一般意義看，此詩後二句恰好從大概念上劃開了詩史領域的兩大範疇，「布衣語」與「簪紳朝士」文字乃歷代詩歌的二種流向」〔註159〕

正因方文堅持用「布衣語」如實描寫，其詩才具有特殊的穿透力。試以組詩中《都下竹枝祠》中最有名的是第十一首略作闡述：

> 自昔褲裘與酪漿，而今啜茗又焚香。

> 雄心盡向蛾眉老，爭肯捐軀入戰場？〔註160〕

滿洲八旗併入關十五年之後，已「逐漸滋長起追求生活安逸的風氣……兵員少了，士氣低了」〔註161〕。方文的敏銳觀察爲後世的史家提供了寶貴的資料。方文「北遊」的目的究竟是什麼，這已經很難弄清了。但他確實敏銳地觀察到了這一情況，並如實地記錄下來，誠屬難能可貴。

此外，康熙三年，方文作《南潯歎》，詠莊氏明史案。爲掩蓋清朝先世曾長期臣屬明朝的這段歷史，清廷大興文字獄。莊氏《明史》獄，死者七十餘人，知識分子的思想受到鉗制，以致「乾、嘉學者，寧遁而治經，不敢治史，略有治史者，亦以漢學家治經之法治之，務與政治理論相隔絕。」〔註162〕方文以當時人記當時事：

> 南潯一邨當一縣，財貨雲屯商賈便。中間鉅富者誰子，擁貲百

> 萬人所羨。百萬金錢是禍胎，片時飛滅如浮埃。匹夫無罪懷璧罪，

> 盡室誅夷亦可哀。〔註163〕

他對清廷爲樹立其專制權威而以文字殺人的暴行予以有力的揭露。雖然方文的詩有如此寶貴的認識價值，但我們不能不指出其中的局限。因爲單憑個人的見聞，總會出現一些誤記。比如，他以詩筆再現了崇禎十二年清兵破濟南，布政使張秉文戰死，妻方孟式投大明湖的歷史。其詩云：

〔註158〕李聖華：《方文年譜》，北京：人民文學出版社2007年版，第317頁。

〔註159〕嚴迪昌：《清詩史》（上），杭州：浙江古籍出版社2002年版，第193頁。

〔註160〕（清）方文：《嵞山續集·北遊草》，《都下竹枝詞》，上海：上海古籍出版社1979年版，第622頁。

〔註161〕顧城：《南明史》，北京：中國青年出版社1997年版，第739頁。

〔註162〕孟森：《明清史講義》，北京：中華書局1981年版，第558頁。

〔註163〕（清）方文：《嵞山續集》卷2，《南潯歎》，上海：上海古籍出版社1979年版，第946頁。

　　己卯元旦城竟破，公中一矢身先殂。

　　……

　　小婦抗言吾弗活，願與母氏同捐軀。

　　兩人縫紉其衣帶，欣然奮身投此湖。〔註164〕

詩寫得非常生動，但他把時間寫成了元旦。而參閱劉城、方孔炤和談遷等人的記載，實際時間爲正月二日〔註165〕。

　　康熙八年七月，方文與錢澄之等友人在安慶論詩時患病。家庭的不幸，坎坷的人生，懷戀故國的情懷，使這位不屈的遺民一病不起，秋季即撒手人寰。

　　在他歿後數日，降乩詩即盛傳東南。其好友孫枝蔚敍述說：「爾止死歸途舟中，數日後降於乩，有詩云：『一生詩酒作生涯，死向江頭遠市嘩。才到黃泉無所見，閻羅仍戴舊烏紗。』」又云：「昨聞降於乩，使我增凄惻。爲鬼氣猶壯，賦詩性難抑。」〔註166〕從這些詩歌中可以看出人們對方文的欽佩與懷念。

　　同時也有親朋好友理性地回憶其生平。同邑文人潘江把他與方授同歸爲堅守氣節的人，其詩云：

　　龍眠巨室推桂林，文章節義世所欽。

　　國初沈淵有斷事，節義寥寥直至今。

　　爾止知止故不殆，子留留身將有待。

　　嗟爾兩人豈好名，但求天下後世告無罪。

　　貢舉車馬何駢喧，云何攜手去都門。

　　一家叔侄同心少，萬古君臣大義存。〔註167〕

方文女婿馬孝思則概括出方氏雖有骨氣但窮困潦倒的命運：「生計常言與願違，但逢行處便忘機。身來故國俄驚病，骨性蒼頭早護歸，酒店尚留當日債，詩名不救闔門饑。酸辛舟過三山峽，昏黑江天失少微。」〔註168〕

〔註164〕（清）方文：《嵞山續集・魯遊草》，《大明湖歌》，上海：上海古籍出版社1979年版，第718頁。

〔註165〕參見李聖華：《方文年譜》，北京：人民文學出版社2007年版，第103頁。

〔註166〕（清）孫枝蔚：《溉堂集（三）》，上海：上海古籍出版社1979年版，第223頁。

〔註167〕（清）潘江：《木厓集》卷8，《懷方爾止、子留》，四庫禁燬書叢刊集部第132冊，北京：北京出版社2000年版，第84頁。

〔註168〕（清）馬孝思：《哭外舅方嵞山先生二首》，轉引自何偉成：《樅陽風雅》，合肥：安徽人民出版社2006年版，第208頁。

在眾多親友的悼念詩文中，卻找不到方以智的文字。這一點很令人費解。方文的早年經歷與方以智相似。兩個人都幼年失怙：方以智喪母，方文喪父。叔侄倆同樣才華出眾，都有遠大志向。二人歲輩分不同，但情同手足。但明清鼎革後二人即天各一方。順治九年秋冬之際，方文得知方以智北返途中逗留廬山，遂於十一月登廬山尋方以智。二人見面均有恍如隔世之感。叔侄聚首九日，盡訴滄桑後事，留下了感人的文字。

方文寫道：「同心那得復同牀，分攜又十有四載（自己卯至壬辰）。……爾於五倫事皆畢，我無一成空蹉跎。今冬訪爾廬山下，重與抵足八九夜。」〔註169〕方以智則有：「歲寒忽見同窗叔，坐定重看隔世人」〔註170〕的感慨。

考諸史實，二人自此之後未能見面。因為方文主要活動於皖、蘇一帶，而方以智則禪遊江西和福建等地。方文在順治十八年三月寄詩給方以智說：「自公去盱江，三年音信斷。今春徐子來（仲光），云在廬山半。學道既已深，著書復無算。……我欲往從之，逡巡每嗟歎。」〔註171〕但卻不見方以智有答詩。也許本來有，但為避諱文字獄而由自己或後人刪掉也未可知。由於此事可疑，記此備考。

明清易代後，方文並未直接參與抗清鬥爭，因此生前沒有受到清廷迫害。其詩則表現出濃厚的異端色彩，比如：「家人愚闇還相勸，異類腥臊孰忍聞。十世國恩蒙者眾，獨將破衲報明君」〔註172〕。詩中「異類腥臊」、「報明君」等，無不可招致滅族之罪的，但方文難以抑制悲憤，一腔苦水化為怒火，噴薄而出以至一無忌憚〔註173〕。其實，早在七年前，即順治八年，在當時告密羅織風氣甚熾的情況下，有人勸他謹言，他卻回答說：「野老生來不媚人，況逢世變益嶙峋。詩中憤懣妻常戒，酒後顛狂客每嗔。自分餘年隨運盡，却無奇禍賴家貧。」〔註174〕看來，他放膽直言的性格很難改變了。幸運的是，他

〔註169〕（清）方文：《嵞山集》卷3，《廬山訪從子密之，同宿九夜，臨別作歌》，上海：上海古籍出版社1979年版，第152頁。

〔註170〕（清）方以智：《浮山後集》卷2，《六叔廬山見訪》其二。

〔註171〕（清）方文：《嵞山續集·西江遊草》，《寄藥地上人》，上海：上海古籍出版社1979年版，第779頁。

〔註172〕（清）方文：《嵞山集》卷8，《水崖哭明圖子雷》，上海：上海古籍出版社1979年版，第407頁。

〔註173〕參見嚴迪昌：《清詩史》，杭州：浙江古籍出版社2002年版，第196頁。

〔註174〕（清）方文：《嵞山集》卷8，《客有教予謹言者，口占謝之》，上海：上海古籍出版社1979年版，第379頁。

的《嵞山集》流傳了很長時間。但到了文網密佈的乾隆朝，其作品還是遭了
厄運。乾隆四十年六月，安徽巡撫裴宗錫奏繳禁燬《嵞山集》，乾隆四十二年
四月，《嵞山續集》為浙江巡撫三寶奏繳禁燬。乾隆四十三年六月，江蘇巡撫
楊魁奏繳《嵞山集》十一部。現存《嵞山集》僅相當於其詩歌總數的約六分
之一。方文詩歌中有大量的所謂違礙內容，雖然後來遭到禁燬，然而並未給
後代惹來麻煩。究其因，或許因其三月十九日悼崇禎皇帝的詩歌與其孝陵情
結在一定程度上能為清廷所容忍。因為清朝的正統觀與明太祖有一定關聯，
而清軍入關奪取政權，則打的是替明朝臣民報「君父之仇」的口號。〔註175〕

　　而方孝標的《滇黔紀聞》卻給家族帶來巨大的災難。看來，康熙帝對那
次「三藩之亂」之驚懼和惱怒，真是刻骨銘心。

　　明清鼎革之際，甘做遺民的方氏族人，方大欽一支中還有方孔炳和方孔
時。方孔炳，字爾孚，號退谷，縣學生，國變後改名方思。陳維崧《篋衍集》
云：「（方孔炳）甲申後，豪放詩歌，因改今名，別號退谷。紆巾方履，嘯傲
自如。嘗取《宋遺民錄》，各為小傳，人繫一詩，事核詞婉，君子尚其志。」
〔註176〕

　　方孔時（大欽三子。字叔茂，號紫岑。縣學生，崇禎二年〔1629〕恩貢
生。天啓間，作《治平十二策》，由同里左光斗轉奏朝廷，所言切中時弊，補
國子監生。後因反對魏忠賢配享孔廟，坐黜為民。史可法巡撫安慶，聘入幕
府。享年八十五歲，卒時，遠近弔者千餘人，門人私諡「介節先生」。〔註177〕

〔註175〕參見常建華：《清史十二講》，北京：中國廣播出版社2009年版，第5～6頁。

〔註176〕陳維崧：《篋衍集》，清乾隆二十六年華綺刻本，中國科學院圖書館藏。

〔註177〕桐城縣地方志編纂委員會：《桐城縣志》，合肥：黃山書社1995年版，第858
　　　　頁。

第四章　桐城桂林方氏家族與清朝政治（上）——以順治丁酉江南科場案爲中心

第一節　清初方拱乾父子的政治選擇

　　方氏家族自七世分房以來，無論在與國家和社會的政治關係，還是在文化方面，在明清易代之前的歷史舞臺上，一直是中一房唱主角。然而，面對明清鼎革的考驗，中一房選擇了與新朝抵抗及不合作的態度，以致屢遭清廷的打擊和迫害，因此失去了以往的政治勢力、經濟基礎和文化優勢，從而逐漸地衰落下去。中六房則很快認同了清朝的統治，盡力與滿洲貴族合作。雖然受到清廷的疑忌且歷經順治丁酉江南科場案和康熙五十年《南山集》案的打擊，該支同樣元氣大傷，但經過與滿族貴族的磨合，逐漸贏得信任，至乾嘉時期，該支人才輩出，湧現出了文化巨子方苞和盛世名臣方觀承。桐城派始祖崛起文壇，「一門三督」盛況的出現，使中六房達到了政治和文化上的鼎盛時期，從而取代中一房而成爲代表該家族的著房。作爲漢族望族的典型，方拱乾及其後代的榮辱沉浮，對理解清初滿族貴族與漢族望族的關係乃至滿漢關係都具有重要的認識意義。下面就以中六房爲中心，通過其坎坷曲折的發展歷程，以這一典型的個案研究，力圖對滿漢民族艱難的磨合過程提供具體的佐證和「解釋性的洞見」〔註1〕。

〔註 1〕　（美）艾爾・巴比著，邱澤奇譯：《社會研究方法》，北京：華夏出版社 2005年版，第 286 頁。

一、清初方拱乾父子政治選擇的歷史背景

　　崇禎十七年（1644 年），歲在甲申。該年三月十九日，李自成農民軍攻克北京，明朝中央政權就此覆滅。然而接下來清軍入關、南明建立，李自成的大順軍和張獻忠的大西軍仍然有相當的實力，歷史進入了又一個群雄爭霸的時期。眾多的漢族士人和望族在各派政治勢力面前必須做出自己的政治抉擇。而「自明中期以後，縉紳勢力已經成爲社會上舉足輕重的力量」〔註2〕，能否爭取到他們的支持在很大程度上會決定各派政治勢力的興衰成敗。

　　應當說，很多漢族士人和望族最初對大順政權是認同的，而對清政權則心懷疑忌。只是由於兩個政權實行了對縉紳的不同政策，才導致了後來的歷史結局。

　　事實上，自 1643 年十月孫傳庭主力被殲滅之後，明朝官紳中絕大多數「爲了自身利益紛紛歸附以李自成爲首的大順政權〔註3〕，形勢對其非常有利。然而，大順軍「領導人並沒有依據形勢的變化在政策上作出必要的調整。他們仍然以農民利益的維護者自居，在管轄區內繼續實行打擊官紳地主的追贓助餉政策」〔註4〕，這樣，就「把業已倒向自己的官紳地主推回到敵對地位，是極不明智的。」〔註5〕

　　然而此時漢族士人和望族對清朝仍心懷疑忌。蕭啓慶先生綜合了趙園等學者的成果，經過自己的研究，認爲：自宋以迄民國，在中國發生的四次全國性的易代之變中，「夷夏之辨」的思想在宋元和元明兩次易代之際所起作用不大。「唯有在明清之際『夷夏之辨』觀念產生較大影響，乃因明代中葉以後於韃靼威脅，種族中心夷夏觀較爲興盛」〔註6〕。是的，自明中期以後，明朝之最大威脅最初是蒙古，接著是後金（清）。尤其是清軍數次入關寇掠，使人們對這個少數民族政權疑忌頗深。

　　但是，隨著形勢的變化，清政權內有眼光的政治家開始說服滿族貴族改變以往政策，力圖拉攏漢族官吏和士人，並取得了成功，范文程就是其中的代表人物。

〔註 2〕　顧誠：《南明史》，北京：中國青年出版社 1997 年版，第 7 頁。
〔註 3〕　參見顧誠：《南明史》，北京：中國青年出版社 1997 年版，第 3～6 頁。
〔註 4〕　顧誠：《南明史》，北京：中國青年出版社 1997 年版，第 8 頁。
〔註 5〕　顧誠：《南明史》，北京：中國青年出版社 1997 年版，第 11 頁。
〔註 6〕　蕭啓慶：《元明之際士人的多元政治抉擇──以各族進士爲中心》，《臺大歷史學報》第 32 期（臺北：國立臺灣大學歷史系，2003.12），第 134～135 頁。

早在決策入關前，清政權的智囊人物范文程就致書多爾袞說，清政權欲爭天下，真正的勁敵是農民軍。因此，必須審時度勢，改變以往對漢族官紳和士子的殺掠政策：

> 是當申嚴紀律，秋毫勿犯，復宣諭以昔日不守內地之由，及今進取中原之意。而官仍其職，民復其業，錄其賢能，恤其無告，將見密邇者綏輯，遐聽者風聲自翕然而向順矣。夫如是，則大河以北可傳檄而定也。河北一定，可令各城官吏移其妻子避患於我軍，因以為質。又拔其德譽素著者置之班行，俾各朝夕獻納，以資輔翼。
>
> 王於眾論中擇善酌行，則聞見可廣，而政事有時措之宜矣。〔註7〕

後來，鑒於明中央政權亡於農民軍戰火的新形勢，范文程再次建言。他認為，大順政權「刑辱縉紳，拷掠財貨，士忿矣」，所以要不失時機地「恤其士夫，拯厥黎庶」，則大順軍「雖擁兵百萬，橫行無憚」，可一戰而破，統一區夏。〔註8〕後來時局的發展正如范文程所言：大批官紳倒向清政權，大順政權敗亡，清朝一統天下。

正是在這種歷史背景下，方氏家族中六房的主體選擇了認同清朝，與之合作，從而拉開了與滿族貴族艱難磨合的序幕。

中六房是六世方懋第五子方廷瑋的後代，其聲名在明朝雖遠不如中一房顯赫，但也出現了像方大美這樣的名宦。

二、方拱乾之父方大美

方大美，方學尹之子，字黃中，明神宗萬曆十四年（1586年）進士，授常德推官。「廉潔愛民，政多卓異。擢御史，巡按江西，抗稅璫，飭吏治，尤加意士風，造就甚眾」〔註9〕。他巡按江西時有兩件事值得注意。第一，他「加意士風，造就甚眾」。據載方大美獨以選拔孤寒、搜羅英俊為己任。此舉對提升江西的文化水平有積極的推動作用。第二，他「抗稅璫」，並非與皇帝的私人代表正面衝突，而是講究鬥爭策略，用自己的寬厚和善行感化橫行不法的稅璫。據《桐城耆舊傳》載，因為該稅璫橫行，民眾「欲殺之，矢石及寢屋。

〔註7〕 《清世祖實錄》卷4，順治元年四月辛酉，北京：中華書局1985年版，第51頁。

〔註8〕 （清）錢儀吉：《碑傳集》卷四，《內秘書院大學士范文肅公墓誌銘》，北京：中華書局1993年版。

〔註9〕 （清）何紹基：《重修安徽通志》卷179，清光緒七年刻本。

瑢惶迫，將自經。公出諭民，乃得解。瑢泣下曰：『賴公長者，得生……請自今一如約束』」〔註10〕。此後，他又「轉按河南，中州大旱，捐俸賑荒，全活萬人，終太僕寺卿」〔註11〕。用自己的俸祿賑荒，可謂「廉潔愛民」。所以當他告老還鄉時，並未斂下很多財富。他「手記田宅之籍示諸子曰：『吾增置田三百五十畝，囊中白金千有七百，此非吾官中物，乃朋友饋遺、汝母積勤所致』」〔註12〕。這樣做是現身說法，讓後代明白爲官要清廉。而其言傳身教也確實影響到了其後代，比如其玄孫方苞。

　　大美有五子：體乾、承乾、應乾、象乾、拱乾。其中，體乾、承乾、應乾和象乾均爲恩貢生。方應乾爲方授之父。方象乾，字廣野，號聞庵，官至廣州府按察司副使，充岑西左江兵備道。「明季避亂，僑居江寧府上元縣由正街，後移居土街；卒葬秣陵。生子二：「幟、戡」〔註13〕。方幟曾任蕪湖訓導，後調任興化縣教諭。幟之子仲舒，也即方苞的父親，出贅於江蘇六合縣留稼村的吳家，在那裏住了十年。方苞就出生在那裏。有關方苞的情況容後展開，這裏先說方拱乾一家與清朝政治的關係。

三、方拱乾的坎坷經歷

　　方拱乾（1596～1666），大美五子。原名若策，字肅之，號坦庵，晚號蘇庵，又號雲麓老人、江東髯史等。拱乾少年聰穎，成童時能記六經，七歲「能屬詩文」。二十歲時，詩文已爲世人稱許，與同鄉姚孫森等五人爲友，人稱「六駿」。萬曆四十六年（1618年）中舉人。崇禎元年（1628）二甲第五名進士，入翰林院爲庶吉士，館選第一。旋丁父憂。崇禎七年，張獻忠農民軍圍攻桐城，拱乾全家避難於南京。崇禎十三年返京，任翰林院編修，歷左春坊左中允、左諭德，掌司經局。十六年（1643）晉詹事府少詹事，充東宮講官、經筵日講官。拱乾娶大學士何如寵之女爲妻，育有玄成等六個兒子和兩個女兒〔註14〕。雖然他家庭美滿，但是仕途並不順利，僅位列詞臣，與他在「諸生時輒

〔註10〕（清）馬其昶：《桐城耆舊傳》卷4，《方太僕傳弟三十三》，續修四庫全書第547冊，上海：上海古籍出版社2002年版，第534頁。

〔註11〕（清）何紹基著：《重修安徽通志》卷179，清光緒七年刻本。

〔註12〕（清）馬其昶：《桐城耆舊傳》卷4，《方太僕傳弟三十三》，續修四庫全書第547冊，上海：上海古籍出版社2002年版，第534頁。

〔註13〕（清）方傳理：《桐城桂林方氏家譜》卷12。

〔註14〕（清）方傳理：《桐城桂林方氏家譜》卷12。

以天下為己任」〔註15〕的大志相差甚遠。更為不幸的是，在其後的政治風暴中，連他所做的明朝詞臣的身份也將被剝奪。

甲申之變中，他與眾多明朝官員一樣被農民軍俘獲。據說，他「以美婢四名賂賊將羅姓者，得免夾」〔註16〕，後來他乘機逃離京師〔註17〕。當年五月，他與同科進士張翠華一起出都門。在南歸的路上，他身著道人服，曾遇到清朝的一位高官，張翠華「識高官，乃范相國也」。這位清廷智囊人物范文程力勸拱乾入仕清廷，拱乾極力推脫乃免〔註18〕。接著，他返回南京，投奔剛剛建立的弘光政權，卻被弘光朝列為五等應徒擬贖者。在北來太子案中，拱乾的立場頗為重要。因為他在崇禎末為詹事府少詹事，出入宮廷，在太子真假的問題上，他的意見很占分量。可他對太子的真偽卻未置一辭。其動機，方氏門人李長祥為其所作墓誌銘是這樣說的：「士英畏搖動，召公，以公官故輔導東宮也。公至，館高座寺，士英使私之曰：『但出一言謂假，即以侍郎起，為重用公始基。』公不附權奸，即往牛首，且朝命飛，召復來寺。入朝，賜官服。公謂：『罪臣當不得受。』堅辭之。及至太子所，低首正顏，無一言，退歸寺」〔註19〕。

明清易代之際，在這場天崩地解的大變局中，方拱乾面對這一系列重大的政治事件，為何持這種政治態度呢？

首先，其階級立場和大順政權對官紳的追贓助餉政策，決定了他不可能與農民軍合作，而多年的滿漢政權的對立和矛盾，也使其無法馬上認同清朝的統治。其次，當時風雲突變，從甲申之變到清軍入關，接二連三的重大事件來勢迅猛，令他驚心動魄、措手不及，他需要靜觀時變，這與其謹慎從事的性格頗為吻合。再次，對北來太子案，拱乾採用沉默的處理方式，誠然有

〔註15〕　（清）潘江輯：《龍眠風雅》卷22，四庫禁燬書叢刊集部第98冊，北京：北京出版社2000年版，第258頁。

〔註16〕　（清）計六奇撰，魏得良、任道斌點校：《明季北略》卷22，北京：中華書局1984年版，第583頁。

〔註17〕　見（清）錢鈠撰：《甲申傳信錄》卷5，《小腆紀年附考》卷4。清鈔本，天津圖書館藏。

〔註18〕　（清）方拱乾：《玉田晤張翠華》，有詩句「猶記黃冠語，曾勞上相心」。注云：「爾時，余以道人服，遇馬上一高官，指余云：『我知爾為朝士，盍從我入都，官爾官？』余再四辭乃脫。翠華識高官，乃范相國也」。見（清）方拱乾撰，李興盛整理：《方拱乾詩集》，哈爾濱：黑龍江教育出版社1992年版，第331頁。

〔註19〕　（清）李長祥：《和憲先生桐城方公墓誌銘》，《天問閣文集》卷2，四庫禁燬書叢刊集部第11冊，第222頁。

其苦衷。明末異常激烈的黨爭造成極大的內耗，北來太子案無非又成爲黨爭的焦點，方拱乾顯然不願意捲入其中。而且聯繫上文所述及的處理與阮大鋮的關係可以看出，他確實爲不喜生事之人，似乎有乃父之風。另外，其岳父何如寵爲崇禎朝大學士，亦深諳明哲保身之道。這種家庭和姻親的爲人處世的態度對他的影響不應忽視。

四、方拱乾父子出仕清朝

然而，無論是作爲具有一定聲望的前明官員，還是肩負延續家族、維持家聲不墜重任的望族家長，拱乾都無法長時間地觀望下去。他和他的子孫注定要表明其政治態度。

滿族入關後不久，即推行剃髮、易服等政策，因遭到漢人的強烈反抗而作罷。至順治二年（1645 年）六月，弘光政權覆亡，以多爾袞爲首的滿族貴族以征服者的姿態復下剃髮令，意在從精神上使漢族人民屈服，結果事與願違。這種野蠻的高壓政策導致民族矛盾不斷升級，許多漢人奮起反抗。甚至有舉族抗清的。比如溧陽望族周姓，有周元質者「遂聚族中子姓謀曰：『我等實國（明）恩三百餘年，今天下大亂，乘輿播遷，強胡窺鼎江南，土地盡污腥膻。我欲以匹夫興義勤王，公等亦有同志者乎？』眾皆諾。爰集同姓百餘人，盟於家廟，……四方好義者多歸之。」〔註 20〕這支以周姓族人爲核心的隊伍，人們稱之爲「周兵」，與清軍進行殊死搏鬥。

滿洲貴族要統治廣大的以漢族爲主的原明朝地區，顯然離不開漢族望族和士人的合作。於是，清廷爲了維持其統治，遂一方面徵用前明官員，一方面開科取士，以擴大其統治基礎，意在取得緩合民族矛盾和網羅人才的雙重效果。由於其才學和名望，方拱乾遂成爲清廷徵用的重點對象。

早在順治三年二月，原任安慶巡撫李猶龍就疏薦方拱乾〔註 21〕。順治十一年正月，大學士馮銓等又疏奏：「原任御史郝浴，故明詞臣楊廷鑒、宋之繩、吳偉業、方拱乾等俱堪擢用」〔註 22〕。面對清廷的一再徵用，拱乾應該做出

〔註 20〕周廷英：《漱江紀事本末》。《清史資料》第一輯，北京：中華書局 1980 年版，第 142 頁。

〔註 21〕《清世祖實錄》卷 24，順治三年二月癸未，北京：中華書局 1985 年版，第 204 頁。

〔註 22〕《清世祖實錄》卷 80，順治十一年正月庚子，北京：中華書局 1985 年版，第 629 頁。

何種選擇呢？由於方拱乾寫於此一時期的作品已經佚失，所以無法確知其出仕清朝時的心態。

我們可以確知的是，方拱乾沒有像中一房的族人那樣與新朝不共戴天，而是盡力與之合作。在他本人出仕清朝之前，就積極支持後代走科舉入仕之路。其次子亨咸於順治四年、長子玄成〔註23〕於順治六年先後登科。其三子方育盛為順治十一年舉人，四子方膏茂則中順治十二年會試副榜。

照此看來，他似乎無意於為明朝守節。蓋因方拱乾長時間出仕明朝，親歷明末朝政的腐敗和社會的危機，又目睹了滿族這一富有勃勃生機的民族。以他務實的精神和深厚的經史修養，對清朝產生認同應該不是太困難的事情。於是，順治十一年七月，方拱乾應徵而出，出仕清朝〔註24〕。

同屬重氣節的方氏家族，中一房與中六房何以形成如此強烈的反差呢？其實，綜觀明清鼎革那段歷史，我們會發現，面對滿族入主中原，大多數家族乃至整個漢族都存在類似的情況。比較明顯的一個事例是桐城張氏家族。如前所述，崇禎朝山東布政使張秉文抗清陣亡，方、陳二夫人及十多個婢女，盡皆殉節，他們的三個兒子克倬、克仔、克祐在清朝統治之後終身不仕。

以民族大義而言，面對清廷野蠻殘暴的軍事征服和剃髮、易服等民族高壓政策，受傳統儒家教育的知識分子應該毀家紓難，發動民眾抵抗異族的統治。這種大規模的反征服運動無疑是正義的，如方授、陳子龍等。有的知識分子起初進行激烈的抵抗，但是看到清朝的統治已經確立，復明無望，於是選擇了逃禪或終身不仕，如方以智、方文、顧炎武和張秉文的三個兒子等等。他們的氣節和崇高的精神值得人們推許。

但是，由於明末政治形勢的混亂，由於清朝的野蠻鎮壓，漢族人民的抵抗付出了沉重的代價，遭受了巨大的災難。上述陳子龍和方授等人的犧牲，都是顯例。這時，一部分漢族知識分子就開始反思，如果這種征服與反征服的鬥爭長期持續下去，那麼這個國家必然元氣大傷，經濟和社會都將嚴重倒退。為了保留國家和家族的元氣，應該順應歷史的潮流。於是，他們寧願背負惡名而投靠新王朝。相形之下，方拱乾的出仕則背負了更為沉重的道德包袱。因為，一則方拱乾在明朝官至少詹事；二則，方氏家族忠孝傳家的傳統

〔註23〕方玄成，字孝標，號樓岡。後因避康熙帝玄燁名諱，改以字行。
〔註24〕《清世祖實錄》卷85，順治十一年七月庚寅，北京：中華書局1985年版，第668頁。

深厚，理學色彩非常濃厚，且與明政權依附至深，因此，其族人中對清政權多持抵抗和不合作的態度。即使同屬中六房，其成員的政治抉擇亦不相同。中六房顯然受大美影響較深，三子應乾和五子拱乾都積極支持後代參加科舉考試，但應乾之子方授不願與新朝持合作，他「以乙酉之變棄諸生，薙髮爲僧。（父）強令就試，不可，杖之，無忤色……」〔註25〕。此後，方授矢志抗清，以英年勞瘁而卒於浙東。前述方文在其詩中對拱乾父子出仕清朝的冷嘲熱諷和對方授的讚揚足以表明拱乾父子承受的來自族內的壓力很大。

那麼，是什麼力量支撐著方拱乾父子頂著壓力仕清呢？至少有三點理由：其一，即上述的爲國家保存元氣。其二，出於維持望族地位的考慮。其三，清廷籠絡政策的成功。下面試以方孝標爲例略加探討。

其一，爲國家保存元氣。方孝標日後遊滇黔，寫有《紀薛大觀事》一文。他雖盛讚薛大觀一家爲南明殉難，但他借歷史所發之感慨，顯然有弦外之音，足當引起重視。他說：「《元史》載廉希憲在都時，有宋臣仕元者十餘人請見，羅拜階下，公不爲禮。又有數十士人乃從合尊而北之，太學生也，藍縷憔悴。閽者訶之。公召入，坐之堂上，具酒食慰勞甚優。或問其故，公曰：『彼仕宋者也，仕宋不能死其君而今求官於我，豈有廉恥者乎？此皆未仕者也。無社稷之責，讀聖賢書，明理，此國家元氣之所在也。』」〔註26〕。試想，如果人人都爲先朝殉難，個個都做遺民，那麼國家如何運轉，百姓的生活如何保障。尤其是未仕者，因爲無社稷之責，在新朝出仕能夠爲國家培元氣。從歷史回到現實，孝標之父拱乾當初雖婉拒范文程的籠絡，但孝標之師胡統虞在范氏的勸說下出仕，這對孝標的影響更是直接。孝標記此事曰：「我大兵收京，發帝后喪，詔百官就列。固安令物色得先生，送之京見范大丞相。丞相異之，先生以老母辭，丞相曰：『公休矣，許衡、吳澄不死其君，而聖學復昌於後世。天其有意斯人乎？』尋由庶吉士授國史院檢討，丁亥拜國子監祭酒」〔註27〕。范氏的話顯然引起了孝標的共鳴：「聖學」之復昌比「君臣大義」更重要；某個朝代可亡，但文化之傳承不能中斷。

〔註25〕　（清）錢澄之：《田間文集》卷24，《方處士子留墓表》，康熙刻本。

〔註26〕　（清）方孝標撰，石鍾揚、郭春萍校點：《方孝標文集》卷3，《紀薛大觀事》，合肥：黃山書社2007年版，第292頁。

〔註27〕　（清）方孝標撰，石鍾揚、郭春萍校點：《方孝標文集》卷6，《胡此庵先生墓表》，合肥：黃山書社2007年版，第386頁。

　　方孝標還在《李文忠公祠堂記》流露出近似的思想，他說：「或以爲公（李黼）本宋人，不當仕元，故惜之。非也。公生元季，中元制科，宋人不當仕元，而元人不當仕元乎？若謂公不當仕元，則凡易代之際，必盡天下無一存者乃可，而何二十二人復立舜朝，伊尹太公復事湯武，蕭、曹、房、杜、趙、王諸公復爲漢、唐、宋佐命之臣？」〔註28〕。

　　既然李黼能經由科舉出仕元朝，那麼，孝標弟兄又何嘗不可通過科舉而仕清呢？

　　如此看來，明清易代，有人堅持抵抗、有人終生不仕，有人認同清朝其實都各有原因。以方氏家族爲例，方拱乾父子的行爲在該家族中確屬特例，但從當時情況看，乃是多數漢族望族的選擇。事實上，如果不抱定某種道德倫理標準不放的話，我們會看到，漢族士人和望族認同清朝的統治，與之合作，畢竟有利於社會的安定和人民的休養生息。

　　其二，出於維持望族地位的考慮。宋代以迄明清的望族，早已和南北朝時期「王與馬，共天下」的士族不可同日而語了。望族根本無力與皇權抗爭。所以，要維持望族的地位，捨與現政權合作別無它途。因此，選擇與新朝合作，就是維持了方氏家族的延續和發展。關於這一點，更爲人熟知的是，文天祥捨生取義，弟弟文壁卻投降元朝；從另一方面看，則是維繫了民族文化的傳承。因爲民族文化在某種意義上繫於文化望族，如果文化傳承的主體衰落乃至消亡，此文化豈不岌岌可危？

　　其三，清廷籠絡政策的成功。如前所述，滿族入主中原，特別是自以爲君臨天下之後，野蠻地推行剔髮、易服等民族壓迫政策，使滿漢矛盾日益尖銳，引起包括方氏家族在內的漢族士人的激烈反抗。不但方以智那樣的前明官員堅決抗清，而且像方授，以一介諸生，毀家紓難，立志抗清，奔走於浙東和英、霍山寨，頗有號召力。所有這些，成爲清廷統一大業的阻力。爲了消弭漢族士人和望族的反抗，同時對其加以籠絡，培養忠於自己的新官吏，清廷使出最有吸引力的一招：延續前明政策，舉行科舉考試。

　　順治二年（1645年）七月，浙江總督張存仁鑒於地方的抵抗，形成對清朝統治的嚴重威脅。於是他建議清廷「近有藉口薙髮、反順爲逆者，若使反形既露，必處處勞大兵剿捕。竊思不勞兵之法，莫如速遣提學，開科取士，

〔註28〕　（清）方孝標撰，石鍾揚、郭春萍校點：《方孝標文集》卷4，《李文忠公祠堂記》，合肥：黃山書社2007年版，第303頁。

則讀書者有出仕之望，而從逆之念自息。行蠲免，薄稅斂，則力農者少錢糧之苦，而隨逆之心自消。」〔註29〕其借恢復科舉考試而牢籠漢族士人和望族的意圖昭然若揭。於是清廷欣然允諾。「得旨：開科以取士，薄斂以勸農，誠安民急務，歸順各省，准照恩詔事例，一體遵行。」〔註30〕

順治三年（1646年）二月首開會試，禮部奏言：

> 龍飛首科，正士類彈冠之日。今年二月，會試天下舉人。其中式名額，及內簾房考官，均宜增廣其數，以收人才而襄盛治。得旨：開科之始，人文宜廣。中式額數，准廣至四百名。〔註31〕

同年四月，大學士剛林等疏請「於本年八月再行科舉，來年二月再行會試，以收人才。其未歸地方生員、舉人來投誠者，亦許一體應試。」〔註32〕主政的多爾袞從之。於是，順治四年，再開會試，取進士三百人。順治六年得進士三百九十五人。這幾次緊鑼密鼓的科舉考試，有效地吸納了眾多的漢族士子和望族投身於舉業。清廷不僅藉此在很大程度上消弭了漢族士人的抵抗，而且將其網羅到自己的陣營，為其所用。這些由清廷所吸納的士人，雖然對前朝印象仍深，但由於科舉的籠絡作用，其總體對清朝的認同感顯然要高於其父輩。以方氏家族為例，方亨咸和方孝標分別為順治四年和順治六年進士。順治六年四月，世祖殿試天下貢士：

> 從古帝王以天下為一家。朕自入中原以來，滿漢曾無異視。而遠邇百姓，猶未同風。豈滿人尚質、漢人尚文、習俗或不同歟？音語未通。意見偶殊。畛域或未化歟？今欲聯滿漢為一體，使之同心合力、歡然無間，何道而可？〔註33〕

「滿漢曾無異視」之語雖有悖史實，但清廷欲聯滿漢為一體的殷殷求治之心溢於言表，顯然有助於孝標等士人增進對新朝的認同。

〔註29〕《清世祖實錄》卷19，順治二年七月丙辰，北京：中華書局1985年版，第168頁。

〔註30〕《清世祖實錄》卷19，順治二年七月丙辰，北京：中華書局1985年版，第168頁。

〔註31〕《清世祖實錄》卷23，順治三年正月甲戌，北京：中華書局1985年版，第201頁。

〔註32〕《清世祖實錄》卷25，順治三年四月乙酉，北京：中華書局1985年版，第215頁。

〔註33〕《清世祖實錄》卷43，順治六年四月庚子，北京：中華書局1985年版，第347頁。

與此同時，清廷又大量起用前明官員。這些政策大大緩和了民族矛盾，使眾多漢族士人和望族產生對清朝的向心力。

因此，以方孝標爲代表的方氏族人基於上述認識而出仕清朝，一方面是其分析歷史走勢，深入思考的結果，另一方面也是滿漢兩個民族互相磨合以及互相妥協的結果。

這樣，年近花甲的方拱乾在脫身政治角逐中心十餘年後，又現身於政治舞臺，與先於他已出仕清朝的兩個兒子一起準備爲新朝戮力效勞了。

第二節　方拱乾父子效力清朝

正是抱定了爲國家培養元氣，爲經濟社會發展和局勢的穩定貢獻力量，爲維持方氏家族的望族地位，同時有感於滿族貴族的籠絡政策，方拱乾父子出仕清朝，對其忠心耿耿。

而此時，滿族貴族的代表順治皇帝正是求賢若渴、勵精圖治之時，對其竭力籠絡。眾所週知，從清軍入關到順治帝親政之前，清朝的政治處於多爾袞的掌控之下。多爾袞其人智勇雙全，但又獨斷專行，使福臨生活在其陰影之中。一些漢官爲了盡可能地消除滿漢畛域，力圖用漢文化影響順治帝，於是提出及早對皇帝進行傳統的儒家教育。

順治二年三月，大學士馮銓、洪承疇等向多爾袞奏：

> 上古帝王奠安天下，必以修德勤學爲首務。故金世宗、元世祖皆博綜典籍，勤於文學……（皇上）今滿書俱已熟習，但帝王修身治人之道，盡備於《六經》。一日之間，萬幾待理。必習漢文，曉漢語，始上意得達，而下情易通。伏祈擇滿漢詞臣，朝夕進講，則聖德日進而治化益光矣。〔註34〕

然而，爲了長期專權，多爾袞根本就不關心順治帝的成長，更不會去有意識地培養其理政的能力，因此對馮銓等人的奏議置之不理。這樣就延誤了小皇帝的早期教育，以致順治帝親政之初，無論是漢語還是政務知識都非常欠缺。福臨後來回憶說：「閱諸臣奏章，茫然不解，由是發憤讀書。每晨牌至午，理軍國大事外，即讀至晚，然頑心尚在，多不能記。逮五更起讀，天宇空明，

〔註34〕《清世祖實錄》卷15，順治二年三月乙未，北京：中華書局1985年版，第131～132頁。

始能背誦。計前後諸書，讀了九年，曾經嘔血。從老和尚來後，始不苦讀，今唯廣覽而已。」〔註35〕

這樣，順治帝的漢文化水平迅速提高，其詩、文、書、畫均達到一定的造詣，從而一定程度上溝通了滿漢文化，有效地加強了漢族士人對新朝的認同。順治帝取得了這樣的成就，除了他本人多年苦讀的努力之外，還得力於漢族士人的啓沃和幫助，其中，方氏父子於此有功焉。因此，他對一些漢族士大夫非常尊重。方拱乾父子就一度沐浴著新主的恩寵。

方氏父子出仕清朝後，得到順治帝的種種優渥：方拱乾應徵復出後，被補爲內翰林秘書院侍講學士〔註36〕。作爲著名文人和詞臣，拱乾曾數次參與清初幾部重要典籍的纂修。順治十二年正月，他任《順治大訓》〔註37〕纂修官，同年四月任《太祖、太宗聖訓》的纂修官〔註38〕，順治十三年正月，任《通鑑全書》纂修官〔註39〕。由於其兢兢業業，勤勉有加，方拱乾由侍講學士升爲詹事府右少詹事、兼內翰林國史院侍講學士〔註40〕。而且，「嘗扈從世祖駐蹕南苑，天語溫問，一時傳爲異數」〔註41〕。

方拱乾次子方亨咸歷官獲鹿知縣、刑部主事、監察御史。特別是方孝標，雖然登科晚於其弟亨咸，但官運亨通，後來任內弘文院侍讀學士，得到順治帝的特別青睞。

方孝標順治六年中進士，同年五月初三日考選庶吉士，與徐致覺等二十人習漢書〔註42〕。兩年後，孝標任內翰林秘書院編修。〔註43〕順治十年遷爲

〔註35〕陳垣：《湯若望與木陳態》，載《陳垣集》，北京：中國社會科學出版社 1995年版，第 272～273 頁。

〔註36〕《清世祖實錄》卷85，順治十一年七月庚寅，北京：中華書局1985年版，第668頁。

〔註37〕《清世祖實錄》卷88，順治十二年正月辛亥，北京：中華書局1985年版，第696頁。

〔註38〕《清世祖實錄》卷91，順治十二年四月癸未，北京：中華書局1985年版，第717頁。

〔註39〕《清世祖實錄》卷97，順治十三年正月癸未，北京：中華書局1985年版，第755頁。

〔註40〕《清世祖實錄》卷104，順治十三年十月癸巳，北京：中華書局1985年版，第810頁。

〔註41〕（清）潘江輯：《龍眠風雅》卷22，四庫禁燬書叢刊集部第98冊，北京：北京出版社2000年版，第258頁。

〔註42〕《清世祖實錄》卷44，順治六年五月辛酉，北京：中華書局1985年版，第349頁。注：《清世祖實錄》所載方懸成即方孝標。方孝標，原名玄成，字孝

左春坊左贊善，兼內翰林秘書院檢討〔註44〕。同年七月升爲左春坊左中允，兼內翰林弘文院編修〔註45〕。孝標曾與其父同爲《順治大訓》〔註46〕的纂修官。父子一同參與修典，堪稱清初學術上的一段佳話。但孝標比其父有更多的機會與順治帝接觸，對皇帝的影響也更大些。

方孝標後來自己總結說：「自己丑讀中秘書，三年而入史館，三年而列宮僚，備講幄。凡講無不與，凡賜無不被。『樓岡』，臣別號也，而先帝嘗辱呼之」〔註47〕，順治帝甚至說：「方學士面冷，可作吏部尙書」〔註48〕。孝標之所以獲得順治帝如此評價和青睞，蓋因其言行謹愼，才華突出，正合皇帝急於吸取傳統政治的精髓，以增加統治經驗並與滿族權貴相抗衡之意。

孝標回憶說：「世祖皇帝御極之十一年春正月，詔群臣言時政得失。臺諫多以經筵日講請，上乃詔輔臣先舉日講，其增損古典禮，並選詞臣之才學兼優、品端音亮者以聞。於是輔臣列滿、漢十一人上，而用其七，臣標與焉。明年，開經筵。經筵典尤巨，其講官必列六部堂上官，及翰林三品以上姓名，聽簡用。是時得十二人，臣標又與焉」〔註49〕。

順治帝受孝標等漢族講官的影響是顯而易見的。孝標云：「自是先帝一意文學，雖深宮便殿，巡行搜狩，無不命講官從。或時相與考論二帝三王正心誠意之道，與漢、唐以來事不師古，而所以興衰治亂之由；下至民間疾苦，

標，避玄燁諱曰元成，後以字行。謝國楨先生說：「清代對於罪人之名元者，例改作懸，則懸成爲孝標無疑」。見謝國楨：《明末清初的學風》，上海：上海書店出版社 2004 年版，第 135 頁。

〔註43〕《清世祖實錄》卷 59，順治八年八月己酉，北京：中華書局 1985 年版，第 463 頁。

〔註44〕《清世祖實錄》卷 75，順治十年五月丙子，北京：中華書局 1985 年版，第 592 頁。

〔註45〕《清世祖實錄》卷 77，順治十年七月乙卯，北京：中華書局 1985 年版，第 609 頁。

〔註46〕《清世祖實錄》卷 88，順治十二年正月辛亥，北京：中華書局 1985 年版，第 696 頁。

〔註47〕（清）方孝標撰，石鍾揚、郭春萍校點：《方孝標文集・光啓堂文集》，《講章集錄序》合肥：黃山書社 2007 年版，第 30 頁。

〔註48〕佚名：《桐城方戴兩家書案》，方孝標撰，李永生點校：《鈍齋詩選》附錄，合肥：黃山書社 1996 年版，第 406 頁；又見馬大勇：《清初廟堂詩歌集群研究》，長春：吉林人民出版社 2007 年版，第 88 頁。

〔註49〕（清）方孝標撰，石鍾揚、郭春萍校點：《方孝標文集・光啓堂文集》，《講章集錄序》，合肥：黃山書社 2007 年版，第 29 頁。

盜賊凶荒，山川遠近，風俗因革，無不令詳切以陳。稱旨輒喜，即不稱，亦包容而訓敕之，無拒色」〔註50〕。

這樣，順治帝逐漸加深了對儒家治國理念的理解。順治十二年（1655年）三月二十七日，順治帝諭禮部：

> 朕惟帝王敷治，文教是先，臣子致君，經術爲本。自明季擾亂，日尋干戈，學問之道，闕焉未講。今天下漸定，朕將興文教，崇經術，以開太平。爾部即傳諭直省學臣，訓督士子，凡經學道德經濟典故諸書，務須研求淹貫，博古通今。明體則爲眞儒，達用則爲良吏。果有此等實學，朕當不次簡拔，重加任用。又念先賢之訓，仕優則學。仍傳諭內外大小各官，政事之暇，亦須留心學問。俾德業日修，識見益廣，佐朕右文之治。〔註51〕

在他看來，天下漸定，有望臻「開太平」之世，但必須通過「興文教，崇經術」的途徑。他巧妙地祭起稽古右文的大旗，意在進一步把各地的士子吸引到其麾下，進而縮小滿漢畛域。

爲此，他迫不及待地催促朝臣舉行日講。諭禮部的次日，他又諭內三院，稱「日講深有裨益，刻不宜緩」，應立即選拔詞臣八員充日講官，「侍朕左右、以備咨詢」〔註52〕四月九日，任命學士麻勒吉、胡兆龍、李霨、侍讀學士折庫納、洗馬王熙、左中允方懸成、右中允曹本榮爲日講官，並定本月二十五日開講。〔註53〕

爲了表示對儒家經典的傾慕，順治十四年八月，他諭禮部：「經筵大典，理當早舉，向因文華殿未建，有旨暫緩，今思稽古典學，有關治道，難以再遲。應於保和殿，先行開講，爾部即詳考典例，擇吉開列儀注具奏。」〔註54〕九月，任命內翰林弘文院學士麻勒吉、布顔、王熙、國史院學士折庫訥、查

〔註50〕（清）方孝標撰，石鍾揚、郭春萍校點：《方孝標文集·光啓堂文集》，《講章集錄序》，合肥：黃山書社2007年版，第29頁。

〔註51〕《清世祖實錄》卷90，順治十二年三月壬子，北京：中華書局1985年版，第712頁。

〔註52〕《清世祖實錄》卷90，順治十二年三月癸丑，北京：中華書局1985年版，第712頁。

〔註53〕《清世祖實錄》卷91，順治十二年四月癸亥，北京：中華書局1985年版，第714頁。

〔註54〕《清世祖實錄》卷111，順治十四年八月甲戌，北京：中華書局1985年版，第867頁。

布海、蘇納海、秘書院學士常鼐、白色純、胡兆龍、李霨、秘書院侍讀學士巴海、馮溥、弘文院侍講學士方懸成、左春坊左庶子曹本榮、禮部尚書胡世安、兵部尚書梁清標爲經筵講官。〔註55〕這樣，遲至順治十四年九月初七日，清朝第一次經筵大典終於得以舉行。這雖然只是一個儀式，但其象徵意義不可忽視，它標誌著清朝把儒家思想作爲統治國家的指導思想。有助於漢族士人和望族進一步對其產生向心力。

而且，順治帝「又嘗裒《四書》、《五經》箋疏傳解大全之書，旁逮《老子》、《楞嚴》、《太上感應篇》諸集，命講臣分節合注，以備觀覽，或親製序以寵之。又嘗下念勞苦，賜茶，賜酒食，賜衣裘，賜馬。諭禮臣、日講官侍左右，凡常朝禮不必與。諭銓臣，日講官不得轉別衙門。一時朝列藉藉，有登瀛抱槧之目。嗚呼，可謂盛矣」〔註56〕。孝標之辭或有溢美之處，但大體可信。順治帝對漢文化非常喜愛，甚至對老子的思想產生興趣，而且對講官照顧有加。

總之，順治帝對漢族官員頗爲親近。以對方氏家族爲例，他有時甚至就方家插科打諢。拱乾有六子，依年齒依次爲：玄成〔註57〕、亨咸、育盛、膏茂、章鉞、奕箴。其中，「亨咸、膏茂、章鉞皆掇科第。其命名取『文頭武腳』，事爲世祖所聞，戲曰『於戲哀哉』，亦『文頭武腳』，當時頗傳其語」〔註58〕。

可以想像，受到如此寵眷，方氏父子怎能不爲新朝鼓力效勞呢？然而，兩個長期敵對的民族，現在處於一個共同體內，畢竟還有很多隔膜。要達到彼此真正認同，彼此和諧相處，還有很長的路要走，還會有很多的曲折和坎坷。順治帝對包括方氏父子在內的漢族官僚極力籠絡，除了對漢文化的傾慕之外，更重要的是出於政治的需要。

作爲主導政治走向的滿族貴族，時刻對漢族望族加以提防。特別是方氏這一著姓望族，在江南有著巨大的影響，而且還有眾多抵抗和隱逸的族人，令清廷耿耿於懷。於是，在方拱乾父子竭力爲清朝效勞的同時，清廷卻在尋

〔註55〕 《清世祖實錄》卷111，順治十四年九月甲辰，北京：中華書局1985年版，第871頁。

〔註56〕 （清）方孝標撰，石鍾揚、郭春萍校點：《方孝標文集·光啓堂文集》，《講章集錄序》，合肥：黃山書社2007年版，第29頁。

〔註57〕 方玄成，即方孝標，後因「玄」字避聖祖御名之諱，改以字行。

〔註58〕 （清）徐世昌編，聞石點校：《晚晴簃詩彙》卷25，北京：中華書局1990年版，第814頁。

找機會對其加以打壓。順治十四年，適逢鄉試之年，一些地方幾乎同時發生科場案。清廷對其加以不同程度的打擊，而順治帝對江南科場案的懲治尤重。他抓住這一機會，拿方拱乾父子開刀，以整肅科場爲名，製造了一出人間悲劇，以達到打擊方氏家族、震懾江南望族和士人的目的。順治丁酉科場案這突變的風雲，使方拱乾父子報效新朝的理想化爲泡影，其家族發展遭遇重大挫折。

第三節　順治丁酉江南科場案對方氏家族的打擊

一、順治丁酉江南科場案發生的背景

如前所述，清軍入關之初，爲加強對其統治的認同，曾大量任用明朝文武降官降將，對漢族人民的衣冠服飾也不加干涉。但在其迅速佔領中原、揮師江南之後，順治二年六月，躊躇滿志的多爾袞以爲穩操勝券，遂嚴申剃髮令，因此引起了漢族人民的激烈反抗。在反清浪潮中，起主導作用的就是在地方有重大影響的望族和士紳。於是，順治三年四月，清廷下令：「將前代鄉官監生名色盡行革去，一應地丁錢糧雜泛差役與民一體均當，朦朧冒免者治以重罪。」〔註59〕順治十八年（1661年）十二月十一日又重申：「本朝出仕者方准稱爲鄉紳，其明朝廢紳係即民人，不許仍稱鄉紳」〔註60〕這樣，清廷與江南望族的矛盾更加尖銳。面對漢族人民如火如荼的抵抗運動，清廷轉而借助科舉考試來分化望族和士人，消弭人民的反抗。於是，清廷於順治二、三年兩次舉行鄉試，但「與試者少，進庠爲特易耳」。〔註61〕這些人中多數是明末孤貧失志之士，特重氣節的望族族裔和士人則或隱逸，或逃禪，不願認同清朝的統治。順治四年，陳子龍等人遇害，江南士紳的抗清活動轉入低潮。隨著清朝在江南統治的不斷鞏固，江南士人眼看著復明希望渺茫，終於逐漸淡化了傳統的華夷之辯，重新走上科舉入仕之路。因此，順治五年戊子科鄉

〔註59〕《清世祖實錄》卷25，順治三年四月壬寅，北京：中華書局1985年版，第217頁。

〔註60〕（清）韓世琦：《撫吳疏草》卷5，《題徐時勉等何時出仕疏》，清康熙五年刻本。

〔註61〕（清）葉紹袁：《啓禎記聞錄》卷7，見樂天居士輯：《痛史》第13種，上海：商務印書館1917年版，第4頁。

試，許多砥礪氣節的士人都盡出而應秋試了。當時有人寫詩嘲笑說：「一隊夷齊下首陽，幾年觀望好淒涼；早知薇蕨終難飽，悔殺無端諫武王。」〔註62〕

但是，江南望族和士人對清朝統治的激烈抵抗令清廷難以釋懷，而且，即使多數望族已經認同了其統治，但仍有一些望族和士人並未屈服，他們還在或明或暗地配合南明政權。因此，清廷對江南望族並不眞正信任，於是尋找各種機會對其壓制和打擊。順治後期先後興起的丁酉科場案、通海案、哭廟案、奏銷案諸大獄，就是要對江南望族加以打擊和壓制。〔註63〕

建立清朝的滿族雖是人口不多的少數民族，但不同於以往建立局部統治的契丹和女眞，也不同於建立全國性政權的蒙古族，它在入關前已經廣泛地接觸並吸取漢文化，積累了相當豐富的統治經驗。其中就包括積極推行科舉制以選拔統治人才。

中國古代的用人制度，大體經歷了如下階段：原始社會後期的「選賢與能」，殷商之時的「官人以世」，西周的貢士辦法，西漢的察舉制、魏晉南北朝的九品中正制，隋唐以後一直沿用到清末的科舉制等。期間表現爲以門第和眞才實學爲標準選拔人才的變化。因此，科舉製取代九品中正制是一種歷史進步。但在實踐中卻日益暴露出其弊端。自明成祖在永樂十二年（1414）命胡廣等纂修《五經大全》和《四書大全》，至次年完成，成祖親自作序，並命禮部刊行，作爲科舉考試的法定讀本。士子的思想逐漸被禁錮。

滿族入關後，面對的是廣土眾民的中原地區。它一方面需要大量人才以維持其統治，另一方面，廣大人民奮起反抗其民族征服。於是，滿族貴族入關不久即繼承明代科舉制度之衣缽（事實上，入關前即數次開科取士），其效果誠如浙江總督張存仁疏言所說，開科取士，「則讀書者有出仕之望，而從逆之念自息。」〔註64〕孟森先生認爲：「明一代迷信八股，迷信科舉，至亡國時爲極盛，餘毒所蘊，假清代而盡泄之，蓋滿人旁觀極清，籠絡中國之秀民，莫妙於中其所迷信」〔註65〕。開科取士不但大大緩和了民族矛盾，而且使眾

〔註62〕　（清）王應奎：《柳南隨筆·續筆》「諸生就試」條，北京：中華書局1983年版，第165頁。

〔註63〕　徐茂明：《江南士紳與江南社會》（1368～1911），北京：商務印書館2004年版，第84～86頁。

〔註64〕　《清世祖實錄》卷19，順治二年秋七月丙辰，北京：中華書局1985年版，第168頁。

〔註65〕　孟森：《心史叢刊》，北京：中華書局2006年版，第34頁。

多漢族望族產生對清朝的向心力，有利於社會進步。張傑先生認為，清政權在統一中國的歷史進程中，科舉家族的嚮背至關重要；清代重要執政大臣和地方督撫，大都出於著名的科舉家族。〔註66〕但是，在明清之際那個特殊的歷史時期，清廷在利用它選拔人才的同時，還利用科舉制的弊端，利用多數落榜漢族士子的不滿情緒，將其用作政治鬥爭的工具，屢興科場大案，藉以打擊漢族望族和士子。誠如孟森先生所言：「清代乃興科場大案，草菅人命，無非重加其罔民之力，束縛而駛驟之」，「漢人陷溺於科舉至深至酷，不惜假滿人以為屠戮，以洩多數未遂之人年年被擯之憤，此所謂『天下英雄入吾彀中』」〔註67〕。正是在這種背景下，順治丁酉科場案發生了。因此，科舉使方拱乾的三個兒子躋身統治階層，成為方家的進身之階。方拱乾的第五子方章鉞也效法其兄長，參加了順治十四年的江南鄉試，而且順利地高中舉人。然而，正當他雄心勃勃地準備向進士這頂桂冠衝擊時，一場災難降臨到他的頭上，並累及全家。

二、至悲至慘的順治丁酉江南科場案

順治十四年七月初四日，順治帝特地召見被任命為江南鄉試主考官的方猶和錢開宗，一再叮嚀：「江南素稱才藪，今遣爾等典試，當敬慎秉公。倘所行不正，獨不見顧仁之事乎？必照彼治罪，絕不輕恕。爾等秉公與否，朕自聞知，豈能掩人耳目？爾其慎之。」方猶和錢開宗二人在皇上面前誠恐地表示：「謹尊聖諭，惟才是舉」。〔註68〕然而，他們萬萬沒料到，此行竟成了他們的死亡之旅。而這是由落榜士子的哄鬧取士不公被言官陰應節引用參奏而引發的。

科舉考試雖形式上很公平，但卻不能確保有才學的人榜上有名。那麼，落榜的士子，尤其是滿腹經綸的讀書人難免心理失衡。於是，有些江南士子以對子、詩文、劇本等藝術化的作品，大膽演繹科場行賄受賄的醜聞。於是，有關江南鄉試取士不公的傳聞迅速傳開，甚至傳入宮廷。

工科給事中陰應節，在聽說江南士民群情激憤的種種傳聞後，又進一步

〔註66〕張傑：《清代科舉家族》，北京：社會科學文獻出版社2003年版，第317～319頁。

〔註67〕孟森：《心史叢刊》，北京：中華書局2006年版，第34頁。

〔註68〕李國榮：《清朝十大科場案》，北京：人民出版社2007年版，第27頁。

探訪，並設法弄到了那首《黃鶯兒》詞和《萬金記》劇本，連同奏參丁酉科江南鄉試的題本一道，於順治十四年（1657 年）十一月二十五日進呈順治皇帝。〔註69〕陰應節在題本中向皇上揭發說：「江南主考方猶等弊竇多端，榜發後、士子忿其不公。哭文廟。毆簾官，物議沸騰。其彰著者，如取中之方章鉞，係少詹事方拱乾第五子，懸成、亨咸、膏茂之弟，與猶聯宗有素，乘機滋弊，冒濫賢書，請皇上立賜提究嚴訊，以正國憲，重大典。」〔註70〕接到題本，順治帝沒有循常例「下部查議」，而是迅速做出決定：

> 據奏南闈情弊多端。物議沸騰。方猶等經朕面諭。尚敢如此。殊屬可惡。方猶、錢開宗、并同考試官俱著革職。並中式舉人方章鉞，刑部差員役速拏來京。嚴行詳審。本內所參事情、及闈中一切弊竇，著郎廷佐速行嚴察明白、將人犯拏解刑部。方拱乾著明白回奏〔註71〕。

順治帝所下結論如此武斷，令人生疑。最大的可能是他一直尋找機會來打擊漢族望族和士人。那麼，陰應節的參奏可謂雪中送炭，恰逢其時。可是，無論順治帝的主觀願望如何，他還是要以法律來說話。所以，如果要懲治方氏父子，就要讓方拱乾承認自己與方猶有聯宗之事，進而犯有「乘機滋弊，冒濫賢書」之罪。所以，他令方拱乾明白回奏。

為防止徇私作弊，保證科舉的公平，從宋代起就有關於科場「迴避」的規定，及至清朝，對考官與考生的關係的「迴避」規定更為詳細和嚴格。清朝《欽定科場條例》的「迴避」專條明確規定：凡是入場官員，「本族並外祖父翁婿甥舅、妻之嫡兄弟、妻之姊妹夫、妻之胞姪、嫡姊妹之夫、嫡姑之夫、嫡姑之子、舅之子、母姨之子，女之子、妻之祖孫女之夫、本身兒女姻親，概令照例迴避，不准入場考試」，「將應行迴避各生姓名自行開出」，如「不自行開出扣除，因而中式者，本官革職，該生黜革。」〔註72〕

此法之規定可謂嚴矣。然而由於所謂聯宗一事純屬子虛烏有，想來方拱

〔註69〕　李國榮：《清朝十大科場案》，北京：人民出版社 2007 年版，第 31 頁。

〔註70〕　《清世祖實錄》卷 113，順治十四年十一月癸亥，北京：中華書局 1985 年版，第 884 頁。

〔註71〕　《清世祖實錄》卷 113，順治十四年十一月癸亥，北京：中華書局 1985 年版，第 884 頁。

〔註72〕　（清）杜受田等修：《欽定科場條例》卷 25，《迴避》，續修四庫全書第 830 冊，上海：上海古籍出版社 2002 年版，第 109～110 頁。

乾對於辯誣有十足的把握，於是在十二月初七日回奏，「臣籍江南，與主考方猶從未同宗，故臣子章鉞不在迴避之例。有丁亥、己丑、甲午三科齒錄可據」〔註73〕。拱乾語氣堅定，毫不含糊。他的回奏有理有據：自己是江南省人，方猶是浙江遂安人，並未聯宗，且有齒錄作爲鐵證。齒錄就是寫有中式舉子姓名、年齡、藉貫、三代人姓名的《題名錄》。拱乾的次子方亨咸考中順治四年丁亥科進士，長子方玄成考中順治六年己丑科進士，三子方膏茂爲順治五年舉人，十二年中會試副榜。順治四年及六年兩次殿試考試的《進士題名錄》詳細記載了方氏家族三代以內宗族的姓名，以確鑿的證據說明方拱乾與方猶「從未同宗」。所以，給事中陰應節參劾方拱乾與方猶「聯宗有素，乘機滋弊」，實乃無中生有、撲風捉影。然而，順治帝卻偏偏相信這種莫須有的說法，而對方拱乾擲地有聲的申辯不予理睬。他諭令刑部差派員役將方猶、錢開宗、方章鉞一同捉拿回京，嚴行審訊。

順治帝接受禮部的意見，下令江南的新科舉人禁止參加會試，而且於順治十五年三月和順治十六年三月兩次復試江南舉人。四月初九日公佈了復試結果：參加二次復試的九十八名舉人，前九十名仍准做舉人，其中十三人獲准參加會試，五十九人罰停會試一科，十八人罰停會試二科。另外的八人革除了舉人的資格。

有學者稱：「一科舉人，竟接連考了三次，且屢遭斥革，這在清代科舉史上實在是少見的。」〔註74〕這不禁令人想起唐太宗那句「天下英雄入吾彀中矣」的名言。雄才大略的李世民善用權謀，他無意中道破一個內幕：從某種意義上說，科舉制雖然形式上冠冕堂皇，但從某種意義上說，它不過是爲皇權服務的工具罷了。順治帝令一科舉人連考三次，其潛臺詞同樣很明確：如今是大清的統治，天下士子的命運由我掌握，惟有乖乖聽我擺佈，才有你們的出路。這無疑是對江南望族和士人的恐嚇，以及對其以往不願與清朝合作的報復。

而對於考官和所謂「情弊昭著」的考生，順治帝的處罰更爲慘酷。雖然有方拱乾提出的顛撲不破的證據，但順治皇帝既然已經決定借這椿所謂舞弊案加強皇權，震懾江南望族，那麼他自然對此不加理會。他甚至因此而遷怒

〔註73〕《清世祖實錄》卷113，順治十四年十二月乙亥，北京：中華書局1985年版，第885頁。

〔註74〕李國榮：《清朝十大科場案》，北京：人民出版社2007年版，第38頁。

於刑部的官員。順治十五年十一月十九日，順治帝降旨，嚴厲斥責刑部的官員說：「奉旨嚴審已經一年」，「至今並未取有招供、擬罪具奏。明係故為耽延，希令遇有機緣，以圖展脫。其中豈無情弊。爾等作速明白回奏」〔註75〕。

其實，刑部哪敢故為耽延？但是，受到順治帝的申斥後，更加不敢怠慢，於是在十一月底對江南科場案提出了處理意見，即「正主考方猶擬斬，副主考錢開宗擬絞。同考試官葉楚槐等擬責遣尚陽堡。舉人方章鉞等俱革去舉人」〔註76〕。刑部或許對順治帝嚴懲這次所謂科場案的心思有所領會，但未能揣摩出皇帝的戰略意圖。因而其判決意見不能令順治帝滿意。皇帝再次大發雷霆，於十一月二十八日御斷欽決，上諭說，方、錢二人：

> 經朕面諭，務令簡拔真才。嚴絕弊竇。輒敢違朕面諭，納賄作弊，大為可惡。如此背旨之人，若不重加懲治，何以儆戒將來。方猶、錢開宗俱著即正法，妻子家產籍沒入官。葉楚槐、周霖、張晉、劉廷桂、田俊民、郝惟訓、商顯仁、李祥光、銀文燦、雷震聲、李上林、朱建寅、王熙如、李大升、王國楨、龔勳俱著即處絞，妻子家產籍沒入官。已死盧鑄鼎、妻子家產亦著籍沒入官。方章鉞、張明薦、伍成禮、姚其章、吳蘭友、莊允堡、吳兆騫、錢威、俱著責四十板。家產籍沒入官。父母、兄弟、妻子，並流徙寧古塔。程度淵在逃，責令總督郎廷佐、亢得時等速行嚴緝獲解。如不緝獲，即伊等受賄作弊是實。爾部承問此案、徇庇遲至經年。且將此重情問擬甚輕。是何意見。著作速回奏。餘如議〔註77〕。

如上所述，由於科舉制的弊端，很難做到真正的公平錄取。特別是科舉與仕途捆綁在一起，使一些考官和士子鋌而走險，行賄受賄之事層出不窮。為了維護公平，朝廷整肅科場陋習是完全有必要的。但一定要有證據。如今皇帝不講證據，御斷欽決，把南闈所有考官一律處死。方章鉞等七名被指控有舞弊情節的士子以及「曳白而出」的吳兆騫，則挨了四十大板，家產入官，親人遭到流放。這在清代十幾起科場大案中是絕無僅有的。

〔註75〕《清世祖實錄》卷121，順治十五年十一月壬子，北京：中華書局1985年版，第941頁。

〔註76〕《清世祖實錄》卷122，順治十五年十一月辛酉，北京：中華書局1985年版，第942頁。

〔註77〕《清世祖實錄》卷122，順治十五年十一月辛酉，北京：中華書局1985年版，第942頁。

　　時人云：方章鉞等七名士子被認爲「顯有情弊」，不過其根據只是種種街談巷議，並非已取證查實。而對此案處罰至爲嚴酷：「是役也，師生牽連就逮，或就立械，或於數千里外，銀鐺提鎖，家業化爲灰塵，妻子流離，更波及二三大臣，皆居間者，血肉狼藉，長流萬里」〔註78〕。汪琬則說，受此案牽連的「士大夫糜爛潰裂者，殆不可以勝計。」〔註79〕

三、解析順治丁酉江南科場案

　　順治丁酉江南科場案轟動一時，震驚朝野。清廷對其處理之嚴酷可謂空前絕後，然而卻使人覺得這絕非一樁簡單的科場案，而是有著更驚人的內幕。

　　首先，與對考官和士子處罰之慘酷形成鮮明對照的是，清廷拿不出考官和士子「納賄作弊」的確鑿證據。朝廷對方拱乾有理有據的申辯置之不理，反而一味聽信朝中言官陰應節參奏考生方章鉞與主考官方猶聯宗有素的主觀臆斷，聽信陰應節收集來的《萬金記》、《黃鶯兒》、《鈞天樂》等雜劇詞文。這些藝術加工的東西，儘管惟妙惟肖、淋漓盡致，卻不是確鑿的人證、物證，將其作爲量刑定罪的直接證據，怎能服人？有關這起大案的連篇累牘的官、私記載中，我們只能看見士子的怨罵，看見言官莫須有的奏參，看見順治帝關於「納賄作弊，大爲可惡」的武斷定罪。「作爲朝廷，也始終沒有公佈過關於該案納賄舞弊的更爲具體的材料。像這樣一起震驚朝野並涉及 20 條人命的科場舞弊大案，所舞何弊無一人一語道及，這與清代其它科場大案對案情均有翔實記載相比，不能不令人感到驚異」〔註80〕。比如，同年發生的北闈科場案，就公佈了李振鄴等甩賣「關節」等確鑿證據。

　　其次，對吳兆騫處理不公，尤其令人忿忿不平。江南士子吳兆騫並未有任何作弊之處，只是因爲在復試時交了白卷（即「曳白」），即遭流放關外的懲處。「順治二年（1645 年），清朝第一次開科考試時就明確了科舉考試的十幾種『違式』行爲，如行文不避諱御名、抬頭錯誤等等，其中曳白就屬於違

〔註78〕（明）文秉等著：《烈皇小識》（外一種），《研堂見聞雜記》，北京：北京古籍出版社 2002 年版，第 316 頁。

〔註79〕（清）汪琬：《堯峰文鈔》卷 37，《程周量像贊並序》，李興盛著：《流人名人文化與旅遊文化・增訂東北流人史》，哈爾濱：黑龍江人民出版社 2008 年版，第 214 頁。

〔註80〕李國榮：《清朝十大科場案》，北京：人民出版社 2007 年版，第 48 頁。

式的一種。凡違式者一律『貼出』，也就是把違式者的姓名在考場上貼出來，做除名處理，取消錄取資格」〔註81〕。取消錄取資格與遣戍寧古塔二十三年，二者之間何啻天壤？

再次，如果我們回顧整個案件，則對清廷的意圖認識得更清楚。李國榮先生分析說：「在丁酉科鄉試開考之前，面對數十名派往各省的考官，順治帝唯獨告誡江南主考方猶、錢開宗小心腦袋。這是否是在爲這一科場大案埋下伏筆？若果眞這樣，則順治帝就是丁酉巨獄的導演者了」〔註82〕。這並非故作驚人之語，仔細分析朝廷接二連三的幾道諭旨，我們不難發現順治帝偏執地認定考官和方章鉞等舉人有罪。爲了迅速給這些人定罪，他甚至遷怒於刑部官員和地方官員。刑部官員如果審不出口供就是有意包庇。郎廷佐、亢得時等地方官如果抓不到在逃的中式舉人程度淵，那麼，「伊等受賄作弊是實。」
〔註83〕

最後，我們通過對整個事件的分析，並綜合學者們的研究，試著對這起科場案的政治性作一初步分析。

「丁酉科場案」是清代第一椿全國性科場案，牽涉北闈、南闈以及河南、山東、山西各闈。然而在處理此案過程中，清廷並非以法律爲依據，而是重懲南闈，明顯表露出對江南人的仇視，並通過加重處罰而對其加以震懾。對此，孟森先生分析說：「北闈所株累者多爲南士，而南闈之荼毒又倍蓰於北闈。北闈僅戮兩房考，且法官擬重，而特旨改輕以市恩，猶循殺之三、宥之三之常格，至南闈則特旨改重，且罪責法官……士大夫之生命之眷屬，徒供專制帝王之遊戲，以借爲徙木立信之具，而於是僥倖弋獲、僥倖不爲刀下游魂者，乃詡詡然自命爲科第之榮，有天子門生之號」〔註84〕。

李國榮先生認爲順治帝處理此案的方式，與明朝洪武皇帝朱元璋亂斷「南北榜」，濫殺大批找不出舞弊情節的禮闈考官和舉子驚人地相似。他認爲，朱元璋之濫殺無辜，「是一代帝王統治方術的施展」。朱氏的本意是，「北方地區的士民歸屬元朝統治的時間較爲長久，他擔心那裏的民人仍有故元之思，追念前朝，便想用科名來籠絡北方民心」。「或許可以說，朱元璋亂斷『南北榜』

〔註81〕李國榮：《清朝十大科場案》，北京：人民出版社2007年版，第48頁。

〔註82〕李國榮：《清朝十大科場案》，北京：人民出版社2007年版，第48頁。

〔註83〕《清世祖實錄》卷121，順治十五年十一月辛酉，北京：中華書局1985年版，第942頁。

〔註84〕孟森：《心史叢刊》，北京：中華書局2006年版，第60頁。

是爲了籠絡北方士民，順治帝怒斬南闈眾考官則是要震懾江南文人，通過展示森嚴的大清皇威來穩固江南半壁河山」〔註85〕。

高陽先生則認爲，山西洪洞縣人陰應節參劾江南主考方猶舞弊，「是受了劉正宗的指使，要對方拱乾報當年不肯明指太子假冒的仇」〔註86〕。明末南北黨爭延續至清朝初期，對此學界普遍認同。既然缺乏方猶舞弊的證據，那麼陰應節參劾方猶時牽連上方拱乾父子，則其用意大可懷疑。因此，高陽先生的分析不無道理，可備一說。如此則清廷此舉實乃醉翁之意不在酒。

綜合分析順治朝的政治形勢和民族關係，我們可以看出，丁酉科場案的發生絕非偶然。順治末年發生了一連串慘案：「丁酉科場案」、「通海案」、「江南奏銷案」、「哭廟案」等。將這些慘案聯繫起來看，則清廷的政治意圖昭然若揭。這些慘案前後一脈相承，雖因不同歷史背景表現出不同的特點，但清廷對其有意利用，藉以打擊江南望族和士人的意圖則一以貫之。此爲滿人入關實行「異族統治」的必然結果，所謂「朝廷有意與世家有力者爲難，以威劫江南人也」〔註87〕。

在這連環大案中，「丁酉科場案」首開其端，屬於第一環。其背景是清朝已漸次消滅農民軍和南明兩大對手，江南人民的反抗鬥爭處於低潮。天下稍定，政局已得到初步鞏固，清廷終於要騰出手來要震懾江南人民以立威了。順治帝的第一步就是拿其中某些漢族士人開刀，以收殺一儆百之效，誰碰上算誰倒楣。在皇帝制定的如此戰略意圖中，陰應節的參劾可謂正逢其時，陰氏的參劾以方猶和方拱乾父子爲攻擊對象，順治帝會網開一面嗎？前揭，順治帝對方拱乾父子禮遇非常，君臣之間似乎感情融洽，溫情脈脈，反映了君臣之間和諧的一面。但是，由於清初複雜的形勢，特別是尖銳的滿漢矛盾，使得作爲滿族利益代表的順治帝，對漢人的提防深藏於心，其民族偏見亦在所難免。尤其是方氏這一江南望族，與前明藕斷絲連，抵抗、逃禪、隱逸的族人占主體，自然成爲清廷的眼中釘，「更何況拿它開刀，等於就是擒住了江南士子的一根命脈。」〔註88〕因此，一旦出現可以對其加以打擊的機會，順

〔註85〕參見李國榮：《清朝十大科場案》，北京：人民出版社2007年版，第49～50頁。

〔註86〕高陽：《高陽作品集》第一輯，上海：上海三聯書店2003年版，第99頁。

〔註87〕（清）無名世：《研堂見聞雜記》，《臺灣文獻史料叢刊》第五輯，第98冊，臺北：大通書局2000年版，第46頁。

〔註88〕馬大勇：《流放詩人方拱乾》，黑龍江社會科學2003年第2期，第64頁。

治帝是絕不會心慈手軟的。所以，儘管拱乾父子忠心耿耿，仍然成爲清初政治的犧牲品。方拱乾父子曾經憑藉科舉成功地躋身統治階層，現在又因科舉而蒙受苦難。

丁酉科場案之後，江南奏銷案更爲典型地體現出清廷的意圖。此案從表面上看只是朝廷追繳江南各省民間歷年所欠之稅糧，其眞實用意卻顯然與政治有關：繼「丁酉科場案」之後，清廷欲乘江南士人驚魂未定之機，加強整肅漢族士人，加大打擊江南望族的力度。

此案之受害者，包括在籍紳衿等共計黜降一萬三千餘人。其中不少人被逮捕、械送刑部議處。葉方靄爲順治十六年探花，僅僅欠銀一釐亦被黜革，故民間有「探花不值一文錢」的說法。吳偉業、徐乾學、徐元文、韓炎、汪琬等江南縉紳著名人物幾乎全部羅織在內。奏銷案黜革了士紳的尊嚴和社會聲望，所謂「探花不值一文錢」，實質上宣佈了士紳階層的整體性淪落。〔註89〕此案既使吳偉業得以離開其視爲恥辱的清朝官場，又因其影響到眾多士子的利益而使其產生了對清朝的離心傾向。

清人周壽昌在《思益堂日劄》言及此事時說，清初江南賦重，士紳包攬、侵蝕，巡撫朱國治奏請窮治，致使「兩江士紳得全者無幾」。時爲康熙己酉科，「有鄉試中式而生員已革，且有中進士而舉人已革，如董含輩者非一人。方光琛者，歙縣廩生，亦中式後被黜，遂亡命至滇，入吳三桂幕。撤藩議起，三桂坐花亭，令人取所素乘馬與甲來，於是貫甲騎馬，旋步庭中，自顧其影，歎曰：『老矣！』光琛從左廂出，曰：『王欲不失爲富家翁乎？一居籠中，烹飪由人矣！』〔註90〕三桂嘿然，反遂決。軍中多用光琛謀。吳世璠敗，光琛亦就擒，磔於市。」〔註91〕

可見，奏銷案並不限於江南一地。對此，孟森先生分析說：「光琛之爲皖人，不應在蘇撫朱國治奏銷案內，是時蓋各省皆屬行此事，特蘇撫爲最酷耳」。〔註92〕清廷的高壓整肅固然產生了對士子和望族的震懾作用，卻也產生出方光琛這樣的仇視清朝的人物，這也許是清廷始料不及的吧！

〔註89〕徐茂明：《江南士紳與江南社會》（1368～1911 年），北京：商務印書館 2004年版，第 90～92 頁。

〔註90〕方光琛此語令人不由得想起：赤壁之戰前，魯肅力勸孫權勿降曹操。所不同者，魯肅因此語名垂千古，方光琛則臭名昭著。

〔註91〕（清）周壽昌：《思益堂日劄》，長沙：嶽麓書社 1985 年版，第 76 頁。

〔註92〕孟森著：《心史叢刊》，北京：中華書局 2006 年版，第 4 頁。

　　綜上所述，順治「丁酉科場案」絕非單純的整頓科場、嚴肅考紀的舉動，而更多地表現爲一種意在打擊江南士人和望族、鞏固滿族貴族統治和加強皇權的政治行爲。兩千多年的封建社會的歷史發展，清晰地顯示出一條皇權日益強化、士紳地位日益淪落的軌跡。吳晗先生對此提出了著名的「三段論」。他認爲，皇帝與紳士之間，秦到唐是共存關係，五代到宋是共治關係，元明清是主奴關係，「皇帝越威風，士大夫越下賤」〔註93〕。順治丁酉江南科場案，以其特殊的歷史背景和慘烈的結局，給上述論斷提供了一個絕好的注釋。

　　陰應節由於參奏有功，於順治十五年八月由工科給事中升爲刑科右給事中〔註94〕。順治十七年六月他又升爲工科都給事中〔註95〕。而這場大案的直接受害者方拱乾一家則被流放到冰天雪地的寧古塔經受嚴峻的考驗。拱乾一家因科場案而受打擊，其命運更慘於吳偉業所罹奏銷案之禍。

第四節　方氏家族的寧古塔磨難

一、方氏父子「怡然就道」

　　按照皇帝的御斷欽決，「方章鉞、張明薦、伍成禮、姚其章、吳蘭友、莊允堡、吳兆騫、錢威、俱著責四十板。家產籍沒入官。父母、兄弟、妻子，並流徙寧古塔」。〔註96〕方氏因爲莫須有的罪名而財產入官，族人放逐邊荒之地，許多人爲其鳴不平，可他們卻「口不言冤，怡然就道」〔註97〕，個中原因何在？

　　最重要的應該是，方氏父子已經逐漸明白自己是政治鬥爭的犧牲品。既

〔註93〕吳晗、費孝通等著：《皇權與紳權》，天津：天津人民出版社 1988 年版，第 48 ～54 頁。

〔註94〕《清世祖實錄》卷 120，順治十五年八月甲申，北京：中華書局 1985 年版，第 930 頁。

〔註95〕《清世祖實錄》卷 136，順治十七年六月甲午，北京：中華書局 1985 年版，第 1053 頁。

〔註96〕《清世祖實錄》卷 122，順治十五年十一月辛酉，北京：中華書局 1985 年版，第 942 頁。

〔註97〕（清）江殷道：《鈍齋文選序》，方孝標著，石鍾揚、郭春萍校點：《方孝標文集》附錄，合肥：黃山書社 2007 年版，第 458 頁。

然如此，「言冤」和「憤然」，不但於事無補，還可能招致更大的打擊。其次，長期的儒家和佛道思想的薰陶，使其具備了一種寵辱不驚、達觀淡然的平和心態。

再次，順治帝對方氏父子的籠絡也產生了一定的影響。上述方孝標受到順治帝的恩寵，即使科場案發生後，「即以家難株連，下請室之夕，有司以罪籍聞，而上驚顧愀然」〔註98〕。孝標離京之日，順治帝還念念不忘，對身邊人說：「某今日行矣，良苦。」過了一會又說：「法者天下之平，奈何！」孝標在寧古塔戍所時，「或傳聞上見臣舊講章，必稱曰『才』；訓諸庶吉士，至稱臣名，而有『博學小心』之褒」〔註99〕。揣摩此時福臨的心態，無疑有對孝標人品學問的賞識，然而爲了維護滿族的政治利益，卻又不得不對其加以處罰，因而又帶有無可奈何的意味。政治家的心機與普通人的情感交織在一起，頗爲複雜。這不禁令人想起福臨對大學士陳名夏的態度。陳名夏被處死後，當年冬天在南海子又向「北黨」馮銓誇讚起陳名夏，說：「陳名夏多讀書，問古今事了了。即所未見書能舉其名。」馮銓回答說：「陳名夏於舉業似所長。余亦易見。」福臨沉默了一會兒，說：「陳名夏終好」〔註100〕。可見，順治帝在維護滿族利益上固然絕不含糊，但不能否認他也有著一般人的重友情的一面。據此，不能不說君臣間確乎建立了一定的感情。正是因爲君臣之間有了這種融洽的關係，方孝標後來頗爲感慨地說：「嗚呼，臣不肖，何幸而得此哉！及蒙恩詔還，方幸得再覲天顏，而鼎湖遽升，已不可得見」〔註101〕。既感動於順治帝的知遇之恩，又對順治帝的駕崩深感痛惜，或許還有無緣重返朝廷的遺憾。

可以說，順治帝對方氏父子的種種優渥寵眷，在一定程度上緩解了因科場案造成的方氏族人對清廷的離心傾向。

然而，方氏的「口不言冤」並不能始終一貫。隨著其離京就道，觸景生情、痛定思痛，其各種眞實而複雜的心態逐漸表露出來。

〔註98〕 （清）方孝標著，石鍾揚、郭春萍校點：《方孝標文集‧光啓堂文集》，《講章集錄序》，合肥：黃山書社2007年版，第30頁。

〔註99〕 （清）方孝標著，石鍾揚、郭春萍校點：《方孝標文集‧光啓堂文集》，《講章集錄序》，合肥：黃山書社2007年版，第30頁。

〔註100〕 （清）談遷：《北遊錄‧紀聞下》，《陳明夏》條，北京：中華書局1997年版，第391頁。

〔註101〕 （清）方孝標撰，石鍾揚、郭春萍校點：《方孝標文集‧光啓堂文集》，《講章集錄序》，合肥：黃山書社2007年版，第30頁。

二、艱難的行程，複雜的心態

順治十六年閏三月初三日，方拱乾率家眷數十口〔註102〕，與吳兆騫等人相攜，自京師動身，三月十五日，至山海關；七月十一日，抵達戍所寧古塔。從京師到山海關一段，對這些流人來說，堪稱熟悉。接下來的從山海關到盛京（今遼寧瀋陽）一段，據史料記載，沿線所經驛站自西而東依次爲涼水站、東關站、寧遠站、高橋站、小淩河站、十三山站、廣寧站、小黑山站、二道井站、白旗堡站、巨流河站、老邊站、盛京站〔註103〕。

途中的某些地方，作爲士子或官員，他們一般也有所耳聞。然而，從盛京至寧古塔，走的是一條古老的驛道。此道山高林密，人煙稀少，對他們來說，眞可謂「絕域」了，其行程之艱辛在方孝標等人的筆下有生動的記錄。孝標的《東征雜詠》實錄了從瀋陽到寧古塔的幾處險惡的路段。離開瀋陽後的第一段險路爲張伯火羅：「是地有山甚高峻，車必脫輻以繩縋之……如是者無日不然矣」〔註104〕。第二道難關爲十八嶺，此地：「峻嶺相連，……兩嶺相接處必有淺瀨界之，瀨盡處則皆淖泥……徒車皆不能度，必縛薪，或爲橋，或布土，乃可過。意即《漢書》所謂遼東水道多泥處也。東行之苦以此爲最。」〔註105〕而從年馬峰至鸚歌關，「止三十里，行十五日而不能至。蓋大河巨浸，有數十道，閥薪剡木，行人自爲之，故難渡也」〔註106〕。除了山川之險，還有狼蟲虎豹的威脅，甚至「草莽間蚊虻肆起」也給人畜帶來極大的痛苦和危險：

> 有白蛉子者，小如塵埃，多如雲霧，著人頭目……以手搏摑，血盈爪掌，輒不可搔，不可浣。……累累豐起，瘡痏遍體，疼不可忍，夜半少瘳，而次朝乘馬則又任其醫啖矣。又有霞虻，小者如黃蜂，大者如雀，專醫牛馬，千百成群，頃刻肉陷數處。牛馬一聞其

〔註102〕方拱乾這次是全家遠徙，「率全家數十口」出塞，其六子中除幼子奕箴外，其餘五子均隨往。

〔註103〕（清）阿桂等纂修：《盛京通志》卷33，瀋陽：遼海出版社1997年版，第623頁。

〔註104〕（清）方孝標撰，唐根生、李永生點校：《鈍齋詩選》卷7，《張伯火羅》小引，合肥：黃山書社1996年版，第100頁。

〔註105〕（清）方孝標撰，唐根生、李永生點校：《鈍齋詩選》卷7，《十八嶺》小引，合肥：黃山書社1996年版，第101頁。

〔註106〕（清）方孝標撰，唐根生、李永生點校：《鈍齋詩選》卷7，《年馬》小引，合肥：黃山書社1996年版，第102頁。

聲輒風而逃，卒不可逃。御者先裁布為衣，披牛馬身，露其四蹄、
口、目，以便服乘水草，更持一束艾作帚，時時拂拭，乃遑寧處，
不然則牛馬多死亡者」〔註107〕。

對方氏族人而言，這四個多月的艱難行程，既考驗了體質和意志，又使其不
斷深刻反思自己的命運。族人中當以方章鉞最為痛苦。他與吳兆騫、錢威等
士子被打四十板，體有傷痛，且一路帶著刑械。莫須有的罪名以及對家族的
牽連一定令其羞愧而憤懣。可惜章鉞無任何作品傳世，無由分析其真實的心
態。幸而方拱乾和方孝標等人通過各自的詩歌留下了其苦辣酸甜的感受。方
拱乾父子的一些詩在很大程度上是其情感的真實流露，適可藉此分析其遭受
打擊後的心路歷程。六十四歲的方拱乾是方氏的家長。這位老人雖經歷過風
風雨雨，但在他的心中，寧古塔是「重冰積雪，非復世界」〔註108〕的陌生而
蕭殺之地，對此他難免忐忑不安。然而他卻努力以樂觀的心態坦然面對。一
行人抵山海關時，恰逢立夏日，他以《出塞送春歸》為題賦詩，其二子孝標、
亨咸及吳兆騫等同賦。拱乾詩云：

　　出塞送春歸，心傷故國非。
　　花應迷海氣，雪尚戀征衣。
　　時序有還復，天心何忤違。
　　攀條對楊柳，不獨惜芳菲。〔註109〕

雖有淡淡的哀愁，但總的格調是溫柔敦厚的。既然「時序有還復」，那麼方家
就還有重見天日的希望。

　　昔為前明官員，今為清朝罪臣，方拱乾看到當時決定明清兩個政權命運
的松錦之役的戰場，不禁感慨萬千。「塔山杏山一平壤耳……合十三萬人命，
不能執寸鐵爭」〔註110〕。明朝竭其全力與清軍決戰，卻因上下不協而一敗塗
地。「前朝譜敗績，此地乃松山。一戰傾明祚，千秋輸漢關。濠深流水咽，石

〔註107〕（清）方孝標撰，唐根生、李永生點校：《鈍齋詩選》卷7，《大阿稽》小引，
　　　　合肥：黃山書社1996年版，第104頁。
〔註108〕（明）文秉等著：《烈皇小識》（外一種），《研堂見聞雜記》，北京：北京古籍
　　　　出版社2002年版，第321頁。
〔註109〕（清）方拱乾撰，李興盛整理：《方拱乾詩集》，《出塞送春歸》，哈爾濱：黑
　　　　龍江教育出版社1992年版，第5頁。
〔註110〕（清）方拱乾撰，李興盛整理：《方拱乾詩集》，《塔山杏山》，哈爾濱：黑龍
　　　　江教育出版社1992年版，第7頁。

冷血花斑。舊鬼終年哭，誰知丞相還？」〔註111〕拱乾由洪承疇又聯想到漢代名將李陵，「降將爭看敗將奇，李陵不改漢旌旗。獨憐塘報無消息，天子招魂哭督師」。〔註112〕

　　李陵投降匈奴後，雖被漢朝夷其三族，仍與匈奴的合作終究非常有限，對漢朝沒造成多大威脅。而洪承疇降清後，卻成了進攻明朝的急先鋒。拱乾當然知道，明祚之傾絕非一次戰役而決定的，也絕非洪承疇所能左右的，而是由明朝的沒落和滿族的銳意進取使然。四月中旬方氏一行人抵達瀋陽，拱乾遙望遼陽，賦詩云：

　　　　瀋陽道不出遼陽，白日荒荒古戰場。

　　　　四塞河山全貢禹，千秋封坰尚言唐。

　　　　遷都獨詘盈庭議，近旬期留大漠荒。

　　　　卻憶公孫曾恃險，撫圖憑弔轉悲涼。〔註113〕

發遣寧古塔必經瀋陽，而不經過遼陽。然而，目睹瀋陽險要的地勢，拱乾自然想到了遼陽，這兩處曾是後金和明兩個政權激烈爭奪的地方。努爾哈赤奪取之後，先是定都遼陽，後來又力排眾議遷都瀋陽。現在來看，瀋陽的確比遼陽有更多優勢，這次遷都，爲清朝逐鹿中原奠定了地緣優勢。

　　在瀋陽，方拱乾一行人逗留了二十餘日。拱乾會晤了幾位舊友，別有一番滋味在心頭。他與詩僧函可一方面「緒亂難宣說，無言不爲禪」〔註114〕。同時因爲「前途餘更遠，此地可爲郵」〔註115〕。所以不忘囑託他，「萬一通魚雁，無令隔馬牛」〔註116〕。對赤和尚則傾訴：「贊公杜老同羈旅，尚在輿圖板籍中。嗟爾竄身來絕漠，聞予去路更蒙茸。……撒手幾回還執手，準言別淚

〔註111〕（清）方拱乾撰，李興盛整理：《方拱乾詩集》，《松山》，哈爾濱：黑龍江教育出版社1992年版，第8頁。

〔註112〕（清）方拱乾撰，李興盛整理：《方拱乾詩集》，《松山之二》，哈爾濱：黑龍江教育出版社1992年版，第9頁。

〔註113〕（清）方拱乾撰，李興盛整理：《方拱乾詩集》，《瀋陽望遼陽》，哈爾濱：黑龍江教育出版社1992年版，第10頁。

〔註114〕（清）方拱乾撰，李興盛整理：《方拱乾詩集》，《晤剩和尚四首》其一，哈爾濱：黑龍江教育出版社1992年版，第10頁。

〔註115〕（清）方拱乾撰，李興盛整理：《方拱乾詩集》，《晤剩和尚四首》其四，哈爾濱：黑龍江教育出版社1992年版，第11頁。

〔註116〕（清）方拱乾撰，李興盛整理：《方拱乾詩集》，《晤剩和尚四首》其四，哈爾濱：黑龍江教育出版社1992年版，第11頁。

礙虛空！」〔註117〕對故人陳名夏之子陳心簡則表達出同病相憐的感情：「幾年放逐爲君悲，而我今來更過之」〔註118〕。陳名夏由於滿漢矛盾以及朝中南北黨爭而被害，其子陳心簡亦受其害而被流放瀋陽。拱乾幾年前還在哀其不幸，現在自己也遭此橫禍了。方、陳兩家的遭遇當然令其撫今追昔，但是，拱乾卻說：「頹齡怕說前朝事，老氣欣披近日詩」〔註119〕。他有意避開有關明朝的話題，而寧願切磋詩技。然而實際上，拱乾平和的心態已逐漸失衡。隨著步履北移，其詩溫柔敦厚的色彩開始淡化，憤懣不平之情慢慢浮現出來，且看其《午日過年馬河》：

> 信讒無一用，千古遂稱冤。
>
> 何與蛟龍事，空勞舟楫喧。
>
> 命窮絲費續，天閉問無門。
>
> 轉覺汨羅淺，臨流未敢言。〔註120〕

在端午節這個特殊的日子渡河，令人自然想起屈原。但是拱乾在詩中傾注了其憤懣之情。他以屈原的遭際自況，「而蛟龍、天、汨羅等意象，又分明指向當今至尊，力度驚人。這樣在特定時代、身世背景下，將中國古典詩歌雙關手法發揮到極致的好詩，沒有科學的知人論世爲前提，是眞不容易讀出味道來的」〔註121〕。

坎坷的命運，開闊的胸襟，敏銳的目光，使方拱乾對萬物眞恰如辛棄疾所說的「一松一竹眞朋友，山鳥山花好兄弟」。因此，對拱乾而言，幾乎無物不可入詩，而每首詩必抒情言志。吃了一種叫「王瓜」的水果，他說：「逐客味原儉，殊方土合遲」〔註122〕，「實澀種原貴，天同露不滋」〔註123〕，對自

〔註117〕（清）方拱乾撰，李興盛整理：《方拱乾詩集》，《晤赤和尚》，哈爾濱：黑龍江教育出版社1992年版，第11頁。

〔註118〕（清）方拱乾撰，李興盛整理：《方拱乾詩集》，《晤赤和尚》，哈爾濱：黑龍江教育出版社1992年版，第11頁。

〔註119〕（清）方拱乾撰，李興盛整理：《方拱乾詩集》，《答陳心簡》，哈爾濱：黑龍江教育出版社1992年版，第11頁。

〔註120〕（清）方拱乾撰，李興盛整理：《方拱乾詩集》，《午日渡年馬河》，哈爾濱：黑龍江教育出版社1992年版，第12頁。

〔註121〕馬大勇：《流放詩人方拱乾》，黑龍江社會科學2003年第2期，第65頁。

〔註122〕（清）方拱乾撰，李興盛整理：《方拱乾詩集》，《嘗王瓜》其一，哈爾濱：黑龍江教育出版社1992年版，第15頁。

〔註123〕（清）方拱乾撰，李興盛整理：《方拱乾詩集》，《嘗王瓜》其二，哈爾濱：黑龍江教育出版社1992年版，第15頁。

己命運的感傷隱然可見。然而，他並沒有陷入自我悲哀的小天地，而是表現了一種博大的悲天憫人。拱乾瞭解到明朝何相國兒媳陳氏被清軍掠奪爲妾，悲其身世，發出了「孤兒寡婦遍天下，豈止區區何香山。薄命不獨紅顏女，地老天荒恨何許。羈人萬死自甘心，轉爲閨娃淚如雨」〔註124〕的感歎。

拱乾有一頭門人送的老牛，行至半途，因路難行，不得已將其賣掉。牛對主人戀戀不捨，「老牛對我眼含淚」。而主人則對其反覆叮囑：

> 牛兮食草莫深悲，勉強秋田事晚犁。
>
> 有力當用勿用盡，用盡誰憐筋骨疲。
>
> 芻豆雖嘉勿認眞，從來主家慣負人。
>
> 爾我相依且半載，此去誰知疏與親？
>
> 夕陽短笛好相對，塞耳莫聞倉廩利。
>
> 喜時犬彘共人餐，等閒刀俎如兒戲。
>
> 牛兮珍重善自保，不才自古多壽考。
>
> 渥窪幾個盡麒麟，沙場敗櫪同終老。
>
> 籲磋乎！
>
> 物微離別亦覺苦，我行有錢當贖汝。〔註125〕

表面看是人對牛的囑託，又何嘗不是拱乾對自己人生之路的反省和警示呢！清廷視其政治需要而對士人或利用，或恐嚇，或屠戮。人與牛的命運何其相似！

歷經千辛萬苦，方氏一家和吳兆騫等流人終於在七月十一日抵達寧古塔〔註126〕。在這裏，方拱乾將率領全家經受新環境的考驗。從努爾哈赤揭開統一女眞各部序幕後，寧古塔日益顯示出其重要的軍事價值，清人稱其：「南瞻長白，北繞龍江，允邊城之雄區，壯金湯之帝里」〔註127〕。順治十年（1653）清廷在此設昂邦章京，康熙元年（1662）改爲寧古塔將軍，轄地約今松花江

〔註124〕（清）方拱乾撰，李興盛整理：《方拱乾詩集》，《俘妾行》，哈爾濱：黑龍江教育出版社1992年版，第16頁。

〔註125〕（清）方拱乾撰，李興盛整理：《方拱乾詩集》，《老牛別》，哈爾濱：黑龍江教育出版社1992年版，第17頁。

〔註126〕寧古塔有新舊二城。舊城位於今黑龍江省海林縣舊街鎮。康熙五年（1666）遷建新城於今黑龍江省寧安市。

〔註127〕（清）薩英額：《吉林外記》（1）卷2，《疆域形勝》，北京：中華書局1985年版，第12頁。

流域、烏蘇里江以東，寧古塔成爲這一地區重要的軍事和政治中心。正因爲此，滿人入關定鼎中原後，對其發祥地並未忽視。由於長期的戰爭，清初的寧古塔地區一度「彌望無廬舍，常行數日，不見一人」〔註128〕。爲了恢復經濟，發展生產，清廷一方面鼓勵關內人民出關墾荒，另一方面以各種理由把大量流人遣戍到遼東，寧古塔成了遣戍流民的著名戍所。正是在這種背景下，方拱乾一家以及吳兆騫等流人來到此地，一方面，他們要在這所謂絕域經受嚴峻的生存考驗。另一方面，這些有著很高文化素養的漢族文人，必然帶動此處文化的彙聚與提升。

正如歐陽修所云「詩，殆窮者而後工也。」〔註129〕坎坷的命運，艱苦的流放生活，雖使拱乾備嘗艱辛，卻令其以新的目光和心態觀察思考這個陌生的地方，獲得了作詩的新靈感。這正應了歌德那句名言：「現實必須提供詩的機緣和詩的材料。」〔註130〕遠離了故鄉江南以及爲官的京城，身處極北的邊塞之地，方拱乾在不長的時間內，就寫下了《寧古塔雜詩》百首，其別樣的滋味蘊於詩中，試舉數則，權作管中窺豹：

　　　率土寧非地，王臣豈有冤？

　　　愧無三字獄，空戴九重恩。

　　　精衛高難問，豺狼遠不喧。

　　　漫將哀樂事，輕向古人論。〔註131〕

在此詩中，拱乾不再使用渡年馬河時的雙關暗示，而是讓滿腹牢騷和憤懣難平之情噴湧而出。憤激之下，他進而反思家族悲劇的根源，發出了「累人原血肉，誤我是文章」〔註132〕的沉痛呼聲。

在這陌生的肅殺之地，遠離家鄉，遠離華夏文明中心，他一度感到失望甚至絕望，卻吟出了「自然成太古，不用閉柴門。心死身偏壽，形卑道更尊」

〔註128〕（清）楊賓：《柳邊紀略》自序，楊錫春，李興盛著：《寧古塔歷史文化》，哈爾濱：黑龍江人民出版社2004年版，第236頁。

〔註129〕歐陽修：《古文觀止下》，《梅聖俞詩集序》，上海：上海古籍出版社2006年版，第498頁。

〔註130〕歌德：《歌德談話錄》，轉引自馮至：《論歌德》，上海：上海文藝出版社1986年版，第121頁。

〔註131〕（清）方拱乾撰，李興盛整理：《方拱乾詩集》，《寧古塔雜詩》其79，哈爾濱：黑龍江教育出版社1992年版，第29頁。

〔註132〕（清）方拱乾撰，李興盛整理：《方拱乾詩集》，《寧古塔雜詩》其11，哈爾濱：黑龍江教育出版社1992年版，第19頁。

〔註133〕的詩句。雖然身處江湖之遠，但儒家思想所提倡的自強不息精神使他追慕王陽明的龍場悟道：

> 憶昔陽明子，流離瘴海時。
>
> 平生仰止處，傳誦謫居詩。
>
> 彷彿如相對，高蹤良可師。〔註134〕

這樣，方拱乾漸漸可以「漏屋睡常足，荒廚飽即休」〔註135〕，認識到「是地即成土，何天不可居？」〔註136〕，看來，經過感情的爆發期之後，拱乾的心態復歸平和，能隨遇而安、樂天知命了。

而且，他逐漸發現，在這個被人稱爲絕域的邊荒之地，卻是「侏離何處子，指此是中華……衣冠傳自異，風土較來嘉」的獨特場域，給他以不同的生活和文化感受，因而寫下了「益感君恩厚，投荒亦有涯」〔註137〕的詩句。

因爲日益把這裏作爲自己的第二故鄉，所以方拱乾開始對此處的一草一木都充滿深情。由於「心愛隔林花」，他就「短鋤載牛車，宿土帶花移。豫審來年屋，開窗向所宜」〔註138〕。把郊外的野花樹移植到窗前，本來已經心滿意足，可他最後卻由此樹聯繫到自己的命運，發出了「我亦無根株，配爾同棲遲」〔註139〕的慨歎。

總之，從出關到流放地，方拱乾的心態幾經波動，頗爲複雜，正如有學者所評價的，「從懵懂寬懷到強作歡顏，到憤懣難平，再到聊自解脫而時雜慨怨，這便是坦庵一路遠徙絕塞的心路歷程」〔註140〕。其複雜的心態，既有清

〔註133〕（清）方拱乾撰，李興盛整理：《方拱乾詩集》，《寧古塔雜詩》其 7，哈爾濱：黑龍江教育出版社 1992 年版，第 19 頁。

〔註134〕（清）方拱乾撰，李興盛整理：《方拱乾詩集》，《寧古塔雜詩》其 12，哈爾濱：黑龍江教育出版社 1992 年版，第 19～20 頁。

〔註135〕（清）方拱乾撰，李興盛整理：《方拱乾詩集》，《寧古塔雜詩》其 28，哈爾濱：黑龍江教育出版社 1992 年版，第 22 頁。

〔註136〕（清）方拱乾撰，李興盛整理：《方拱乾詩集》，《寧古塔雜詩》其 2，哈爾濱：黑龍江教育出版社 1992 年版，第 18 頁。

〔註137〕（清）方拱乾撰，李興盛整理：《方拱乾詩集》，《寧古塔雜詩》其 26，哈爾濱：黑龍江教育出版社 1992 年版，第 21 頁。

〔註138〕（清）方拱乾撰，李興盛整理：《方拱乾詩集》，《移郊外野花樹植窗前》，哈爾濱：黑龍江教育出版社 1992 年版，第 156 頁。

〔註139〕（清）方拱乾撰，李興盛整理：《方拱乾詩集》，《移郊外野花樹植窗前》，哈爾濱：黑龍江教育出版社 1992 年版，第 156 頁。

〔註140〕馬大勇：《流放詩人方拱乾》，黑龍江社會科學 2003 年第 2 期，第 65 頁。

初所謂「貳臣」的共性，也有其獨特的個性，比如，吳偉業晚年爲自己仕清那段經歷而深感痛悔，在其詩作中有明顯的流露。比較而言，方拱乾的詩歌則含蓄許多。

三、苦與樂——方氏家族在寧古塔的生活

　　方氏一家來到流放地寧古塔。在這裏，一家人既經歷了人生角色轉換的痛苦和生活的艱辛，又有著吟詩作賦，伏案讀書的快樂，同時亦雜有因爲精神苦悶而篤信佛道的精神寄託。經過科場案，方氏父子由士大夫一變而爲朝廷的罪人，由富裕的家境而一貧如洗。在流放地只能靠官府分給田地，授與種子，耕種以生。方拱乾的《給官糧種子至》對此有眞實的記錄。詩曰：

　　　　公田野囷分春種，黔突荒煙飽暮飧。

　　　　不到千山十死地，誰知一勺九重恩。

　　　　雨過牛力寬沙磧，日落雞棲鬧瓦盆。

　　　　自務生餘虎豹吻，官家猶似護殘魂。〔註141〕

在這片陌生的土地上，方拱乾建屋三楹，在屋外種植花果蔬菜。他作詩云：「顏居日何陋，豈敢擬宣尼。憶昔陽明子，流離瘴海時」。〔註142〕

　　很明顯，拱乾傚仿王陽明爲其居所命名爲「何陋居」。他有時「呼牛駕短犁」，「輆穀且種蔬」；有時又於雨後巡視菜圃；有時還植柳、鋤瓜。對這種耕種官田、力勤稼穡以維持生存的生活方式，六十四歲的方拱乾感慨頗深，吟出了「荒哉飽飯六十年，白頭才知辨麥菽」〔註143〕及「素餐六十年，白頭乃食力」〔註144〕的詩句。可見，對於一向攻讀經史、不辨麥菽的拱乾來說，這種勞動是艱辛的。但拱乾沒有像一些士大夫那樣悲觀失望、怨氣衝天，而是以能得到鍛鍊並自食其力而感到自豪。如果說對這種勞役之苦尙可逐漸習慣的話，那麼寧古塔多季氣候之嚴寒則令這些江南人心驚膽戰。方拱乾曾說：「人

〔註141〕（清）方拱乾撰，李興盛整理：《方拱乾詩集》，《給官糧種子至》，哈爾濱：黑龍江教育出版社1992年版，第146頁。

〔註142〕（清）方拱乾撰，李興盛整理：《方拱乾詩集》，《寧古塔雜詩》其12，哈爾濱：黑龍江教育出版社1992年版，第19頁。

〔註143〕（清）方拱乾撰，李興盛整理：《方拱乾詩集》，《力田行》，哈爾濱：黑龍江教育出版社1992年版，第69頁。

〔註144〕（清）方拱乾撰，李興盛整理：《方拱乾詩集》，《摘蔬》，哈爾濱：黑龍江教育出版社1992年版，第156頁。

說黃泉路，若到了寧古塔，便有十個黃泉也不怕了。」〔註145〕話說的雖不無誇張，但道出了久居關內之人對寧古塔苦寒天氣的恐懼感和親歷之後的自豪。

（一）詩以解憂

勞動的艱辛，氣候的嚴寒，並未讓方氏父子消沉。作為傳統的士人，他們謀生之餘，仍不廢詩書。方拱乾「平生酷好為詩」，出關前他即有《白門》、《鐵鞋》、《裕齋》三種詩集，惜乎均佚。遣戍寧古塔後，生活的苦難、勞動的艱辛，以及心情的苦悶，這一切非但未能改變方拱乾作詩的習慣，反而使其寫出的詩更加深刻地剖析自己的思想，更加充滿生命的體驗，更能揭示出清初流徙士人的心態。雖流離播遷，但他幾乎無日不作詩。拱乾作詩較少門戶之見，能博採眾長，其詩風受杜甫影響尤大，有著濃厚的現實主義色彩。從出關到得到赦歸消息的近千日，他共「得詩九百五十一首」（據李興盛先生核實，實得九百三十四首，（鄙意可能有部分軼散），幾乎一日一詩，結為《何陋居集》。歸途、歸後則有《蘇庵集》，作者自謂得詩四百九十二首（據李興盛先生核實，實為四百八十一首）。其中，《何陋居集》詩作基本寫於寧古塔，堪稱為黑龍江現存第一部詩集，不僅有著很高的文學價值，而且有很高的史料價值。方拱乾在詩中首次記述了渤海國上京龍泉府遺址、明代奴兒干都司永寧寺碑、清初黑龍江軍民抗擊沙俄歷史遺蹟與歷史事件等。他對這片黑土地的歷史、人文以及自然景物的觀察和感悟，鎔鑄在了這些詩文裏，留在他的記憶中，也留給了後人。

由於家族詩書傳家的傳統，又由於受方拱乾勤於創作，以詩歌為生命之所繫的感染，方氏幾乎人人作詩。

方拱乾的長子方孝標，即人們熟知的康熙年間《南山集》文字獄的受害者，早在清初就是一位很有影響的詩人。在拱乾諸子中，他的詩歌成就最高。據孝標自述，他七歲就學詩，初受七子、公安、竟陵影響較大。後得乃父點撥，專心學杜詩。但因其後進入官場，詩中多有道學氣和館閣氣。「及後遷謫、召還、出塞、入塞，加以稱貸奔走，實無心著述，而不平之鳴與感物之緒嘗不能已於心而禁於口。故近年所為詩文較昔轉多，亦較昔稍進」〔註146〕。也

〔註145〕（清）吳兆騫：《歸來草堂尺牘》，順治十八年四月十七日上父母書。見李興盛主編：《黑水叢書》（外二十一種），哈爾濱：黑龍江人民出版社1997年版，第518頁。

〔註146〕（清）方孝標撰，唐根生、李永生點校：《鈍齋詩選》自序，合肥：黃山書社1996年版，第8頁。

就是說，政治上的失意反而使他更加眞切地深入生活，從而帶來了其詩歌創作的長進。在他的筆下，既有「著樹如花疑早霜，邊塞亭午色蒼茫」這種「北人見慣南人駭」的奇觀，〔註147〕又有「千盤欹霧窄，二嶺挾天高」〔註148〕的神來之筆，還有其心理的微妙變化。

如上所述，方孝標感順治帝的知遇之恩，對其家族蒙受冤屈一事，形諸筆端固然有不平之鳴之流露，然而卻是淡淡的。他那首與其父同題的《出塞送春歸》，寫道：「出塞送春歸，天心無是非」，但很快筆鋒一轉，「芳菲隨地滿，何異故園扉」〔註149〕，又復歸溫柔敦厚的主旨。

拱乾次子亨咸工詩善畫，亦擅書法。不幸的是，不惟其書畫作品多所散軼，其詩文存於世者也寥寥無幾。其《塞外樂府》當作於此時，惜不傳。

拱乾三子育盛（字與三）著有《其旋堂詩集》，「述寧古塔風土甚備」。著名文人吳兆騫作序云與三：「開繪寫怨，流翰陳弦。客路山川，塞天風雪。或車中之贈別，或馬上之行吟，以至眞番土風，鮮卑國語，無不調成金石，麗錯瓊瑤。名曰《其旋》，都爲一集。寄羈臣之幽憤，寫逐客之飄零」〔註150〕。可見，方育盛之詩題材廣泛，且抒幽憤之情。

拱乾四子膏茂著有《方餘齋集》，其中多數詩篇散軼，僅能從《清詩別裁集》中見到片光吉羽。膏茂得知將放還的消息後作有《歸家》一篇，寫得眞切感人。其詩云：

此身拚永別，那意得生還。
徵騎才門外，喧聲已戶間。
心含他日淚，眼認去時顏。
齧臂知非夢，今朝眞入關。〔註151〕

〔註147〕（清）方孝標撰，唐根生、李永生點校：《鈍齋詩選》卷 13，《雨水冰》，合肥：黃山書社 1996 年版，第 263 頁。

〔註148〕（清）方孝標撰，唐根生、李永生點校：《鈍齋詩選》卷7，《小阿稽》，合肥：黃山書社 1996 年版，第 104 頁。

〔註149〕（清）方孝標撰，唐根生、李永生點校：《鈍齋詩選》卷7，《出塞送春歸》，合肥：黃山書社 1996 年版，第 100 頁。

〔註150〕（清）吳兆騫：《方與三〈其旋堂詩集〉序》，《秋笳集》卷8，李興盛主編：《黑水叢書》外二十一種，哈爾濱：黑龍江人民出版社 1997 年版，第 499 頁。

〔註151〕（清）沈德潛：《清詩別裁集》卷8，上海：上海商務印書館 1934 年版，第 160 頁。

（二）苦中讀書

方氏父子幾乎個個能詩，固然由於其言志抒情使然，同樣是由其發奮讀書、勤研經史決定的，其中飽含拱乾對後代不廢詩書的諄諄教誨。拱乾三子育盛抵達流放地後，馬上買一張書几，拱乾欣然題詩曰：

即次尚未安，先買讀書几。
讀汝途中詩，知未荒經史。
秋清場圃畢，高山多杞梓。
斧斤視厥力，構屋甘陋痺。
蔬園霜欲滌，西偏足容趾。
讀誦三冬餘，樹藝明年始。
我來行李艱，殘篇雜泥滓。
合汝今所攜，分披頗不鄙。
重複翻九經，繁郁逮諸子。
問字老夫堪，師友柴門裏。
高吟鳥獸群，是亦伊洛里。〔註152〕

從詩中可知，儘管路途遙遠、攜帶不便，方氏父子所帶的經史和諸子等類書籍仍然十分可觀。因為作為以科舉入仕為人生旨歸的士大夫家庭，讀書乃是其最大的精神寄託和支柱。方氏如此，吳兆騫也不例外。據載，吳氏雇牛車所載圖書有萬卷之多。

拱乾認為自己能為兒子答疑解惑，一同遭遣戍的流人亦堪稱師友。事實正是如此。方氏父子共同讀書的場面，用拱乾自己的說法：「一几同兒坐，分頭各讀書。衰年遮眼目，旅食答居諸」〔註153〕。

拱乾幾乎給每個兒子的讀書几上都題了詩，勤加勉勵，使其不廢詩書。他為長子孝標題詩曰：

讀書不問地，窮荒即衡沁。
讀書不問几，榛棘即楩梓。
勿言禍患樞，咎不關讀書。

〔註152〕（清）方拱乾撰，李興盛整理：《方拱乾詩集》，《育盛買得讀書几請詩》，哈爾濱：黑龍江教育出版社1992年版，第176頁。

〔註153〕（清）方拱乾撰，李興盛整理：《方拱乾詩集》，《寧古塔雜詩百首》其58，哈爾濱：黑龍江教育出版社1992年版，第26頁。

勿恨邊逢苦，讀書娛今古。〔註154〕

在這裏，拱乾又推翻以前的推論，認爲家族罹禍不是由讀書造成的。

在《書膏茂讀書几上》，拱乾甚至認爲，膏茂與嬌妻稚子遠隔山水有利於專心讀書。拱乾說：「人生讀書不能及古人有兩故，功名妻子更端紛出縈撓以相誤。聖賢豈作青紫媒，室家溽是詩書蠹。而汝今日雞肋既爲天所斷，呱呱兒既隨糟糠之婦遠隔江以畔，即欲百計累汝安能累？端居飽含窮荒地，倘不讀書更何事？」話雖這樣說，拱乾最後還是道破實情：「父子兄弟相與編磨砥礪，以送氈裘蓬廬之歲月〔註155〕。

對於他最喜愛的次子亨咸，他題詩贊其才華橫溢，詩云：

烏皮幾子荒林木，物以人靈視所屬。

稱詩作畫更臨池，敢言三絕希高躅。

中宵貝葉字琅琅，近復棲神獵老莊〔註156〕。

方氏讀書作詩，並未局限於家庭的小圈子，而是與吳兆騫等流人互爲師友，給寧古塔文化留下了一段佳話。方孝標對才子吳兆騫佩服之極，曾賦詩云：「可與言今古，邊荒只有君。……幸將成敗理，抉要與同聞。」〔註157〕方拱乾詩中記述了次子亨咸與吳兆騫易書而讀的情景。詩云：

柴門開凍徑，雪裏送書童。

亂世斯何物，清晨過乃公。

校讎當日義，斟酌幾人同。

共笑雕蟲技，窮荒益覺窮〔註158〕。

至於拱乾本人與吳兆騫的唱和更是不勝枚舉。所以，吳兆騫在寫給在京好友的信中說：「龍眠父子，與弟同謫三年，情好殷摯，談詩論史，每至夜分」〔註

〔註154〕（清）方拱乾撰，李興盛整理：《方拱乾詩集》，《玄成以讀書幾請，作歌書其面》，哈爾濱：黑龍江教育出版社1992年版，第77頁。

〔註155〕（清）方拱乾撰，李興盛整理：《方拱乾詩集》，《書膏茂讀書几上》，哈爾濱：黑龍江教育出版社1992年版，第177頁。

〔註156〕（清）方拱乾撰，李興盛整理：《方拱乾詩集》，《書亨咸讀書几上》，哈爾濱：黑龍江教育出版社1992年版，第161頁。

〔註157〕（清）方孝標著，唐根生，李永生點校：《鈍齋詩選》，《答吳漢槎借讀〈通鑒綱目〉二首》，合肥：黃山書社1996年版，第107頁。

〔註158〕（清）方拱乾撰，李興盛整理：《方拱乾詩集》，《兒亨雪中遣小童持〈史記〉，向吳漢槎易〈漢書〉》，哈爾濱：黑龍江教育出版社1992年版，第40頁。

〔註159〕（清）吳兆騫：《秋笳集》卷8，《戊午二月十一日寄顧舍人書》。見李興盛主編：《黑水叢書》（外二十一種），哈爾濱：黑龍江人民出版社1997年版，第502頁。

159〕。在寫給另一位友人的信中，他也提到：「每啜糜之暇，輒與龍眠諸君子商榷（原書作「商確」）圖史，酬唱詩歌，街談巷曲，頗成一集。」〔註160〕。

可以說，方氏和吳兆騫是清朝被遣送到寧古塔的第一批流人中文化水準最高的，其中，尤以方氏父子對推動當地文化的發展所起作用最大，他們與吳兆騫的詩史交流成爲流人文化交流的代表。正因爲這一點，當順治十八年十月，方氏經活動成功返回江南，當地流人的文化交往陷入了低潮。用吳兆騫的話說，就是：「自彼南還，塞垣爲之寂寞。」〔註161〕

（三）信奉佛道

讀書、作詩，師友唱和，構成方氏父子謀生之餘的主要生活。然而，仔細閱讀方氏和其它人的一些作品，我們還可以發現方氏精神生活的另一面——信奉佛道。雖然傳統上要求士大夫恪守儒家「子不語怪力亂神」，但自唐宋以來，儒釋道合流的趨勢愈益明顯。尤其在重大的天災人禍面前，常常使人感到命運無常。此時，佛道的安撫作用就會對人產生吸引。方氏族人正是如此。本來一家人頂著族內和社會輿論的壓力而出仕清朝，忠心耿耿爲其服務。誰也想不到，族難忽至，這令其非常苦悶。詩書之餘，自覺或不自覺地從佛道中尋求慰藉。

方拱乾篤信佛教。抵達寧古塔不久，他就因信佛引起別人的好奇。他說：「佛字驚群耳，環觀笑語喧。不通彼我義，益省應酬煩」〔註162〕。

由於當地並無佛教流傳，不具備禮佛條件，拱乾因陋就簡，他作《壁間供佛》記錄其事和自己的感受：

一

無處聞鍾磬，關門即是庵。

連天迷白草，何樹現優曇？

鑿木香鋪案，依牆石劃龕。

化城寧定所，松火照琅函。

〔註160〕（清）吳兆騫：《秋笳集》卷8，《與計甫草書》。見李興盛主編：《黑水叢書》（外二十一種），哈爾濱：黑龍江人民出版社1997年版，第504頁。

〔註161〕（清）吳兆騫：《秋笳集》卷8，《戊午二月十一日寄顧舍人書》。見李興盛主編：《黑水叢書》（外二十一種），哈爾濱：黑龍江人民出版社1997年版，第502頁。

〔註162〕（清）方拱乾撰，李興盛整理：《方拱乾詩集》，《寧古塔雜詩》其七十，哈爾濱：黑龍江教育出版社1992年版，第27頁。

二

淚隨膜拜落，斯地見斯容。

累佛知身業，依僧學律恭。

回思千月影，遍對六朝松。

誰信蓮花界，萍蓬與客從〔註163〕。

值得一提的是，方拱乾的妻子，即明朝大學士何如寵的女兒也是一個虔誠的佛教徒。據吳兆騫說：「方年伯母每日誦《金剛經》二卷，《法華》一卷，大士號四五千，《彌陀經》十卷，彌陀號四五千，眞可謂勇猛。仙師云：方夫人虔禮蓮臺，不獨消宿世之愆，已記名於蓮花中矣」〔註164〕。

方亨咸則將精神寄託於道教，開始崇拜信奉斗星之神。吳兆騫說亨咸：「好道之篤，可稱第一。每日晨昏拜斗母四十九拜，日誦《斗心咒》一萬遍，《玉皇經》三卷，未嘗有缺。及遇斗期，則依科禮拜，極其虔敬」〔註165〕。吳氏本人則佛道兼信，他與亨咸、章鉞等時常一道齋心斗禮。

四、方氏父子的交際圈

在寧古塔將近一千個日日夜夜中，方氏父子才名遠播，被譽爲「龍眠父子」。由於與許多流人有著同是天涯淪落人的經歷和體驗，方氏父子與他們惺惺相惜，過從甚密，建立了深厚的友誼。寧古塔流人中素有「三傑」之說，即方拱乾、吳兆騫、張縉彥。他們「朝夕相對，歡若一家」，詩酒唱和。其中，著名詩人吳兆騫是同罹科場案的江南才子。方氏父子與吳氏的交往上文已經述及。他們的唱和集成爲黑龍江土地上最早的多人詩集。

河朔英靈張縉彥複雜多變的身份與方拱乾頗爲相似：明朝官員、農民軍俘虜、清朝官員（貳臣）、流人、文人。張縉彥，河南新鄉人，字濂源，號坦公、大隱，流放寧古塔時又自號外方子。據傳他生有夙慧，十歲即能文。天

〔註163〕（清）方拱乾撰，李興盛整理：《方拱乾詩集》，《壁間供佛》，哈爾濱：黑龍江教育出版社1992年版，第92頁。

〔註164〕（清）吳兆騫：《歸來草堂尺牘》，順治十八年四月十七日上父母書。見李興盛主編：《黑水叢書》（外二十一種），哈爾濱：黑龍江人民出版社1997年版，第519頁。

〔註165〕（清）吳兆騫：《歸來草堂尺牘》，順治十八年二月十九日上父母書。見李興盛主編：《黑水叢書》（外二十一種），哈爾濱：黑龍江人民出版社1997年版，第517頁。

啓元年，他二十二歲時中舉人，崇禎四年中進士，歷任陝西清澗、三原知縣，後入京爲戶部主事，累遷翰林院編修、兵科都給事中。崇禎十六年，升至兵部尙書。清順治三年降清。順治十七年，因「文字獄」被捕下獄，次年被流徙寧古塔。在此地，他與吳兆騫、方拱乾等人建立了深厚的友誼。

方拱乾雖然體會到了自食其力的艱辛和快樂，更有志同道合、同是天涯淪落人的交往，但畢竟還是江南好。

五、《茶香》與「放雉崖」——濃濃的思鄉情

（一）茶香

寧古塔的生活，對方氏父子一生來說，是濃重的一筆。他們既有著志同道合的文人交際圈，並對當地文化產生了新的認識，進而對其加以概括提煉。但即使如此，方氏父子也無時不刻地渴望回到家鄉。在寧古塔度過的艱難歲月中，方拱乾那濃濃的思鄉之情與日俱增。如同生活再艱苦，也要吟詩作賦一樣，他飲茶的習慣也沒有因流放邊疆而改變。有人說他嗜茶成癖。誠然，他是一天也離不開茶的，而且他要喝家鄉的茶。作爲桐城望族，龍眠山和小龍山都有方氏別業。

然而從桐城到寧古塔，遠隔千山萬水。家鄉的茶寄到塞外，已是來年，其詩云：

> 九月新茶五月寄，開園三月至長安。
>
> 盤旋已是終年計，險阻遙從萬里看。
>
> 故土色香遑揀擇，尺書兒女自辛酸。
>
> 穹廬飲啄原隨分，斟酌須令旅思寬〔註166〕。

原來，這陳年的茶葉不僅給他帶來茶香，還使他回憶起家鄉，更飽含了後人的深情。其《茶香》一詩表露得很清楚：

> 荒邊老死不識梅，何處梅花香屋裏？
>
> 氤氳細溯香所生，雨前茶煮冰溪水。
>
> 江南人夢江南花，但覺生香已是家。
>
> 當年狼籍千林雪，此日依稀問露華。

〔註166〕（清）方拱乾撰，李興盛整理：《方拱乾詩集》，《嘗都門寄到新茶》，哈爾濱：黑龍江教育出版社1992年版，第50頁。

風定茶清香不偶，尋香執色花何有？

君不見羈魂隨物見鄉園，關山笛裏生楊柳。〔註167〕

因此，他親手煮茶、用心品茶，一絲不苟。

親煎出茶味，手與舌相矜。

豈是物情異，難除我相能〔註168〕。

靜啜泉味出，乳花生舊磁。

童子怪舌靈，遠汲不敢欺。

滌器還審火，不假他手持。

笥中穀雨芽，又及穀雨時。

風霜不改色，猶如初脫枝〔註169〕。

其品茶的工夫令童子十分吃驚，因此不敢偷懶，乖乖地到指定處去汲泉水。這茶葉不僅使他能「侑以沉香水，坐對古人詩」〔註170〕，而且居然有「飲茶如飲藥，翛然堪扶衰」〔註171〕的神奇效果。原因何在？從他的詩中我們可以清楚地看到，對他而言，這茶葉中有故園春色，「君不見羈魂隨物見鄉園，關山笛裏生楊柳」。家鄉的茶成爲維繫這思鄉之情的紐帶了。

「家山茶向長安達」，「江南人夢江南花」。何以解憂愁，唯有故鄉茶。在艱苦的邊塞，他或許從家鄉的茶香悟到，身處絕地而不改其樂，也許還有望回到江南。

身處塞外的拱乾等人痛苦而樂觀地生活，在桐城的方氏族人也在積極設法使親人還鄉。孝標長子嘉貞上書訟冤，希望朝廷能爲方氏平反昭雪。恰在此時，清廷發生的一系列政治變動使方氏父子的命運出現轉機，其回鄉之夢得以成眞。

順治十八年正月初二，福臨出痘且很快病危，於是遣內大臣蘇克薩哈傳

〔註167〕（清）方拱乾撰，李興盛整理：《方拱乾詩集》，《茶香》，哈爾濱：黑龍江教育出版社1992年版，第54～55頁。

〔註168〕（清）方拱乾撰，李興盛整理：《方拱乾詩集》，《煮茶》，哈爾濱：黑龍江教育出版社1992年版，第151頁。

〔註169〕（清）方拱乾撰，李興盛整理：《方拱乾詩集》，《啜茶》，哈爾濱：黑龍江教育出版社1992年版，第130頁。

〔註170〕（清）方拱乾撰，李興盛整理：《方拱乾詩集》，《啜茶》，哈爾濱：黑龍江教育出版社1992年版，第130頁。

〔註171〕（清）方拱乾撰，李興盛整理：《方拱乾詩集》，《啜茶》，哈爾濱：黑龍江教育出版社1992年版，第130頁。

諭：京城內除十惡不赦死罪外，其它死罪罪犯悉行釋放〔註172〕。這是最高統治者爲了保命而做出的政治姿態。其影響雖僅限於京城，但對流放在外的所謂罪犯也是一個有利的信號。

順治帝去世後，當年二月玄燁即位。旋即定官員認工贖罪之例。據《欽定大清會典事例》載：

> （順治）十八年題准：官員人等，有犯流徒籍沒等罪，情願修造城樓營建贖罪者，呈明該原問衙門，預爲啓奏。下工部查議。奏聞請定奪。〔註173〕

以四輔臣爲首的滿族貴族做出這次律令調整，固然有遼東重建的背景〔註174〕，但更重要的應是一種統治策略：一方面做出寬刑簡政的姿態，一方面增加了政府的財富。雖然至順治末年，大的戰事基本結束，但多年的戰爭消耗了大量的社會財富，清政府財政相當困難。順治十八年八月，清政府決定按明朝加增練餉標準，每畝加派一分，直隸等十三省共計五百七十七萬一千餘頃，則可增稅五百多萬兩，自順治十八年起，照數徵派，限三月徵完解部。〔註175〕可見，清廷爲緩解財政壓力，不惜重蹈被視爲弊政的加派田賦的老路。

相比而言，上述認工贖罪例，則出於自願，對那些資財豐厚的家族來說，可謂是福音。因爲科場案，方氏家族的家產被籍沒，幾至破產，但是爲了讓親人早日回到魂牽夢繞的江南，方氏族人不惜借鉅款以認修阜成城樓工自贖。就在拱乾父子踏上回鄉路之際，發生了一幕感人的情景。

（二）放雉崖的來歷

順治十八年（1661年）九月初四日，天氣晴好。張縉彥約方拱乾父子五人及吳兆騫等十八人登臨城東的寧古臺。眾人燃起篝火，觥籌交錯。更有興致的是，他們居然捕獲了一隻受到驚嚇的野雉。大家欲將這野味美餐一頓，

〔註172〕中國人民大學清史研究所編：《清史編年》（順治朝），北京：中國人民大學出版社1985版，第589頁。

〔註173〕劉啓端等纂：《欽定大清會典事例》卷724，續修四庫全書第809冊，上海：上海古籍出版社2002年版，第15頁。《清朝通典》卷89云：「舊例：有罪之人修蓋城樓，准其贖罪。至是刑部題准：官員有犯流徒、籍沒等罪，情願修造城樓營建贖罪者，議奏。請旨定奪」

〔註174〕參見李興盛：《中國流人史》，哈爾濱：黑龍江人民出版社1990年版，第115頁。

〔註175〕《清聖祖實錄》卷4，順治十八年八月甲寅，北京：中華書局1985年版，第84頁。

但方拱乾的心思與眾不同。一則，他篤信佛教，不忍殺生。二則，眼前這隻身陷罟網的野雉撥動了他的思鄉之情。他作詩云：「魚驚眾響衝沙躍，雉脫輕羅度嶺啼。（獵得生雉放之。）」〔註176〕此雉本已身陷罟網，竟然九死一生。而自己歷盡磨難後，也將重獲自由。感同身受之餘，他背著眾人，將野雉放歸大自然，並題名放雉崖，一來宣誓心志，對患難之交，表「不忘」之志，二來紀念自己「率全家數十口，顛連於萬里無人之境，猶得生入玉門者」〔註177〕的九死重生之艱難。

拱乾以雉爲題作的詩達六首之多：《偶得生雉畜之》二首、《哺雉》、《放雉》二首、《憶雉》。他顯然從雉身上看到了自己的影子，而且以其爲物象自言身世。因爲他和他的全家眞的像那隻雉一樣重獲自由，即將離開寧古塔，返回江南。順治十八年冬得知「召還」的消息，他作詩《十月十八日得召還信》六首，眞切地記錄了當時的心情：「驛騎傳何語？生還竟是眞。猶疑平日夢，難信醒時身」〔註178〕。「灰心甘異域，不敢夢鄉關。每怪兒曹語，長懷故里山。」〔註179〕眞可謂不敢置信、悲喜難言。欣喜之餘，離別寧古塔之際，方拱乾在壁上題下《書茅屋壁》一詩，「莫言萬里無人境，兀兀三年認作家」〔註180〕。短短三年，寧古塔儼然已成爲其第二故鄉。因爲在這裏，苦難反而激發出其生命的潛能。雖然從傳統的倫理道德講，方拱乾大節有虧，但是他仍然以其倔強的性格與命運抗爭，其勇氣令人欽佩。其隨遇而安、落地生根的頑強的生命力令人油然而生敬意。

如上所述，對於拱乾而言，寧古塔三年的謫戍生活，就像是王陽明的龍場悟道。他以其吐露眞情的詩作，向我們展示了一個倔強老人的人格魅力。他在抵達寧古塔之後即賦詩云：「勿言老死近，只作受生初。是地即成土，何

〔註176〕（清）方拱乾撰，李興盛整理：《方拱乾詩集》，《九月四日偕諸君登寧古臺，更臨前溪，凡十有八人，觴詠竟日》其二，哈爾濱：黑龍江教育出版社1992年版，第292頁。

〔註177〕（清）方拱乾：《方拱乾詩集》，《何陋居集·自序》，哈爾濱：黑龍江教育出版社1992年版，第4頁。

〔註178〕（清）方拱乾撰，李興盛整理：《方拱乾詩集》，《蘇庵集（辛丑年）》，《十月十八日得召還信》之一，哈爾濱：黑龍江教育出版社1992年版，第303頁。

〔註179〕（清）方拱乾撰，李興盛整理：《方拱乾詩集》，《蘇庵集（辛丑年）》，《十月十八日得召還信》之六，哈爾濱：黑龍江教育出版社1992年版，第304頁。

〔註180〕（清）方拱乾撰，李興盛整理：《方拱乾詩集》，《蘇庵集（辛丑年）》，《書茅屋壁》，哈爾濱：黑龍江教育出版社1992年版，第306頁。

天不可居？」﹝註181﹞「死地原生地，窮途非畏途。人稀逢客喜，德薄不鄰孤。」﹝註182﹞在他看來，死地就是生地，只要能勇敢地面對，無論身處何方，都有生存的希望，而且還能更加珍重自己的存在價值，更加珍視人世間的眞情。死地與生地、窮途與畏途的辯證關係，命運乖舛而崇德向善，詩筆飽含哲味。

六、方拱乾對明清之際的政局和君臣關係的反思

在偏遠的寧古塔，方拱乾不僅鍛鍊了生存能力，而且在遠離政治中心的邊徼之地，面對污濁的現實，他開始重新審視明清之際的政局和自己所選擇的政治道路，並對君臣關係有了較深入的反思。

作爲故明官員，方拱乾難免對前朝有所留戀，而對興起於關外的滿族貴族的入關心存芥蒂。在方氏家族受到清廷的有意打壓之後，此種情結逐漸流露出來。前引方氏詩歌已有所披露，茲再補數則，以明其旨。出關之後，看見一種叫白蛉的吸血蟲，他浮想聯翩：

> 白蛉是何物？中原初不聞。
> 出關見種族，極東遂芸芸。
> ……
> 吾膚猶沃若，嘬吮何殷勤！
> 千古小人態，生死空紛紜。﹝註183﹞

表面看字字在寫白蛉這種昆蟲，但又何嘗不可以理解爲對興起於東北的滿族貴族的嘲諷呢？別忘了，善於運用雙關和借題發揮是拱乾詩歌的顯著特點。關於這種「其毒甚蜂蠆，彌漫等浮雲」的毒蟲，前引方孝標在《鈍齋詩選》卷七《大阿稽》小引中有過更爲詳細的描寫，但並無多少感情色彩，對比二者即可明瞭父子二人心態之差異。

方拱乾曾書寫了一份《金剛經》，其經歷頗爲曲折。如上所述，甲申之變後，方拱乾輾轉南歸，順治二年春避難於嘉興般若寺。因其書法出眾，拱乾應友人林可任之請書寫《金剛經》。而當時，「時才歷滄桑，痛矢入山志」，對

﹝註181﹞（清）方拱乾撰，李興盛整理：《方拱乾詩集》，《寧古塔雜詩》其二，哈爾濱：黑龍江教育出版社1992年版，第18頁。

﹝註182﹞（清）方拱乾撰，李興盛整理：《方拱乾詩集》，《寧古塔雜詩》其八十二，哈爾濱：黑龍江教育出版社1992年版，第29頁。

﹝註183﹞（清）方拱乾撰，李興盛整理：《方拱乾詩集》，《白蛉》，哈爾濱：黑龍江教育出版社1992年版，第39頁。

於甲申之後沒能隱居而去投南明政權深感懊悔。在其後的十幾年中，又發生了太多的變故。後書壬辰冬，白門重作記。

> 睽违已八年，殘函塵廢置。
>
> 雲樹不可攀，徒灑書空淚。
>
> 刹那又十年，華彝三歷地。
>
> ……
>
> 甲申雖咥凶，偷生猶偶遂。
>
> 林子雖別離，關山猶同類。
>
> 只今天何方，蹤跡胡然至？〔註184〕

顯然，他對甲申之後的苟且偷生，當時雖與友人別離還能忍受，因爲畢竟還是華夏族的政權。後來自己和兒子們加入了異族政權，而且對其忠心耿耿，如今自己一家又處於何種境地呢？方氏作爲江南望族，「十世不奢淫，罔知禍所從」〔註185〕。看來，自己的政治選擇是失敗的，但是，怨天尤人有何用！最後，拱乾又歸於「經歷歲有畸，佛眼應無二」，〔註186〕看來只好借助宗教來解脫了。

順治十六年，南明將領鄭成功、張煌言聯手進軍長江。取瓜州、破鎮江，收復太平、寧國、池州、徽州等四府、三州、二十二縣，一時江南震動，順治帝甚至準備親征江南。儘管如此，方拱乾仍以其豐富的閱歷和敏銳的目光認定，清朝方興未艾，南明難成氣候。他賦詩云：

> 浪說樓船變，江氛接海氛。
>
> 大廷正神武，小寇乃紛紜〔註187〕。

雖然由於政治上的受挫，他表示：「難餘輕世亂，消息任傳聞」〔註188〕，並說

〔註184〕（清）方拱乾撰，李興盛整理：《方拱乾詩集》《漢樣示予〈金剛經〉，乃予乙酉春手錄，寄林子可任不克，壬辰複檢識，畀兒章持誦者，慨而作此》，哈爾濱：黑龍江教育出版社1992年版，第283頁。

〔註185〕（清）方拱乾撰，李興盛整理：《方拱乾詩集》，《朝春得米》，哈爾濱：黑龍江教育出版社1992年版，第45頁。

〔註186〕（清）方拱乾撰，李興盛整理：《方拱乾詩集》《漢樣示予〈金剛經〉，乃予乙酉春手錄，寄林子可任不克，壬辰複檢識，畀兒章持誦者，慨而作此》，哈爾濱：黑龍江教育出版社1992年版，第283頁。

〔註187〕（清）方拱乾撰，李興盛整理：《方拱乾詩集》，《聞江南寇信》之一，哈爾濱：黑龍江教育出版社1992年版，第55頁。

〔註188〕（清）方拱乾撰，李興盛整理：《方拱乾詩集》，《聞江南寇信》之一，哈爾濱：黑龍江教育出版社1992年版，第55頁。

「絕域翻安堵，兵戈無是非」〔註189〕，一定程度上表明對政治的淡漠。但他仍不能不關注時局的發展，因爲江南有他的親人：「豈不懷孫子，愁當避老妻」〔註190〕。更因爲他是飽讀詩書的文人，是有憂患意識的明清兩朝官員。他在詩中說得明白：

> 廟算新傳克鬼方，朝宗江漢水湯湯。
>
> 燎原只道鯨奔海，厝火誰驚燕處堂。
>
> 萬頃蘆花迷夜月，千艘玉粒滯秋霜。
>
> 東南坤軸安危繫，不獨羈人重故鄉。〔註191〕

不僅僅因爲江南是自己的故鄉才去關心它，而更是因爲這一根本重地關係到天下的安危。然而，殘酷的現實卻是：

> 亦有憂天淚，孤臣安敢言？
>
> 從來薪濕法，難繫釜遊魂。
>
> 亂世豈書懦，春城甘旦髡。
>
> 猶聞司寇牘，獨斷九重尊。〔註192〕

對科場案中，刑部和皇帝的判決仍然心有餘悸，自己關心政治，憂慮時局又有何用？眞是愁腸百結！

那麼，何以解憂，何以消愁？一個讀書人還是要到書史中去尋找慰藉的。在一遍又一部讀史的過程中，他不斷安慰自己：

> 治亂非人力，遠會適乘之。
>
> 當局倘易位，休咎如列眉。
>
> 及與身相攖，舉動迷著龜。
>
> 聖賢還覆車，帝王且奕棋。
>
> 況茲凡庸輩，寧不嬰禍羅？
>
> 洪荒已江河，豈待叔季時。
>
> 掩卷轉長笑，勿作下士悲。〔註193〕

〔註189〕（清）方拱乾撰，李興盛整理：《方拱乾詩集》，《聞江南寇信》之三，哈爾濱：黑龍江教育出版社1992年版，第55頁。

〔註190〕（清）方拱乾撰，李興盛整理：《方拱乾詩集》，《聞江南寇信》之四，哈爾濱：黑龍江教育出版社1992年版，第55頁。

〔註191〕（清）方拱乾撰，李興盛整理：《方拱乾詩集》，《感懷四首》之二，哈爾濱：黑龍江教育出版社1992年版，第56頁。

〔註192〕（清）方拱乾撰，李興盛整理：《方拱乾詩集》，《聞江南寇信》之五，哈爾濱：黑龍江教育出版社1992年版，第56頁。

拱乾似乎在替清帝著想：當局者迷，掌權者都難免犯錯誤；他又似乎在為自己開脫：聖賢尚且覆車，何況我等凡庸之輩。歷史上這類事例多了，還是不要再患得患失了吧！

　　然而，他還是禁不住要思考家族何以罹禍。他似乎從歷史中找到了原因：

　　　文章且騎虎，況乃功名阱。

　　　素門鬼尚瞰，華屋誰留景。

　　　堯舜鮮令胤，共歡共灰冷。

　　　道德難長恃，天驕不可永。

　　　萬古一衣食，敷天貴要領。

　　　磋哉癡直身，怨深罰猶省。

　　　居然白髮全，糠草隨萍梗。

　　　沒齒感皇恩，麋鹿同朝請。〔註194〕

看來自己和兒子輩所走的讀書應舉之路布滿了陷阱，尤其是身處一個頗有影響的望族（素門鬼尚瞰，華屋誰留景），樹大招風，遭受打擊在所難免。「居然白髮全」之後，是明顯的反語。

　　拱乾還寫了一首《月食歌》，堪稱天文史史料。有意思的是，拱乾通過對「天是何物？司天何人」〔註195〕，「堯囚舜饉，朱絕均喪，桀仁紂聖，湯篡武逆」等的追問，得出了自己的判斷：

　　　……

　　　群天下億萬人並生以奉一人固已。

　　　山莫與陵、而川莫與介，更不奉一天焉，

　　　以制其福威節其理，欲將膏億萬人之肉，

　　　不足供恣睢之一快〔註196〕。

　　　……

〔註193〕　（清）方拱乾撰，李興盛整理：《方拱乾詩集》，《讀史》，哈爾濱：黑龍江教育出版社1992年版，第62頁。

〔註194〕　（清）方拱乾撰，李興盛整理：《方拱乾詩集》，《讀〈通鑒〉有慨而作》，哈爾濱：黑龍江教育出版社1992年版，第64～65頁。

〔註195〕　（清）方拱乾撰，李興盛整理：《方拱乾詩集》，《月食歌》，哈爾濱：黑龍江教育出版社1992年版，第196頁。

〔註196〕　（清）方拱乾撰，李興盛整理：《方拱乾詩集》，《月食歌》，哈爾濱：黑龍江教育出版社1992年版，第197頁。

有學者認爲這與黃宗羲的《原君》有些相似，都有民主主義思想的萌芽。〔註197〕在我看來，拱乾詩中的這種民主思想的萌芽，只是因爲方氏家族遭到重創，他在極度悲憤幽怨之中產生的，與黃宗羲思想的自覺性尚有相當的差距。而且，拱乾也未能把這種思考繼續下去。這一點從他後來思想的變化可以清楚地看出來。

在得知鄭成功、張煌言兵敗的消息後，他的心情頗爲複雜，所謂「眞傳消息倍凄然」。因爲自己雖已經料到南明難成大業，可一旦預言成眞，他作爲漢族士人，作爲前明官員，還是倍感凄然。既然自己選擇了出仕清朝，那麼還是覺得「鐵鎖萬尋懸地塹，金甌半壁恃江天」〔註198〕的江南重地得以保全，因而「欣聞奏凱纖宵旰，到處長楊簇管絃」〔註199〕，他也替當今皇帝舒了一口氣。既然「烹狗藏弓今古同」，「竹帛千秋誰雪恨？」〔註200〕既然「君聖天當悔，刑尊世不冤」〔註201〕，那麼儘管自己受了冤屈，也還是老老實實地接受清廷的統治吧。

而且，方氏父子的命運又出乎意料地出現了轉機。「新政懸天澤，書生排帝閽。共憐黃口力，能雪白頭冤」〔註202〕。孝標長子嘉貞借清廷調整政策之機，上書訟冤，並任修阜成門樓，終於使親人得以回歸桑梓。

懷著委屈、欣喜以及感激的複雜形態，方氏一家踏上了返鄉之路。當一行人來到瀋陽時，恰逢立春日，拱乾滿懷感慨，表示「新添甲子渾忘老，重向中華作逸民」〔註203〕。經過永平（今河北省盧龍縣）時，他不禁懷念起好友宋琬對自己的周濟：「余己亥遠竄，荷垂顧授餐」。然而宋氏「近罹詔獄」，

〔註197〕參見馬大勇：《清初廟堂詩歌集群研究》，長春：吉林人民出版社2007年版，第97頁。

〔註198〕（清）方拱乾撰，李興盛整理：《方拱乾詩集》，《得江南消息》，哈爾濱：黑龍江教育出版社1992年版，第138頁。

〔註199〕（清）方拱乾撰，李興盛整理：《方拱乾詩集》，《得江南消息》，哈爾濱：黑龍江教育出版社1992年版，第138頁。

〔註200〕（清）方拱乾撰，李興盛整理：《方拱乾詩集》，《別感》，哈爾濱：黑龍江教育出版社1992年版，第205頁。

〔註201〕（清）方拱乾撰，李興盛整理：《方拱乾詩集》，《詔至》，哈爾濱：黑龍江教育出版社1992年版，第149頁。

〔註202〕（清）方拱乾撰，李興盛整理：《方拱乾詩集》，《十月十八日得召還信》之五，哈爾濱：黑龍江教育出版社1992年版，第304頁。

〔註203〕（清）方拱乾撰，李興盛整理：《方拱乾詩集》，《至瀋陽逢立春日》，哈爾濱：黑龍江教育出版社1992年版，第322頁。

令拱乾不禁發問：「患難亦何事？偏於吾黨繁」〔註204〕。「吾黨」一詞大可玩味。以拱乾在明清之際的政治歸屬而言，他既非閹黨，又非東林黨，而是儘量保持中立。可事實上，當時複雜的政治鬥爭並不容許他置身其外，他還是身不由己地捲入其中。他自己也意識到自己成了南北黨爭的犧牲品。但宋琬是入清後以科舉入仕的，更無黨派可言。他卻遭族人誣告和山東於七同謀而兩次被逮下獄。關於第二次下獄，據宋琬稱：「是年八月，忽有族子為盜，憾余兄之弗援也，飛章告密，遂成大獄。天威震怒，檻車來徵繫逮，株連及於齠齔」〔註205〕。也就是說，有族人為盜，誣告宋琬兄弟，遂成族難。萊陽宋氏乃「邑中右族」，詩書傳家。明清之際，宋琬之父宋應亨與宋琬族兄宋玫均出仕明廷。崇禎十六年，清兵攻萊陽，宋應亨、宋玫等拼死抵抗，城破後，二人均遇害。這種遭遇，與桐城方氏頗為相似。因此，雖然方拱乾和宋琬都無反清的行為，但他們都因為家族的關係而深受疑忌，清廷一旦發現可以利用的藉口，就毫不手軟，對其家族予以打壓。也許正是在這個意義上，方拱乾將宋琬引為「吾黨」。

回到京城，方拱乾感慨萬千。信步西山臥佛寺側的廣慧庵，他回憶說：「我昔天啟初，讀書西山寺。回頭四十年，到門迷憶記」〔註206〕。

通過苦讀，他榮登二甲第五名進士，官左諭德，兼侍讀。然而，明清鼎革的巨變使其深受觸動。「有僧八十二，能說前朝事」〔註207〕。

四十年的往事已不能一一回憶起來，但自己讀書的情景卻歷歷在目，能說前朝事的老僧尤其給人以滄桑之感，他所說的前朝之事也更能引起拱乾的同感。離開京城時，拱乾更是不勝感慨：

> 微雨濕垂楊，灑我去國路。
>
> 今古一葉輕，況自千艱度。
>
> 追悔少年心，錯認春明樹。

〔註204〕　（清）方拱乾撰，李興盛整理：《方拱乾詩集》，《過永平懷宋荔裳》之一，哈爾濱：黑龍江教育出版社1992年版，第330頁。

〔註205〕　（清）宋琬：《劉壽翁序》），任繼愈主編（清）吳翌鳳編：《中華傳世文選清朝文徵》（上），長春：吉林人民出版社1998年版，第50頁。

〔註206〕　（清）方拱乾撰，李興盛整理：《方拱乾詩集》，《廣慧庵》，哈爾濱：黑龍江教育出版社1992年版，第345頁。

〔註207〕　（清）方拱乾撰，李興盛整理：《方拱乾詩集》，《廣慧庵》，哈爾濱：黑龍江教育出版社1992年版，第345頁。

一墮五十年，坐被浮名誤。〔註208〕

回想自己從少年時代就開始追求的功名，到頭來卻是一場空。拱乾還推己及人，反思眾多讀書人的悲慘命運：「只見奔轅來，幾見安車去？禍首倉頡氏，聖愚誰能悟」〔註209〕。回顧自己的人生，他驚異地發現，五十年的仕宦生涯中，自己並未建立什麼輝煌的業績，反而是「坐被浮名誤」。當年的追求已經落空。拱乾所謂「禍首倉頡氏」，暗指順治江南鄉試科場案受屈含冤之事，然而「聖愚誰能悟」，的確是他大惑不解的事。自己一家出仕清廷，本意是延續家族發展、為國家保留元氣，卻遭此不幸。以當時的歷史條件，他當然難以認識到這是滿漢民族磨合過程所付出的沉重的代價。

拱乾悟到文人多不得善終的結局，苦悶之時「衰難入道惟依佛」，可是卻「心悔窮經卻教孫」〔註210〕。看來，文人身陷功名的迷途中，難以自拔了。其實，拱乾何嘗不明白，文人讀書出仕固然有風險，但如果兒孫輩都像他那樣皈依佛教，那麼家族、社會乃至國家如何延續和發展呢？因此也只能期盼自己的孫子輩命運會好些。這種痛心與無奈之舉真可謂感情和行為之間的悖反。

行至山東，恰逢征討登州府於七起義的清軍班師。拱乾作詩記其事，堪稱實錄。他寫道：

山寨渠魁海上逋，城中子女合當俘。

雖然與賊無瓜葛，生同鄉里豈無辜？

本朝恩澤寬婦女，蛾眉不忍膏刀俎。

貴人閨閣賤蓬蓽，鐵索披靡同犬鼠。

當年十斛買明珠，今日琅璫換繡襦。

將軍未必名驃騎，使君不復歸羅敷。

衰眸見慣還心痛，千金誰贖胡笳蘿。

上陽田裏赤腳蓮，寧古井畔雲鬟凍。〔註211〕

〔註208〕（清）方拱乾撰，李興盛整理：《方拱乾詩集》，《出都》，哈爾濱：黑龍江教育出版社1992年版，第356頁。

〔註209〕（清）方拱乾撰，李興盛整理：《方拱乾詩集》，《出都》，哈爾濱：黑龍江教育出版社1992年版，第356頁。

〔註210〕（清）方拱乾撰，李興盛整理：《方拱乾詩集》，《津門五日》之三，哈爾濱：黑龍江教育出版社1992年版，第365頁。

〔註211〕（清）方拱乾撰，李興盛整理：《方拱乾詩集》，《歸旗行》，哈爾濱：黑龍江教育出版社1992年版，第369～370頁。

此一戰事，給無辜的人民造成了極大的痛苦，婦女受難尤烈。目睹此景，就連見慣人民流離失所慘景和飽經滄桑的拱乾亦感揪心。而且這位老人還聯想到遠在邊徼的寧古塔地區飽受戰爭殘害的漢族婦女的悲慘命運。滿漢矛盾又一次刺痛了老人的心。

此時他又偶遇著名評話藝術家柳敬亭。柳氏說書時能將其亡國的親身感受和鬱抑之氣表達得淋漓盡致，使聽眾產生強烈的共鳴。柳氏當時已經七十六歲，正在北上京城的路上。歷經滄桑的老人相遇，難免兩相唏噓，拱乾寫道：

> 每聽滑稽語，心驚歷盛衰。
>
> 誰令終履虎，自悔早知雌。
>
> 相對鬚眉在，難言道里奇。
>
> 古今君熟記，似我幾嶔崎。〔註212〕

不久，他又會晤了族人方兆及。兆及是中一房十四世，當時爲濟寧兵河道僉事。拱乾感慨地說：

> 衰宗只子仕，不獨老夫私。
>
> 驛路聞輿頌，傳家重世貽〔註213〕。

如前所述，中一房在清初對清廷多持抵抗或不合作的態度，因此出仕的人很少。中六房又受到打壓，因此拱乾說方氏家族爲「衰宗」，現在的狀況是「薄植嗣宗愧，徒懷先德深」〔註214〕。所以他殷切地期望兆及能使家聲重振。其後，他又在濟寧會晤了中一房十三世族人方孔一〔註215〕。在南陽湖逢從弟方文。方文有詩云：「榆關一去腸堪斷，棣蕚相望眼欲枯。舟泊黃河驚會面，盆移白菊喜提壺。」〔註216〕

辭別親人，拱乾一家來到淮安。老人決定不回桐城老家，也不隨兒子們一起生活，而在這裏暫居。原因何在？他寫道：

〔註212〕（清）方拱乾撰，李興盛整理：《方拱乾詩集》，《遇柳敬亭》之二，哈爾濱：黑龍江教育出版社1992年版，第371頁。

〔註213〕（清）方拱乾撰，李興盛整理：《方拱乾詩集》，《濟上喜晤使君侄兆及》之四，哈爾濱：黑龍江教育出版社1992年版，第376頁。

〔註214〕（清）方拱乾撰，李興盛整理：《方拱乾詩集》，《濟上喜晤使君侄兆及》之二，哈爾濱：黑龍江教育出版社1992年版，第376頁。

〔註215〕（清）方拱乾：《方拱乾詩集》，《濟寧官舍喜晤凝齋兄》，哈爾濱：黑龍江教育出版社1992年版，第381頁。

〔註216〕（清）方文：《嵞山續集》卷4，《從兄坦庵先生招飲寓齋看菊，率成二首》其二，上海：上海古籍出版社1979年版，第1060頁。

雖非龍眠山，桑梓共疆域。

親朋恃根繩，途窮易爲德。

兒孫遠近居，招呼可侍側〔註217〕。

因爲桐城已無他的田產，他對孔一說得清楚：「頭顱既在復何苦？兄貧猶剩龍眠土」〔註218〕。而且兒孫們並不在桐城定居，而是各依親朋，散居各地。所以，回桐城也無所依靠。此時的拱乾，眞是一貧如洗，而且「性命朝露危，干戈同讒慝」〔註219〕。於是歎息：「悔不少年時，關門事稼穡。何枝不可棲·何黍不可食」〔註220〕。但是，他又樂觀地表示：「譬彼驚天濤，歸壑知窮極。崦嵫日雖衰，尙堪歌帝力」〔註221〕。好在不時有親人來探望。九月，在清江浦遇到從弟方孔炳，作詩《重九後一日，喜晤退谷〔註222〕弟於清江浦》〔註223〕。

由於要償還認修城樓所借的鉅額債務，兒子們分赴各地籌款，拱乾則「秋晴老無事，時課嬌孫書」〔註224〕。孫子的讀書聲令其喜悅，也使其想起家難。「嬌聲悅衰耳，宛轉勝笙竽。自嗟家世傳，詩書當蓄余。黃口即咕嗶，白首還呷吾。競遭詩書禍，傷心命爲儒」〔註225〕。不久，又有兩位孫子從白門（今南京）來看望他。問候了爺爺之後，兩位年輕人就「互陳場屋篇，低聲頌詩句」。因爲「家世本詩書，敢曰文章誤。禍患益苦攻，淚滴青氈注」〔註226〕。

〔註217〕（清）方拱乾撰，李興盛整理：《方拱乾詩集》，《及淮安》，哈爾濱：黑龍江教育出版社1992年版，第416頁。

〔註218〕（清）方拱乾撰，李興盛整理：《方拱乾詩集》，《濟寧官舍喜晤凝齋兄》，哈爾濱：黑龍江教育出版社1992年版，第381頁。

〔註219〕（清）方拱乾撰，李興盛整理：《方拱乾詩集》，《及淮安》，哈爾濱：黑龍江教育出版社1992年版，第416頁。

〔註220〕（清）方拱乾撰，李興盛整理：《方拱乾詩集》，《及淮安》，哈爾濱：黑龍江教育出版社1992年版，第416頁。

〔註221〕（清）方拱乾撰，李興盛整理：《方拱乾詩集》，《及淮安》，哈爾濱：黑龍江教育出版社1992年版，第416頁。

〔註222〕按：退谷方孔炳的號。方孔炳，方大欽幼子。原名若洛，更名思，字爾孚，號退谷，縣學生。

〔註223〕（清）方拱乾撰，李興盛整理：《方拱乾詩集》，《濟上喜晤使君任兆及》之四，哈爾濱：黑龍江教育出版社1992年版，第376頁。

〔註224〕（清）方拱乾撰，李興盛整理：《方拱乾詩集》，《課日冉讀》，哈爾濱：黑龍江教育出版社1992年版，第419～420頁。

〔註225〕（清）方拱乾撰，李興盛整理：《方拱乾詩集》，《課日冉孫讀》，哈爾濱：黑龍江教育出版社1992年版，第419～420頁。

〔註226〕（清）方拱乾撰，李興盛整理：《方拱乾詩集》，《孫驥、駁自白門來，喜賦》，哈爾濱：黑龍江教育出版社1992年版，第430頁。

兩個孫子因爲「恐稽膏火功」，只得「告別甘勿遽」〔註227〕。由於書院要考察學生的學業才發給津貼，兩位孫子不得已，依依不捨地告別老人，匆匆趕回去了。看來，不但自己、而且孫子們也無法擺脫對詩書、對清廷的依賴。

方拱乾有一個宣銅爐〔註228〕，他對其視爲至寶，珍藏多年。在被流徙到寧古塔前，他情不得已，交給幼子奕箴保管。拱乾來到淮安後，奕箴將這座宣銅爐歸還乃父。重見此爐，拱乾寫道：「追隨還屈指，四十有三年。況復前朝鑄，久爲當代憐」〔註229〕。睹物思前朝，卻又不敢公開揭穿其家族罹禍的因由。與分手十五年的老僧重逢時，他「明知禍患經，口噤不敢宣。但言鬢眉蒼，但言筋骨堅」〔註230〕。一個經受滿族貴族打擊後心有餘悸、噤若寒蟬的老人彷彿就在眼前。方拱乾以在野之身尚且說話時頗多忌諱，他那些在朝爲官的朋友更是謹慎，連對明朝的一些議論都不敢隨便發表。拱乾詩云：

> 有僕長安來，告我長安事。
>
> 皤皤白髮翁，馬上頻致意。
>
> 動口說前朝，停眸強制淚〔註231〕。

專制統治對士人心理造成多大的戕害！然而，處在極度貧困和困窘之中的拱乾還是情不自禁地譴責當朝的一些弊政：

> 種荒田，不得粟，賣荒田，不得金。
>
> 搔首長饑，不識天心。我饑猶可，民饑勝我。
>
> 荒政十二分首蠲租，大臣不問分吏如仇〔註232〕。

〔註227〕（清）方拱乾撰，李興盛整理：《方拱乾詩集》，《孫驥、駃自白門來，喜賦》，哈爾濱：黑龍江教育出版社1992年版，第430頁。

〔註228〕據說明宣德年間從暹邏國（泰國）進貢來三萬九千六百斤風磨銅，以此爲材料鑄造了一批優質的銅爐，這就是宣銅爐的由來。到了明末，甚至出現了介紹宣銅爐的專著，可見其物珍貴。參見：（日）大木康：《宣爐因緣——方拱乾與冒襄》，《日本中國學會報》第55集2003年版，第166～180頁。

〔註229〕（清）方拱乾撰，李興盛整理：《方拱乾詩集》，《再見宣德爐》之三，哈爾濱：黑龍江教育出版社1992年版，第444頁。

〔註230〕（清）方拱乾撰，李興盛整理：《方拱乾詩集》，《登金山喜遇舊識僧用彰》，哈爾濱：黑龍江教育出版社1992年版，第446頁。

〔註231〕（清）方拱乾撰，李興盛整理：《方拱乾詩集》，《聽家僮述長安諸老慰問殷至感贈》，哈爾濱：黑龍江教育出版社1992年版，第459頁。

〔註232〕（清）方拱乾撰，李興盛整理：《方拱乾詩集》，《荒田行》，哈爾濱：黑龍江教育出版社1992年版，第463頁。

他還大膽揭露了清朝軍隊對西湖地區人民生活的破壞：「近來新添騎馬兵，湖煙未黑斷人行。土音全學滿洲字，金丸亂射鳧鴨驚」〔註233〕。

第五節　方氏家族的第一次沉淪

一、方拱乾潦倒揚州

歷經患難，方拱乾家已經是「田廬既蕪沒，江淮且播遷」。不僅桐城老家難回，而且在淮安也無法生活下去，拱乾在無奈之下，由長子孝標陪同，繼續南下，最後客寓揚州之隨園，靠賣字爲生。拱乾有詩云：「我貧恰有賣字錢，買船沽酒急須顚」〔註234〕。方志則載其「白頭鳩杖，僑寓維揚，賦詩賣字，徜徉山水以終老焉。」〔註235〕

拱乾之所以選擇在揚州賣字，蓋因揚州爲一大都會，賣字謀生的條件遠勝於桐城。而且此地明遺民彙聚，頗便於與之相往還。他所作《束杜于皇》〔註236〕、《晤林茂之，時年八十五矣》〔註237〕、《爲宣爐謝辟疆》〔註238〕、《作敬亭友人書二首》〔註239〕等詩眞切地記錄了拱乾與冒襄等遺民的交往。

著名詞人陳維崧曾賦詩對拱乾當時的生活做了生動的描述。詩云：「龍眠老子眞豪雄，一生破浪乘長風。行年七十正矍鑠，自號城南賣字翁。雪花打門月在地，破屋槎枒矗三四。」又云：「攔街小兒拍手笑，老翁掉頭只長嘯。……大兒扈蹕五柞館，小兒從獵黃山隈。」〔註240〕

〔註233〕（清）方拱乾撰，李興盛整理：《方拱乾詩集》，《邇卒歎》，哈爾濱：黑龍江教育出版社1992年版，第463~464頁。

〔註234〕（清）方拱乾撰，李興盛整理：《方拱乾詩集》，《偶爲張伯俯歌》，哈爾濱：黑龍江教育出版社1992年版，第466頁。

〔註235〕（清）張楷纂修：《安慶府志》卷十五《事業》。

〔註236〕（清）方拱乾撰，李興盛整理：《方拱乾詩集》，《束杜于皇》，哈爾濱：黑龍江教育出版社1992年版，第472頁。

〔註237〕（清）方拱乾撰，李興盛整理：《方拱乾詩集》，《晤林茂之，時年八十五矣》，哈爾濱：黑龍江教育出版社1992年版，第473~474頁。

〔註238〕（清）方拱乾撰，李興盛整理：《方拱乾詩集》，《爲宣爐謝闢疆》，哈爾濱：黑龍江教育出版社1992年版，第475頁。

〔註239〕（清）方拱乾撰，李興盛整理：《方拱乾詩集》，《作敬亭友人書二首》，哈爾濱：黑龍江教育出版社1992年版，第483頁。

〔註240〕（清）陳維崧著，鍾振振主編：《清名家詩叢刊初集：陳維崧詩》，《賣字翁歌爲龍眠方坦庵先生賦》，揚州：廣陵書社2006年版，第236頁。

賣字謀生之餘，他與親友頻頻會面。他招待從弟方文在其寓齋看菊，並爲其題《四壬子圖》。〔註241〕拱乾對方文的詩才極爲賞識，作詩云：「衰愚莫怪難方駕，自悔先生十七年。」〔註242〕看來，歷經種種磨難，因政治立場而導致的方氏弟兄的隔膜似乎已經解除，誠如此，則眞可謂「度盡波劫兄弟在，相逢一笑泯恩仇」了。

另外，明遺民冒襄也來與拱乾頻頻相會。冒襄，字辟疆，別號巢民，如皋人。如上所述，他與方以智均名列明季四公子，二人關係很好。此點眾所週知。其實，方拱乾一家與冒辟疆的關係同樣密切。冒襄之父冒超宗與方拱乾爲科舉的同年。清兵下江南，冒家與方家一起避難浙江海鹽。據方孝標的回憶，順治乙酉之夏，「是時東南俶擾，兩家避地鹽官，老幼相勞苦」〔註243〕。期間，方孝標大病一場，「幾殆」。幸虧冒襄之母「時時以顧復辟疆者顧復及余」〔註244〕。在患難之中，兩家的交情更爲深厚。

然而其後，兩家卻選擇了迥異的政治道路：冒襄一家一生拒不仕清，堅定地爲前朝守志。而方拱乾一家很快就認同了新朝的統治。但這並未影響到兩家的關係。科場案之後，方拱乾一家在寧古塔艱難度過了三年，後輾轉回到江南。方孝標回憶說：「時余少弟適在雉皋，猶未知。辟疆偶從友生篋上，見一巨公書《慶龍眠方氏生還》詩，喜而告太恭人。太恭人急召余弟而語之，曰：『吾固知有今日久矣，汝父母皆積善，豈不能回皇天一日之顧哉？』言已泣下。及吾父母至廣陵，太恭人遣辟疆來省者屢，且時時修饋問之儀，必殷勤訊吾母安否。諸子侍側否，老人得毋以患難攖寢食」〔註245〕。冒襄之母對方家的關心發自肺腑，溢於言表。

後來，冒襄先派兩個兒子去揚州問候方家，稍後又親自登門拜訪。前已

〔註241〕（清）方文：《嵞山續集》卷4，《從兄坦庵先生招飲寓齋看菊，率成二首》其二：「從來小謝論詩合，爲我重題壬子圖（予與陶、杜、白三公皆壬子生，有《四壬子圖》）。」上海：上海古籍出版社1979年版，第1061頁。

〔註242〕（清）方拱乾：《四壬子圖爲爾止弟題》，見《龍眠風雅》卷22，四庫禁燬書叢刊集部第98冊，北京：北京出版社2000年版，第266頁。

〔註243〕（清）方孝標：《冒母馬太恭人八十壽序》，《光啓堂文集》，見方孝標著，石鍾揚、郭春萍校點：《方孝標文集》，合肥：黃山書社2007年版，第4頁。

〔註244〕（清）方孝標：《冒母馬太恭人八十壽序》，《光啓堂文集》，見方孝標著，石鍾揚、郭春萍校點：《方孝標文集》，合肥：黃山書社2007年版，第4頁。

〔註245〕（清）方孝標：《冒母馬太恭人八十壽序》，《光啓堂文集》，見方孝標著，石鍾揚、郭春萍校點：《方孝標文集》，合肥：黃山書社2007年版，第4～5頁。

述及，當方拱乾返回江南重見宣銅爐時，感慨萬千，賦詩誌喜。作《再見宣銅爐出塞時屬兒奕藏，茲攜來奉老夫玩》詩三首。而冒襄看到此爐，作《宣銅爐歌爲方坦庵年伯賦》及《宣爐歌注》。讚歎宣銅爐之精巧後，冒襄說：

> 我時捧視驚未有，精光迸出呼奈何。
> 恭聞此爐始宣廟，製器尚象勤搜羅。
> 宮闈風雅厭奇巧，爐構精妙無偏頗。
> 或云流烏一夜鎔寶藏，首陽銅枯汁流酡。
> 或云煉銅十二取輕液，式仿官瓷非局犧。
> 彝乳花邊稱最上，魚蚰諸耳無相過。
> 博山睡鴨眞俗醜，宋燒江製咸差訛。
> 工倕撥臘昭千古，香龍火暖浮金波。
> 宜香宜火宜几席，寧惟鑒賞堪吟哦。
> 百金重購擬和璧，旃檀函貯文犀駄。
> 後來北鑄並南鑄，道南施蔡皆么魔。
> 亂眞火色終枯槁，磨治雕鑿蛟龍呵。
> 平生眞賞惟懺閣，同我最好沉江河。
> 撫今追昔再三歎，憐汝不異諸銅駝。
> 一爐非小關一代，列聖德澤相漸摩。
> 我今爲公作此歌，萬事一往何其多。
> 歌成乞公書大字，明日且換山陰鵝。〔註246〕

宣銅爐可說是紀錄了明王朝全盛期的歷史見證。如今，明王朝早已滅亡。冒襄淡泊明志，決不仕清。方拱乾則由明朝官員先淪爲農民軍俘虜，再出仕爲清朝官員，當了所謂貳臣，復爲流人，終爲不名一文的落魄文人。面對前朝遺物，怎不令二人撫今追昔、感慨萬千呢？

　　歷經如此磨難，拱乾經過深刻反思，對自己一家所走的讀書入仕之路開始產生懷疑。在關外，有一次他與張縉彥閒談。兩人說到前明進士李孔昭。李氏與孫奇逢同被徵召而未就，寧願過「兒長耕田罷讀書」〔註247〕的雖然艱苦但頗爲恬淡的生活。對此，方氏深感欽慕。

〔註246〕（清）徐世昌編，聞石點校：《晚晴簃詩彙》，冒襄：《宣銅爐歌爲方坦庵年伯賦》，北京：中華書局1990年版，第322～323頁。

〔註247〕（清）方拱乾撰，李興盛整理：《方拱乾詩集》，《何陋居集》辛丑年，《偶偕坦公談蘇門孫徵君》，哈爾濱：黑龍江教育出版社1992年版，第252頁。

　　雖然落魄如此，方拱乾還是不肯虛度餘生。謀生之餘，方拱乾把在寧古塔近三年謫戍生活的感悟所得九百多首詩，輯爲《何陋居集》，序曰：「流離荒塞，凡一千日，得詩九百五十一首，名曰《何陋居詩集》，蓋取陽明子居龍場之義而顏其所居屋也。屋不盈一笏，……烏烏抱膝，聊送居諸，不復料此生此章句，再入中華流傳士人口矣。……縱觀史册，從未有六十六歲之老人，率全家數十口，顛連於萬里無人之境，猶得生入玉門者。咄咄怪事！他日知我者，不知我者，當亦曰：此白頭老子，崛強猶爾，尚能於萬死中自寫胸臆。」〔註248〕語氣豪放、筆勢開闊，其對於生活的勇氣和信心在這場磨難後更增強了。

　　即使重返江南後，拱乾還經常追憶寧古塔的生活。他不無自豪地說：「寧古何地，無往理，亦無還理」，他方氏居然「既往而復還，豈非天哉？」此前，他多次囑咐兒子和吳兆騫等把寧古塔的地理、物產、風俗記錄下來。但他們卻認爲「此生豈有還理」，而遲遲不肯動筆。鑒於返回關內後，「親友相見，問對率倉皇無端緒，衰年性健忘，似多漏軼」。抱定「從死地走一遭，勝學道三十年」的心態，方拱乾在荷陰客舍著手撰寫《絕域紀略》，最後成書於「康熙壬寅七月二十七日」〔註249〕。

　　雖歷盡磨難，方拱乾在「七十自壽」中仍以一顆感恩的心，表示蒼天對自己「可謂厚矣」。的確，他不僅從死地走一遭，還能落葉歸根，兒孫繞膝，得享天倫之樂，而其詩文更加聞名。有這樣苦難的傳奇人生，拱乾似乎可以無愧於此生了。康熙五年五月二十六日，方拱乾卒於揚州。〔註250〕然而，造化弄人，他無論如何也想不到，在他身後，其兒孫還要遭受更多的磨難。

〔註248〕（清）方拱乾撰，李興盛整理：《方拱乾詩集》，《何陋居集（己亥年）》〈自序〉，哈爾濱：黑龍江教育出版社1992年版，第4頁。

〔註249〕（清）方拱乾：《絕域紀略》小引，見（清）徐宗亮等撰，李興盛，張傑點校：《黑龍江述略（外六種）》，哈爾濱：黑龍江人民出版社1985年版，第107頁。

〔註250〕關於方拱乾的卒年，學界看法不一。要之，有康熙五年和康熙六年兩種。筆者認爲拱乾當卒於康熙五年。其依據有二。《家譜》卷十二：「生萬曆丙申四月初三日，卒康熙丙午五月二十六日。」（清）李長祥：《和憲先生桐城方公墓誌銘》：「公在江都，疾召門人李長祥於毗陵至，謂曰：『吾疾亟，若不復起，迹吾墓時應銘法吾。願今海內之以文名人，吾尚女，女爲吾爲之也。』公生於丙申夏四月三日，卒於丙午夏五月二十六日，享年七十一。」（清）李長祥：《天問閣文集》卷2，四庫禁燬書叢刊集部第11册，第224頁。

二、方氏家族的沉淪

　　方拱乾以古稀之年去世，走完了自己坎坷的一生。誠然，科場案之後三年的流放生活使這位老人「勝學道三十年」，極大地豐富了其人生閱歷。科場案雖無法對老人的政治命運造成更大的影響，卻可以更嚴酷地打擊其子孫，從而對其家族的發展產生重大影響。方拱乾有六子，玄成（孝標）、亨咸（吉偶）、育盛（與三）、膏茂（敦四）均爲有名的文人，詩文書畫俱佳。育盛爲順治十一年舉人。膏茂爲順治五年舉人，十二年中會試副榜。五子章鉞，字世五，號丹臯。由縣學生中順治十四年江南鄉試第八十三名舉人。幼子奕箴。育盛在流放之時著有《其旋堂詩集》。康熙二十八年卒，享年六十六歲。膏茂釋還後默默無聞，康熙二十年卒，享年五十六歲。著有《餘疊集》。章鉞則是科場案的直接受害者。拱乾的六子中尤以玄成和亨咸名聲最著，科場案對這兄弟兩人的打擊也就格外明顯。有關方孝標的情況留在下一章探討，此處略述方亨咸的情況。

　　方亨咸，字吉偶，小字姐哥，號邵村（1619～1679），順治四年（1647 年）中進士，其登科時間甚至早於其兄孝標，是入清後桐城方氏家族第一個進士。亨咸歷官獲鹿知縣、刑部主事、監察御史。著有《邵村詩文集》、《使草》、《塞外樂府》諸集及《班馬筆記》和《苗俗紀聞》等。亨咸善書，精於小楷。畫作《雲橫翠嶺圖》、《竹石圖》、《山水扇》、《深山垂綸圖》收藏於故宮博物館。山水畫仿黃公望，博大沉雄，力追古雅，與程正揆、顧大申時稱鼎足。花鳥意態如生，曾繪百尺梧桐卷，雀雛入神品。平生足跡幾遍天下，故其所見無非粉本，不規規於古人，所以更勝於古人。順治十五年爲劉年伯作山水軸。康熙十七年（1678）作《深林垂綸圖》，現收藏於日本；康熙五年作《山水花鳥》、《江右紀遊圖冊》共 10 幀，現藏故宮博物院；八年作《梅花雙雀圖》軸圖錄於《神州大觀》；十三年作《松石圖》，圖錄於《中國名畫集》；康熙十五年作《五苗圖》軸藏上海博物館。〔註251〕

〔註251〕有關方亨咸的情況，綜見：（清）潘江輯《龍眠風雅》卷 22，四庫禁燬書叢刊集部第 98 冊，北京：北京出版社 2000 年版；（清）馮金伯輯：《國朝畫識》，續修四庫全書子部・藝術類第 1081 冊，上海：上海古籍出版社 2002 年版；（明）藍英，（清）謝彬纂輯：《圖繪寶鑑續纂》，臺北：文史哲出版社 1994 年版；（清）王士禎著，趙伯陶點校：《古夫于亭錄》，北京：中華書局 1988 年版；（清）汪懋麟：《百尺梧桐閣集》，上海：上海古籍出版社 1980 年版；（清）吳修：《昭代名人尺牘小傳》，嘉慶十九年至道光六年（1814～1826）刻本；實鎮：《清

　　與其它流人相比，方家是幸運的。這次遠離故土的流徙雖長達三年，但在嚴酷的環境中，方家無一人喪生。而江南才子吳兆騫則在寧古塔流徙二十三年之久，更多的流人，像張縉彥等竟至長眠塞外。這主要得益於方氏家族人丁興旺、廣泛的社會關係和孝悌的家族傳統。雖經科場案，家族主要成員遠戍邊陲，財產入官，但其眾多的族人並不輕易放棄。他們通過方拱乾等所結成的社會關係，四處活動，奔走營救，最終使拱乾等人返回內地。

　　雖然如此，經過科場案這一重大的政治事件，方氏家族的實力仍遭到重創，其發展勢頭受到遏制。已經走上仕宦道路的玄成、亨咸和膏茂從此遠離官場。而方章鉞則被剝奪了功名，並於流徙寧古塔之前被打四十板。對於章鉞來說，這次遠徙眞可謂「血肉狼藉，長流萬里」〔註252〕。他忍受著肉體的傷痛，背負著心靈的創傷，一路帶著刑械，經歷了比普通流人更爲嚴峻的考驗。按理說，作爲科場案的直接受害者，他不可能對清廷的殘酷手段毫無微詞。然而，我們卻不僅見不到他的任何抱怨，而且不見其有詩文存世，足見科場案對他的打擊之嚴重和文化高壓政策對士人的震懾。孝標惋惜地說：「五弟牙齒落，三十如衰年」〔註253〕。年僅三十就顯老態，專制政治對士人的戕害觸目驚心！

　　拱乾六子奕箴因爲年幼而免於流徙，但由於家道中落，遠離父兄，得不到啓發和薰陶，因而在文化素質上顯得遜色很多。這樣有著「父子同朝、五子登科」佳話的拱乾一家硬是被清廷打壓下去。經此打擊，方氏族人對清政權明顯產生了疏離感，從政的熱情頗受打擊。更嚴重的是，家族的衰落使其喪失了以往的經濟來源，不得不爲生存而勞作奔波，族人的讀書應舉受到很大影響，短時間內難以有大的作爲。以方孝標的後代爲例，其五子按年齒依次爲嘉貞、景興、雲旅、溥、登嶧。然而，前四子均名聲不著。蓋因其爲營救父祖而四處活動，無暇亦無力於舉業。如上述孝標長子嘉貞爲其家族訟冤。孝標第三子方雲旅（1644～1717），號復齋，有《復齋詩選》，

朝書畫家筆錄》，上海：自強書局，清宣統3年（1911）石印本；（清）李玉棻編：《甌缽羅室書畫過目考》，叢書集成續編子部第84冊，上海：上海書店出版社1994年版，（清）方傳理：《桐城桂林方氏家譜》卷13。

〔註252〕（明）文秉等著：《烈皇小識》（外一種），《研堂見聞雜記》，北京：北京古籍出版社2002年版，第316頁。

〔註253〕（清）方孝標撰，唐根生、李永生點校：《鈍齋詩選》卷2，《得三弟書》，合肥：黃山書社1996年版，第24頁。

方孝標在《鈍齋詩選》中屢次提到他，贊其有詩才。然而在方氏族人乃至清朝詩歌史中佔有一席之地的是他的幼子方登嶧。除卻詩有別才的個人天分外，恐怕與方登嶧自幼過繼給中一房方兆及有關。方兆及就是上文拱乾所說的「衰宗只子仕」的方氏家族碩果僅存的出仕族人之一〔註254〕。仕宦家庭的文化氛圍及財力支持對一個人成才的意義是不言而喻的。至於亨咸的四個兒子嵩齡、守益、嵩崎、雲華，育盛四子嘉會、騥、念祖、雲駿，膏茂二子雲偉、雲倬，章鉞四子嵩年、雲良、雲泌、雲存，奕箴三子雲貺、周敏、雲顧亦均不知名。個中緣由，可從方拱乾贊其長孫雲旗的詩句看出，「汝素工文章」，「細述贖罪書，西曹膝欲穿。爰同騥（行三，育盛第一子）若曇，（行五，亨咸第一子。）艱辛歷萬變。弟兄歃口血，淚濺盤珠霰」〔註255〕。可見，爲紓家難，拱乾的孫輩亦赴京活動，其學業焉能不受影響？清初的民族關係和政治形勢對於素以詩書傳家的仕宦家族能產生如此巨大的影響，耐人尋味。而對於這個多災多難的家族來說，這僅僅是對它的初步考驗，更大的磨難又將來臨。這次是上述稍有名望的方雲旗和頗負詩名的方登嶧之父方孝標引起的，孝標一篇《滇黔紀聞》使其死後蒙辱，族人被遣戍卜魁，雲旗和登嶧等命喪於戍所。

小結：方氏罹患科場案的偶然性與必然性

江南丁酉科場的發生，是在滿漢民族矛盾比較尖銳、滿漢畛域比較明顯的背景下，以順治帝爲代表的滿族權貴藉此對漢族士人和望族的殘酷打擊。從這個意義上說，科場案的發生是必然的。

然而，此案的首告者陰應節是以主考方猶與舉子方章鉞聯宗有素，乘機滋弊爲由而引發了這次慘案的。試想，本案另一主考錢開宗與另一舉子錢威亦同姓。錢威是江南吳江人，錢開宗是浙江杭州人。吳江與杭州較之桐城與遂安，顯然聯繫更爲緊密，如果以聯宗爲罪名，錢氏似乎更爲順理成章。但最終方氏成爲首當其衝的受害者。這樣看來，方氏成爲順治丁酉江南科場案的導火索具有明末黨爭在清初延續的性質，具有一定的必然性。

〔註254〕（清）方拱乾撰，李興盛整理：《方拱乾詩集》，《濟上喜晤使君侄兆及》之四，哈爾濱：黑龍江教育出版社1992年版，第376頁。

〔註255〕（清）方拱乾撰，李興盛整理：《方拱乾詩集》，《中後所遇長孫雲旗迎到》，哈爾濱：黑龍江教育出版社1992年版，第326頁。

　　從結果看，主考官和十八房考全部被處死，其命運固然悲慘。而那些同樣以莫須有罪名被嚴懲的士子方章鉞、吳兆騫、錢威等人不但功名被革，本人被打四十板，而且家產籍沒入官，父母、兄弟、妻子，並流徙寧古塔，其遭遇同樣不幸。這是在那個民族矛盾十分尖銳的情況下發生的一場悲劇，留給後人以沉痛的思考。